ATLAS DER NATUR-KATASTROPHEN

ATLAS DER NATUR-KATASTROPHEN

LESLEY NEWSON

coventgarden

coventgarden
BEI DORLING KINDERSLEY

PROJEKTBETREUUNG Peter Adams
BILDBETREUUNG Philip J. Ormerod
REDAKTION Teresa Pritlove
DTP-DESIGN Jason Little
CHEFLEKTORAT Martyn Page
CHEFBILDLEKTORAT Bryn Walls
KARTEN David Roberts, Jane Voss, Philip Rowles
HERSTELLUNG Michelle Thomas
BILDRECHERCHE Angela Anderson

Die Deutsche Bibliothek – CIP-Einheitsaufnahme

Ein Titeldatensatz für diese Publikation ist bei Der Deutschen Bibliothek erhältlich.

Titel der englischen Originalausgabe:
The Atlas of the World's Worst Natural Disasters

Übersetzung Christel Wiemken
Redaktion Christine Baur, Elke Essmann
Satz Verlagsservice Monika Rohde, Bonn
Umschlaggestaltung Mark Thomson, International Design UK Ltd., London

ISBN 3-8310-9004-1

Druck: Firmengruppe Appl, Wemding
Bindung: Großbuchbinderei Monheim

INHALT

EINFÜHRUNG

MUTTER NATUR IST MANCHMAL BÖSARTIG. Niemand weiß im Voraus, wann und wie sie zuschlägt. Die Erde kann beben, feuriges Gestein und Gase können aus Bergen hervorbrechen, Wind und Wasser können Land zerstören. Plötzliche Veränderungen des Meeresspiegels, der Zusammensetzung der Atmosphäre, der Lufttemperatur und der Abfolge der Jahreszeiten können und konnten zahlreiche, auch widerstandsfähige Arten vernichten.

Naturkatastrophen haben die menschliche Gesellschaft wie auch die Umwelt geprägt. Die Historiker neigen dazu, den Lauf der Geschichte mit den Taten großer Männer zu erklären. Aber die Launen der Natur hatten mindestens ebenso große Auswirkungen; sie haben in vielen Schlachten eine entscheidende Rolle gespielt. Ohne die Hilfe der vom Atlantik heranbrausenden Stürme hätte Englands winzige Flotte die Spanische Armada 1588 nicht besiegen können. Naturkatastrophen haben viele Regenten groß gemacht oder sie den Thron gekostet. Vor 4 200 Jahren konnte Kaiser Ta Yü die erste chinesische Dynastie begründen, weil er gegen die gewaltigen Überschwemmungen an den Ufern des Hwangho vorging und das Flussbett vertiefen ließ, sodass das Wasser abfließen konnte. Auch auf den menschlichen Geist können unvorhergesehene Katastrophen große Auswirkungen haben. Viele Historiker sind der Ansicht, der Schwarze Tod – die Pestepidemie, der zwischen 1346 und 1352 rund ein Drittel der Bewohner Europas zum Opfer fiel – sei der Funke gewesen, der die Reformation auslöste. Katastrophen zerstören alte Lebensformen und schaffen Raum für neue.

DIE ERDE REISST AUF
Auf der kleinen isländischen Insel Heimaey wurde eine Stadt ohne Vorwarnung unter feuriger Lava und schwarzer Asche begraben.

NATURGEWALTEN

Mit anschaulichen Berichten über Naturkatastrophen, von denen wir wissen, dass sie das Leben der Menschen oder die Geschichte der Erde verändert haben, versucht dieses Buch, dem Leser einen Eindruck der Zerstörungen zu vermitteln. Natürlich kann die Liste nicht vollständig sein. Es gibt immer noch Länder, die nicht zulassen, dass das volle Ausmaß von Naturkatastrophen publik gemacht wird, und Katastrophen in reichen und mächtigen Ländern sind weitaus besser dokumentiert als solche in ärmeren Regionen. Von vielen verheerenden Naturkatastrophen, die unsere

DIE KRAFT VON WIND UND WASSER
Meterhohe Wellen und Sturmböen zerstörten 1992 in Florida zahlreiche Jachthäfen und Tausende von Häusern, als Hurrikan Andrew über den Südosten der USA hinwegfegte.

GEFAHR VON UNTEN

Bei einem Erdbeben, dessen Epizentrum 400 km von Mexiko Stadt entfernt lag, stürzten in der Stadt fast 800 mehrgeschossige Gebäude ein. Rund 9 000 Menschen kamen ums Leben, weitere 30 000 wurden verletzt.

Bedrohung durch Feuer
In Südfrankreich sind lang anhaltende Hitzeperioden ein Problem: Schon ein Funke kann dann riesige Waldbrände auslösen.

Vorfahren heimgesucht haben, berichten nur noch Legenden, aber sie haben Spuren hinterlassen, die die Wissenschaftler interpretieren können. Untersuchungen von Gesteinen, die Fossilien früherer Lebensformen enthalten, liefern Beweise für klimatische und geologische Vorgänge, die das Leben auf der Erde fast unmöglich machten. Aber unser Wissen von der Vergangenheit ist alles andere als vollständig. Über das Aussterben der Dinosaurier vor 65 Millionen Jahren wissen wir mehr als über das Verschwinden der intelligenten Menschenaffen, die unsere Vorfahren waren. Erkenntnisse über die dunkelsten Stunden der Menschheit ermöglichen Einblicke in das Wesen des Menschen. Überall und zu allen Zeiten reagierten menschliche Gemeinschaften auf Naturkatastrophen ähnlich. Am Anfang stehen Schock, Wut, Fassungslosigkeit, Angst, Resignation und unendliche Dankbarkeit für Hilfe und Unterstützung. Danach werden immer dieselben Fragen gestellt: Weshalb ist es passiert? Wer hat Schuld? Können wir verhindern, dass es wieder passiert? Unsere Vorfahren versuchten, die Natur zu erklären, indem sie Mythen schufen, die noch heute zur kulturellen Überlieferung gehören. Viele Kulturen, beispielsweise in Babylon und China, waren überzeugt, dass

Aus den Fluten gerettet
In Kalifornien haben Unwetter oft Überschwemmungen zur Folge, weil der Boden zu trocken ist, um heftige Niederschläge aufzunehmen. Dieses Mädchen hatte Glück, weil ein Helfer zur Stelle war.

die Bewegung der Sterne ihr Leben beeinflusste. Sie fürchteten Kometen, die sie für Unglücksbringer hielten. Das könnte mit Explosionen im Weltraum zusammenhängen, die vor rund 4 200 Jahren die Erde erschütterten. Die Astronomen haben errechnet, dass zu jener Zeit die Trümmer eines großen Kometen in die Erdumlaufbahn gelangten. Sie vermuten, dass Bruchstücke in der Atmosphäre explodierten und Brände und andere Verheerungen auslösten.

Die Menschen der frühen Kulturen sahen in Naturkatastrophen keine zufälligen Ereignisse, sondern das Wirken der Götter. Blitz und Donner waren die Waffen des griechischen Gottes Zeus und des Germanengottes Thor. Der Gott der Israeliten vernichtete seine Feinde mit Überschwemmungen, Erdbeben und anderen Naturgewalten. Der Hindugott Schiwa verkörperte die guten und die verheerenden Aspekte der Natur: er war Schöpfer und Zerstörer zugleich.

IM KALTEN GRIFF DES WINTERS
Ein Blizzard, der 1996 über die USA hinwegfegte, begrub Boston und viele andere Städte unter meterhohen Schneewehen. Seit Beginn der 1990er Jahre gab es in Nordamerika viele schwere Winterstürme.

WARTEN AUF REGEN
In den 1980er Jahren gab es in weiten Teilen Afrikas Hungersnöte als Folge zu geringer Niederschläge. Dieses 1993 in Tansania aufgenommene Foto zeigt, dass die Dürregefahr noch nicht vorüber ist.

NEUE ERKENNTNISSE

Die Fortschritte in Wissenschaft und Technik haben dazu geführt, dass wir jetzt besser verstehen, wie die Kräfte der Natur die Umwelt erhalten oder vernichten. Heute wissen wir, dass manche Regionen der Erde für bestimmte Katastrophen besonders anfällig sind. Außerdem können wir bis zu einem gewissen Grade vorhersagen, wann bestimmte Ereignisse eintreten werden und verfügen auch über eng begrenzte Möglichkeiten, ihre Auswirkungen zu mildern. Die Menschen in den reicheren Teilen der Welt sind zunehmend bereit, ihr Wissen mit denen in den ärmeren zu teilen. Aber wir machen auch weiterhin Fehler, und einer der schwerwiegendsten ist, dass wir unser Wissen über die Natur und unsere Macht, sie zu verändern, überschätzen.

Die Erde wurde einst von Naturgewalten verheert, die weitaus zerstörerischer waren als alles, was Menschen bisher erlebt haben. Obwohl wir selbst die Umwelt erheblich verändert haben und es nach wie vor tun, besteht kaum die Gefahr, dass wir die Natur selbst vernichten werden. Im Gegenteil – zu gegebener Zeit wird die Natur uns vernichten.

LESLEY NEWSON

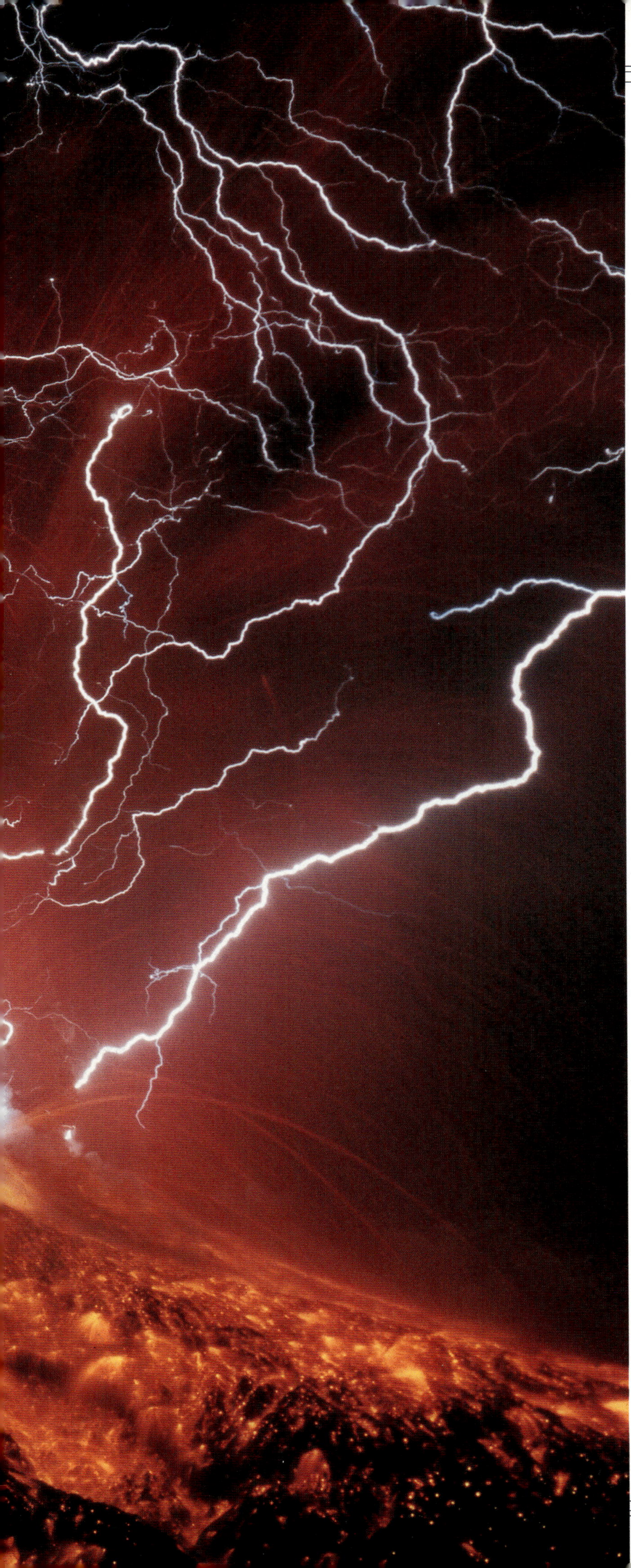

TEIL EINS

NATURKATA-STROPHEN

„Wenn es den Menschen an Ehrfurcht mangelt, nimmt das Unheil seinen Lauf."

LAO-TZU (SECHSTES JAHRHUNDERT V. CHR.), *TAOTEKING*

DIE ERDE IST EINE GESTEINSKUGEL mit einem Durchmesser von rund 12 000 km. Sie ist von einer über 100 km dicken Gashülle umgeben. Zwischen der Erdoberfläche und der oberen Atmosphäre befindet sich eine knapp 18 km dicke Schicht, in der die Luft dicht genug ist, um Menschen überleben zu lassen. Und vielleicht ist es kein Wunder, dass es in dieser winzigen Lebenszone gelegentlich zu Ereignissen kommt, die ein Überleben unmöglich machen.

In diesem Teil des Buches sind die Naturkatastrophen nach ihren Ursachen geordnet. Spezielle Artikel liefern detaillierte Beschreibungen der einzelnen Katastrophen und schildern, welche Auswirkungen sie auf Menschen und Umwelt hatten. Der Haupttext gibt Informationen über die Kräfte, die im Innern der Erde und in ihrem Umkreis wirksam sind. Mit Hilfe dieses Wissens können wir mehr über uns selbst erfahren und erkennen, was wir tun können, um die schlimmsten Folgen der zerstörerischen Naturgewalten zu lindern.

SAKURAJIMA, JAPAN

Beim Ausbruch des Sakurajima im Jahre 1995 löste die Reibung zwischen herumwirbelnden Ascheteilchen ein heftiges Gewitter aus.

Die ruhelose Erde

ERDBEBEN UND VULKANAUSBRÜCHE können auf sehr vielfältige Art zerstörerisch wirken. Wenn ein heftiges Beben eine Stadt erschüttert, bringt es nicht nur Häuser zum Einsturz, sondern beeinträchtigt die gesamte Infrastruktur. Außerdem können Erdbeben Brände, Erdrutsche, Lawinen und gewaltige Flutwellen, so genannte Tsunamis, auslösen, die Küstenregionen verwüsten. Aus manchen Vulkanen quellen Lavaströme, die das Land verbrennen und unter sich begraben, aber weitaus verheerender sind jene Vulkane, die explosionsartig ausbrechen. Sie schleudern Wolken aus geschmolzenem Gestein und Gasen bis hinauf in die Atmosphäre, was das Klima des gesamten Planeten in Mitleidenschaft zieht.

② MOUNT ST. HELENS
Beim Ausbruch des Mount St. Helens am 18. Mai 1980 wurden die Nordflanke des Berges weggesprengt und Millionen von Bäumen vernichtet.

HEIMAEY ⑧
Als auf der isländischen Insel Heimaey im Jahre 1973 die Erde aufriss, wurden Lava und Gase emporgeschleudert.

① SAN FRANCISCO
Am 18. April 1908 erschütterte ein heftiges Erdbeben San Francisco und löste verheerende Brände aus.

LISSABON ⑨
1755 stürzten bei einem Erdbeben vor der Küste Portugals in Lissabon viele Häuser ein. Außerdem löste das Beben riesige Tsunamis aus.

③ MEXIKO STADT
Ein Erdbeben im September 1985 ließ in der Hauptstadt von Mexiko Hunderte von Gebäuden einstürzen.

⑦ MOUNT PELÉE
Beim Ausbruch dieses Vulkans auf Martinique im Jahre 1902 wurde St. Pierre unter einer Wolke aus Gasen und Asche begraben. 30 000 Menschen kamen ums Leben.

VULKANGÖTTIN
Dies ist eine Statue der Feuergöttin Pelé, die der Legende zufolge in dem Vulkan Kilauea auf Hawaii lebt.

CHIMBOTE ④
Ein Erdbeben in der Nähe von Chimbote richtete in Peru erhebliche Verwüstungen an und löste auf dem Berg Huascarán einen todbringenden Erdrutsch aus.

⑥ NEVADO DEL RUIZ
Am 13. November 1985 brach der Vulkan in Kolumbien aus. Ein Schlammstrom zerstörte die Stadt Armero und tötete 21 000 Einwohner.

⑤ VALDIVIA
Eine Reihe von Seebeben richtete in Chile große Verheerungen an und löste Tsunamis aus, die rings um den Pazifischen Ozean Küstenregionen überschwemmten.

ERDBEBEN IN KALIFORNIEN
Das Epizentrum des Bebens, das 1989 diese Häuser in San Francisco zerstörte, lag 95 km südwestlich von der Stadt. Trotzdem waren seine Wellen noch stark genug, um beträchtliche Schäden anzurichten.

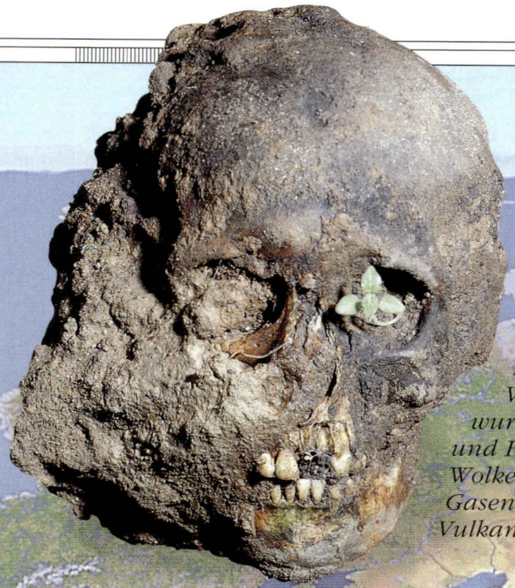

⑩ VESUV
Beim Ausbruch des Vesuvs im Jahre 79 n. Chr. wurden die Städte Pompeji und Herculaneum von Wolken aus brennenden Gasen eingehüllt und unter Vulkanasche begraben.

⑮ KOBE
Im Januar 1995 kostete ein heftiges Beben in der Bucht von Osaka 6 000 Japaner das Leben und richtete in Kobe und anderen Städten gewaltige Verwüstungen an.

TANGSCHAN ⑬
Bei einem heftigen Beben direkt unter der chinesischen Industriestadt Tangschan kamen im Juli 1976 fast 250 000 Menschen ums Leben.

⑪ SPITAK
Am Morgen des 7. Dezember 1988 zerstörte ein 15-Sekunden-Beben den größten Teil von Spitak, und 100 000 Armenier starben.

⑫ KRAKATAU
Als im Mai 1883 die Vulkaninsel Krakatau in die Luft flog, brachten Tsunamis in Indonesien ungefähr 36 000 Menschen den Tod.

⑭ PINATUBO
Der Ausbruch des Pinatubo im Mai 1991 schleuderte Unmengen von vulkanischen Gasen in die Atmosphäre und bedeckte weite Teile der Philippinen mit Asche.

WELLENMESSUNG
Dieser 1885 gebaute Seismosgraph sollte die Stärke der von Erdbeben ausgehenden seismischen Wellen messen. Moderne Seismographen können Erschütterungen an jedem Ort der Welt registrieren.

Vulkane und Erdbeben

ERDBEBEN UND VULKANAUSBRÜCHE sind die deutlichsten Hinweise darauf, dass über dem heißen, ruhelosen Erdinnern nur eine dünne Kruste aus festem Gestein liegt. Sie besteht aus einer Reihe von Platten, die ständig in Bewegung sind. Die meisten und schwersten Katastrophen ereignen sich in der Nähe der Plattenränder.

PLATTENTEKTONIK

Im Innern der Erde herrschen Temperaturen von bis zu 3 700 °C. Das im Mantel zirkulierende Gestein leitet die Wärme nach außen ab und hält so die Kerntemperatur stabil.

Die Außenhülle dieser heißen Masse ist die Erdkruste. Sie besteht aus kalten, festen Gesteinstafeln, die als tektonische Platten bezeichnet werden. Zurzeit gibt es sieben große und mindestens acht kleinere Platten. Unter ihnen quillt ständig heißes Gestein aus Kernnähe empor. Das feste Gestein der Kruste verhindert, dass die heiße Masse an die Oberfläche gelangt, aber in einer Grabenzone oder an der Schwachstelle zwischen zwei Platten kann sie durchbrechen.

Sobald das Gestein nicht mehr unter dem gewaltigen Druck steht, schmilzt es auf seinem Weg nach oben und entweicht in Form von Lava und heißen Gasen. An der Oberfläche kühlt die Lava ab und erstarrt zu neuer Kruste. Die meisten Grabenzonen befinden sich auf dem Meeresboden, wo ausgetretene Lava riesige Gebirge, die Mittelozeanischen Rücken, gebildet hat.

Durch die Bildung neuen Gesteins verbreitert sich der Meeresboden. An beiden Seiten des Grabens wird die Kruste weggeschoben und dadurch Druck auf die Plattenränder ausgeübt. Dort, wo die Gesteine an den Rändern eine unterschiedliche Dichte haben, bilden sich Subduktionszonen. Die dichtere Platte schiebt sich unter die weniger dichte und wird ins heiße Erdinnere hinabgedrückt, wobei das Gestein langsam schmilzt. Der größte Teil wird vom Mantel absorbiert, aber etwas davon gelangt über Subduktionsvulkane wieder an die Oberfläche. An den Rändern des Pazifiks gibt es so viele Subduktionsvulkane, dass man von einem „Feuerring" spricht.

Kollisionszonen entstehen dort, wo die Ränder von zwei Platten mit der gleichen Dichte aufeinander treffen. Dabei werden Gebirge aufgefaltet; der Himalaja ist auf diese Weise entstanden. In anderen Kollisionszonen reiben sich zwei Plattenränder aneinander; dabei entstehen Verwerfungszonen wie die San-Andreas-Störung in den USA.

IM ERDINNERN

Unter einer dünnen Kruste liegt der Erdmantel, eine 2 900 km dicke Schicht aus heißem, zähflüssigem Gestein. Der Erdkern besteht überwiegend aus Eisen. Der auf ihm lastende Druck ist so groß, dass er trotz der Hitze fest ist.

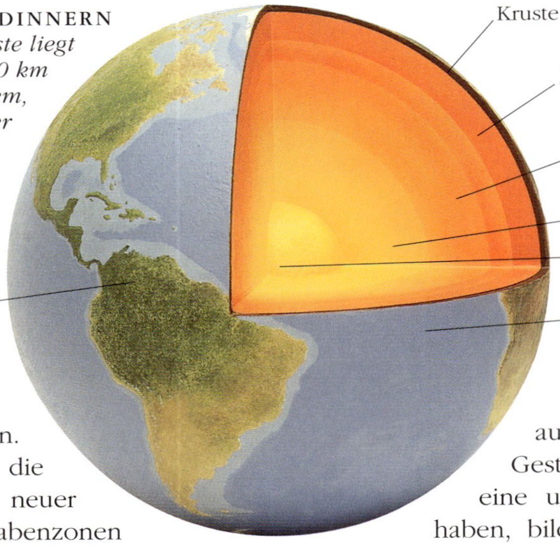

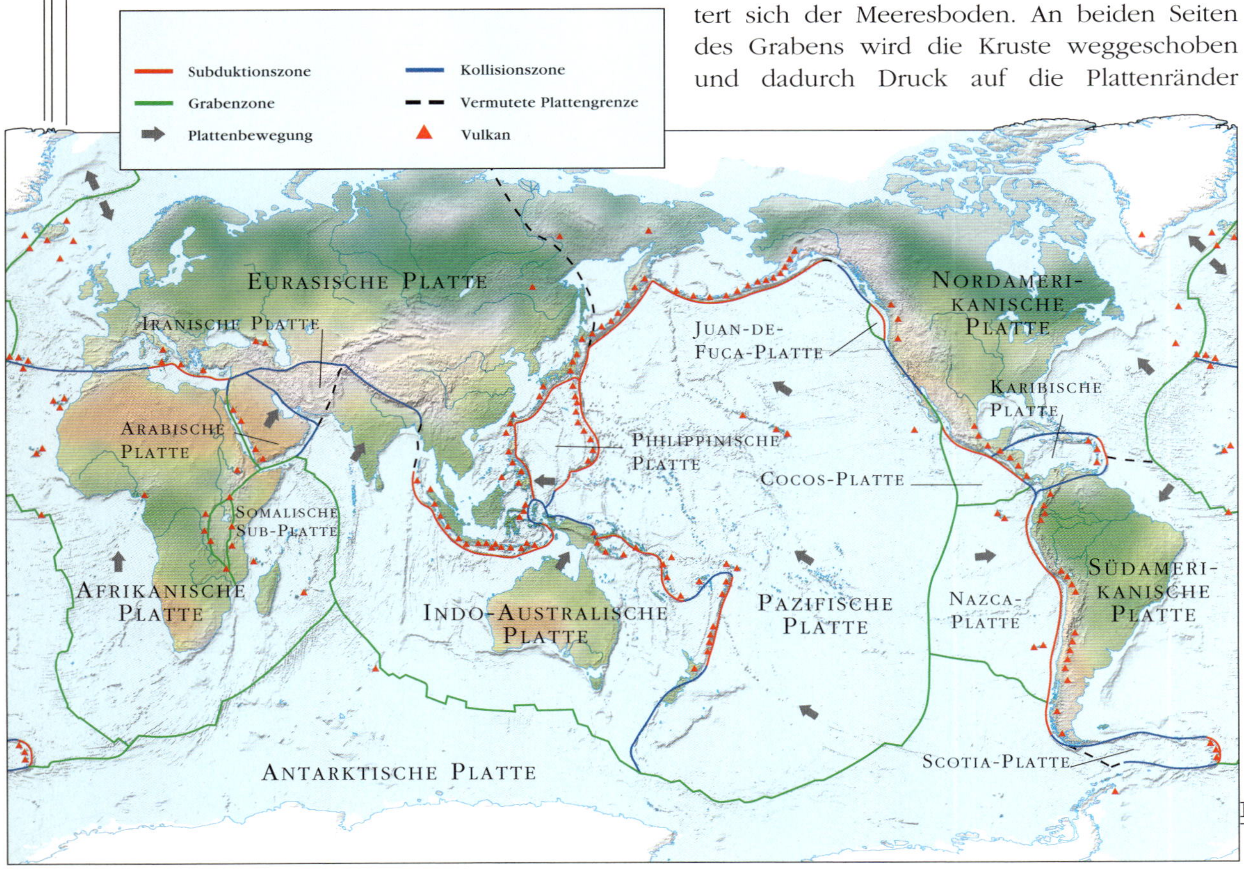

DIE TEKTONISCHEN PLATTEN DER ERDE

Die Erdkruste besteht aus einer Reihe von tektonischen Platten. Sie sind ständig in Bewegung und für die meisten Vulkanausbrüche und Erdbeben verantwortlich.

LAVAKESSEL

Der Erta'ale in Äthiopien ist einer von mehreren Vulkankratern im Ostafrikanischen Grabensystem, einer Spalte in der Erdkruste, in der geschmolzenes Gestein zur Oberfläche steigt.

DIE SAN-ANDREAS-STÖRUNG
Die aus der Luft deutlich zu erkennende San-Andreas-Verwerfung in Kalifornien ist durch die Kollision der Nordamerikanischen mit der Pazifischen Platte entstanden.

VULKANE

Ein Vulkan ist eine Öffnung in der Erdkruste, durch die Magma aus dem Mantel an die Oberfläche emporsteigen kann. Es gibt drei Typen von solchen Öffnungen, und jeder Typ bricht anders aus.

Hot-Spot-Vulkane bilden sich an Stellen, an denen aufquellendes Magma die Erdkruste durchbricht. Die Hawaii-Inseln sind die Kuppen riesiger Unterwasserberge, im Laufe von Millionen von Jahren entstanden, während die Pazifische Platte über den Hot Spot hinwegglitt.

Graben- oder Riftvulkane bilden sich an den Plattenrändern, an denen Magma aus dem Mantel hervorquillt. Da die meisten Gräben auf dem Meeresboden liegen, bleiben die Ausbrüche dieser Vulkane fast immer unbemerkt. Ausnahmen sind die Vulkane des Ostafrikanischen Grabensystems und Islands.

Die gefährlichsten Vulkane sind diejenigen, die explosionsartig ausbrechen. Dabei handelt es sich um Subduktionsvulkane: Sie bilden sich dort, wo der Meeresboden unter den Rand einer anderen Platte in den heißen Mantel abtaucht und dabei Wasser, Sedimente und die Überreste von lebenden Organismen mitnimmt. Hitze und enormer Druck lösen chemische Veränderungen aus, und es bildet sich Magma, eine Mischung aus geschmolzenem Gestein und darin gelösten Gasen. Das Magma steigt auf und staut sich unter der Kruste, bis der Druck so stark geworden ist, dass es sie durchbricht und herausgeschleudert wird.

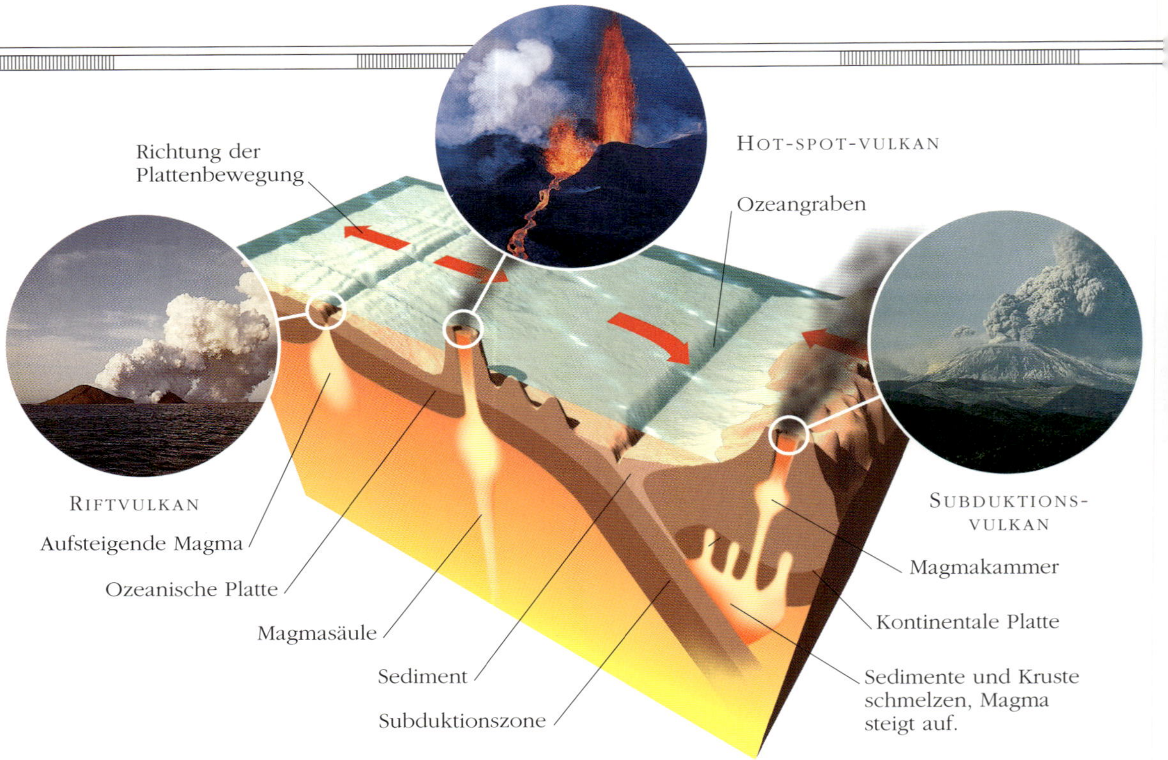

VULKANTYPEN
Riftvulkane bilden sich dort, wo zwei Platten auseinander getrieben werden. Hot-Spot-Vulkane entstehen, wo innerhalb einer Platte heißes Material emporsteigt. Bei Subduktionsvulkanen kollidieren zwei Platten.

HOT-SPOT-AUSBRÜCHE AUF HAWAII
Fontänen aus glühender Lava schießen aus dem Kilauea, Hawaiis größtem Vulkan, heraus (unten). Die Lava von Hot-Spot-Vulkanen bildet gewaltige Ströme (links).

HEIMAEY

VULKANAUSBRUCH, ISLAND, 1973

LEXIKON SEITE 134, NUMMER 108

AM 23. JANUAR 1973 riss auf der isländischen Insel Heimaey in der Nähe der Stadt Vestmannaeyjar die Erde auf. 150 m hohe Lavafontänen wurden emporgeschleudert, und Aschebrocken wirbelten durch die Luft. Die 5 000 Einwohner der Insel wurden evakuiert. Einige von ihnen kehrten zurück und versuchten zu verhindern, dass ihre Häuser und ihr Hafen unter Asche und Lava begraben wurden. Als der Vulkan fünf Monate später endlich zur Ruhe gekommen war, hatte sich ein Teil der Lava in den Hafen ergossen und 1 200 Häuser zerstört, aber nur ein Mensch war ums Leben gekommen.

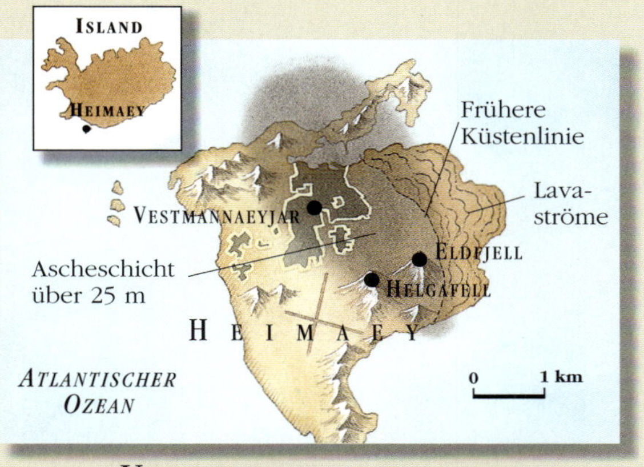

VULKANINSEL REISST AUF
Heimaey ist eine 6 km lange und 3 km breite Insel vor der Südküste von Island. Aus der Spalte, die sich auf einem Friedhof am Rande der Stadt Vestmannaeyjar auftat, ist ein neuer, 600 m hoher Vulkankegel hervorgegangen.

Die Insel Heimaey liegt über dem 20 000 km langen Mittelatlantischen Rücken. Sie ist vor rund 5 000 Jahren aus dem Meer aufgestiegen, als Lava aus dem Zentralgraben des Rückens emporgeschleudert wurde. Trotz der Gefahr, dass dies noch einmal passieren könnte, fühlten sich die Menschen auf Heimaey wohl, zumal sie einen natürlichen Hafen besaßen, der in der Fischerei eine wichtige Rolle spielte.

Die meisten Einwohner von Vestmannaeyjar schliefen, als sich am Stadtrand eine riesige Erdspalte auftat. Zwei von einer Nachtschicht zurückkehrende Arbeiter sahen Flammen, die aus der Erde emporzuschießen schienen und sich zu einer massiven Feuerwand vereinigten. Sie alarmierten die Behörden, die sofort die Evakuierung der Insel anordneten. Während die Inselbewohner mit Schiffen, Flugzeugen und Hubschraubern aufs Festland gebracht wurden, verbreiterte sich die Feuer speiende Erdspalte, und die Insel drohte in zwei Teile zu zerbrechen.

Binnen weniger Tage hatte abkühlende Lava die Spalte bis auf drei Öffnungen verstopft, aus denen auch weiterhin Asche und glühende Lava herausgeschleudert wurden. Eine Gruppe von Freiwilligen versuchte, Vestmannaeyjar zu retten. Sie arbeiteten rund um die Uhr, kratzten Berge von Auswurfmaterial von ihren Häusern, um sie vor dem Einsturz zu bewahren, und pumpten 6 Millionen Tonnen Meerwasser auf die Lava – ein Versuch, sie abzukühlen und zu verfestigen, bevor sie den Hafen erreichte.

Als sich die Erdspalte am 26. Juni 1973 wieder schloss, war ein Drittel der Stadt zerstört. Die meisten Bewohner kehrten auf die Insel zurück und konnten, weil der Hafen gerettet worden war, ihr früheres Leben wieder aufnehmen.

VORDRINGENDE LAVA
Ströme von glühender Lava lassen Häuser in Flammen aufgehen. Während des fünf Monate dauernden Ausbruchs wurde mehr als ein Drittel der Häuser von Vestmannaeyjar zerstört.

FEUERWÄNDE
In der Nacht, in der der Ausbruch begann, schoss eine Wand aus brennender Lava empor und riss die Erde in einem klaffenden Spalt von fast 2 km Länge auf.

MOUNT ST. HELENS

VULKANAUSBRUCH, USA, 1980

LEXIKON SEITE 129, NUMMER 89

WELCHE GEFAHREN VON VULKANEN ausgehen können, wurde den US-Bürgern bewusst, als im Mai 1980 der Mount St. Helens ausbrach und 57 Menschen ums Leben kamen. Eine gewaltige Explosion sprengte die Nordflanke des Berges in die Luft; eine Aschewolke wurde herausgeschleudert, die im Umkreis von 12 km alles zerstörte. Die Schuttmassen begruben das Land unter Tonnen von Gestein und ließen Flüsse über die Ufer treten.

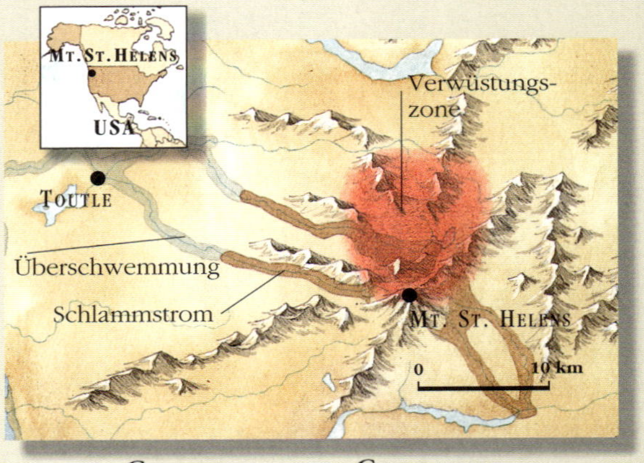

CHAOS IN DEN CASCADES
Im Laufe einer achtstündigen Eruption verwandelte der zu den Cascade Ranges im Nordwesten der USA gehörende Mount St. Helens über 52 000 Hektar herrliche Gebirgslandschaft in eine graue Einöde.

Zwischen 1831 und 1857 hatte es mehrere kleine Ausbrüche des Mount St. Helens gegeben, aber danach hatte der Vulkan länger als ein Jahrhundert vollständig geruht. Der Berg war beliebt als Urlaubsort für Bergsteiger und Camper. Doch im März 1980 wurde die Idylle durch leichte Erschütterungen in den Fundamenten des Berges gestört. Wenig später quollen Asche und Gestein hervor, und die Nordflanke begann sich aufzuwölben, als befände sich im Innern des Berges etwas, das nach außen drängte. Alle Anzeichen deuteten auf einen kurz bevorstehenden Ausbruch hin, und Wissenschaftler und Journalisten eilten herbei, um die Vorgänge zu verfolgen, aber zunächst schien es, als würde der Berg wieder zur Ruhe kommen.

Als sich der 30-jährige Geologe David Johnson am frühen Morgen des 18. Mai über Funk bei seinen Kollegen in Vancouver meldete, hatte er nichts Besonderes zu berichten. Um 8.32 Uhr meldete er sich abermals. „Vancouver! Vancouver! Es ist so weit!“. Das waren seine letzten Worte. Ein Beben von mittlerer Stärke hatte die Erde unter dem Vulkan erschüttert. Sekunden später brach die Nordflanke des Berges in sich zusammen, und das heiße Magma entwich.

DER MOUNT ST. HELENS EXPLODIERT

Mit einem ohrenbetäubenden Knall, der von Kanada im Norden bis nach Kalifornien im Süden zu hören war, sprengte eine Explosion die Nordflanke des Mount St. Helens in die Luft und verwüstete das Land in einem Umkreis von bis zu 30 km. Auf einer 10 km nördlich gelegenen Anhöhe wurde der Wagen, der David Johnson und seine Instrumente beherbergte, in die Tiefe geschleudert. Seine Leiche wurde nie gefunden. Ein paar Waldarbeiter, die sich weniger als acht km südlich des Kraters aufhielten, blieben dagegen unverletzt.

Vulkanologen, die den Mount St. Helens zurzeit des Ausbruchs in einem kleinen Flugzeug umkreisten, berichteten, sie hätten gesehen, wie die Nordflanke des Vulkans sich „kräuselte und aussah wie aufgewühlt“, bevor sie in einer gewaltigen Lawine aus Gestein und Eis zusammenbrach, die mit einer Geschwindigkeit von bis zu 290 km zu Tal raste und sich in den Spirit Lake und den Toutle River ergoss. Die Folge waren Schlammströme und Überschwemmungen, die die Verwüstungszone noch vergrößerten.

Der Mount St. Helens ist seit 1980 ruhig geblieben, aber in der Cascade Range droht neue Gefahr. Der nahe gelegene Mount Rainier hat angefangen, bedrohlich zu grollen.

VERLORENES PARADIES
Als der Mount St. Helens ausbrach, wurde sein schneebedeckter Gipfel gesprengt, und an der Nordflanke entstand eine klaffende Wunde (oben). Ungezählte Bäume und ein Großteil der dort lebenden Tiere fielen dem verheerenden Ausbruch zum Opfer.

RIESIGE ASCHEWOLKEN
Nach der Explosion schossen Wolken himmelwärts und ließen auf den ganzen Nordwesten der USA Asche herabregnen.

MITGERISSEN
Nach dem Einsturz der Nordflanke des Mount St. Helens rissen ungeheure Wassermassen Autos und Häuser mit sich.

LAVAKLUMPEN
Bei der Explosion von Gasen im Innern eines Vulkans können Klumpen von geschmolzenem Gestein herausgeschleudert werden. Ihre Größe kann von der eines Tennisballs bis zu der eines Hauses reichen.

VULKANAUSBRÜCHE

Es gibt Beweise dafür, dass in Abständen von Millionen von Jahren gewaltige Magmasäulen die Erdkruste durchdrungen und dabei ungeheure Mengen von Lava und Gasen ausgespien haben (s. S. 98-101). In historischer Zeit ist es jedoch noch nie zu derart katastrophalen Hot-Spot-Ausbrüchen gekommen.

Wie bei den Riftvulkanen haben auch die Ausbrüche von Hot-Spot-Vulkanen nur selten viele Menschenleben gekostet. Die Lavaströme bewegen sich relativ langsam, sodass die Menschen sich rechtzeitig in Sicherheit bringen können. Eine weitaus größere Gefahr stellt die Mischung aus erstickenden Gasen dar, die häufig bei einem Ausbruch freigesetzt werden. Bei einem Vulkanausbruch auf Island im Jahre 1783 vernichteten giftige Gase einen Teil der Ernte und töteten fast alle Tiere auf der Insel.

Die verheerendsten Folgen haben die Ausbrüche von Subduktionsvulkanen. Es kommt oft vor, dass sie jahrhundertelang ruhen und dann plötzlich ausbrechen, wenn der Druck

NEVADO DEL RUIZ

VULKANAUSBRUCH, KOLUMBIEN, 1985

LEXIKON SEITE 132, NUMMER 25

DER AUSBRUCH DES NEVADO DEL RUIZ am 13. November 1985 forderte die zweithöchste Zahl an Menschenleben bei Vulkankatastrophen im 20. Jahrhundert. Die Hitze der bei der Eruption freigesetzten Asche und Gase ließ einen großen Teil der Eiskappe des Berges schmelzen. Das Wasser, das Tonnen von Asche mitführte, verwandelte sich binnen Minuten in einen Schlammstrom. Dieser so genannte Lahar schoss aus einem Canyon heraus, und eine 40 m hohe Schlammwelle raste auf die Stadt Armero zu. Dort kamen 21 000 Menschen ums Leben und weitere 10 000 in benachbarten Dörfern.

DIE SCHLAMMKATASTROPHE
Vom Nevado del Ruiz herausgeschleudertes Material löste mehrere Schlammströme aus, die Strecken von mehr als 60 km zurücklegten und alles auf ihrem Weg zerstörten, darunter die Stadt Armero.

KETTENREAKTION
Der Ausbruch des 5 400 m hohen Nevado del Ruiz war ein bloßes Niesen, aber die Hitze reichte aus, um einen Teil seiner Eiskappe schmelzen zu lassen.

Der Nevado del Ruiz ist einer von vielen Vulkanen in den Anden. Die von früheren Vulkanausbrüchen stammende Asche hat den Boden in Zentralkolumbien besonders fruchtbar gemacht. Armero, eine Stadt mit 23 000 Einwohnern, lag rund 50 km von dem Vulkan entfernt an den Ufern des Flusses La Lagunilla. Beim Ausbruch des Ruiz im Jahre 1845 gab es gleichfalls Schlammströme, und 1 000 Menschen starben.

UNTER SCHLAMM BEGRABEN
Zwei Stunden nach dem Ausbruch des Nevado del Ruiz überflutete ein Schlammstrom binnen weniger Minuten die Stadt Armero und zerstörte sie vollständig.

DER BERG ERWACHT

Das erste Anzeichen dafür, dass ein neuerlicher Ausbruch des Nevado del Ruiz bevorstand, war das Hervorquellen von Dampf und Gasen im Januar 1985. Am 11. September wurde die Lage kritischer; ein relativ harmloser Ausbruch ließ einen Teil eines Gletschers auf dem Gipfel schmelzen und löste eine Reihe von Steinschlägen aus. Das Schmelzwasser bildete einen See, der von Eis- und Gesteinsbrocken an Ort und Stelle gehalten wurde. Nach gründlicher Erforschung der Umgebung wies das kolumbianische Institut für Bergbau und Geologie darauf hin, dass, falls der Vulkan neuerlich ausbrechen sollte, die Stadt Armero durch Schlammströme stark gefährdet wäre.

Als am 13. November der Nevado del Ruiz auszubrechen begann, hatten Wissenschaftler die Regierung bereits auf die Gefahren hingewiesen, aber es war nichts unternommen worden, und der lokale Radiosender forderte die Menschen auf, Ruhe zu bewahren und ihre Häuser nicht zu verlassen. In dieser Nacht war der Nevado del Ruiz

des Magmas in ihrem Innern zu stark geworden ist. Die im Magma gelösten Gase werden freigesetzt und dehnen sich explosionsartig aus. Geschmolzenes Gestein wird in die Luft geschleudert, häufig mit solcher Gewalt, dass Felsbrocken kilometerweit fliegen oder geschmolzenes Gestein in winzige Tropfen zertrümmert wird, die in die Atmosphäre emporschießen. Dort verdichten sie sich zu Vulkanasche, die auf die Erde herabregnet.

Nach dem Ausbruch des Tambora auf der indonesischen Insel Sumbawa im Jahre 1815 wurden Häuser und Felder auf den Inseln der Umgebung unter einer meterdicken Ascheschicht begraben. Die ins Meer gefallene Asche löschte auch dort alles Leben aus. Man schätzt, dass danach ungefähr 80 000 Menschen verhungert sind.

GLUTLAWINEN

Bei manchen Ausbrüchen ist die Wolke aus heißen Gasen und Tröpfchen aus geschmolzenem Gestein so dicht, dass sie nicht in die Luft geschleudert wird, sondern aus dem Krater herausquillt und sich mit einer Geschwindigkeit von bis zu 160 km/h den Berg hinunterwälzt und alles verbrennt, was auf ihrer Bahn liegt. Glutlawinen legen oft lange Strecken zurück, begleitet von einer erstickenden Wolke aus versengenden Gasen und Asche.

GEGLÜCKTE FLUCHT
Dieser von einem Retter getragene Mann war einer der nur 2 000 Menschen aus Armero, die den Schlammstrom überlebten.

RETTUNGSMANÖVER
Auch die Evakuierten waren noch nicht außer Lebensgefahr. Drei Hubschrauber stürzten bei Rettungsflügen ab.

von dichten Wolken umhüllt, und den Wissenschaftlern, die den Vulkan beobachteten, entging die Glutlawine, die sich kurz nach 21 Uhr in Bewegung setzte. Als die heiße Asche das Eis in Gipfelnähe erreichte, wurde es in eine Schlammflut verwandelt, die sich talwärts ergoss. Als die Wissenschaftler begriffen, was passierte, hatte einer der Schlammströme Armero schon fast erreicht.

Über einen Behördensender wurde in letzter Minute eine Warnung gesendet, die aber weitgehend ignoriert wurde. Die meisten Leute hörten den Lokalsender, der immer noch Musik ausstrahlte, als kurz nach 23 Uhr der Schlamm über Armero hereinbrach. Viele Menschen waren bereits zu Bett gegangen und wurden dort begraben. Von den wenigen Einwohnern, die die Gefahr erkannten, konnten sich nur die Schnellsten auf höher gelegenem Gelände in Sicherheit bringen.

Nach der Katastrophe wurde Armero nicht wieder aufgebaut. Auf der Überschwemmungsebene des La Lagunilla sind nur noch seine in Schlamm eingebetteten Überreste zu sehen.

TAL DES TODES
Der Schlammstrom verteilte Trümmer und Tote über das ganze Tal. Ein paar Glückliche überlebten auf den Wellen des Schlammes, der die Konsistenz von frischem Beton hatte.

In diesen Glutwolken herrschen Temperaturen bis zu 900 °C, und sie können in Sekundenschnelle alles, was sie einhüllen, verbrennen und zum Schmelzen bringen. Der tödlichste Ausbruch eines Vulkans im 20. Jahrhundert war der des Mont Pelée im Jahre 1902.

DER MOUNT UNZEN BRICHT AUS
Eine riesige Glutwolke wogt im Juni 1991 die Hänge des japanischen Mount Unzen hinab. Menschen waren evakuiert worden, aber 1792 hatten ähnliche Ausbrüche 15 000 Tote gefordert.

ÜBERSCHWEMMUNGEN

Da viele Vulkanberge so hoch sind, dass ihre Gipfel oberhalb der Schneegrenze liegen, lösen ihre Ausbrüche oft Überschwemmungen aus. Die Hitze lässt Schnee und Eis schmelzen, und das Schmelzwasser nimmt auf seinem Weg nach unten oft Vulkanasche mit. So bilden sich tödliche Schlammströme, die „Lahars" genannt werden. Sie können beträchtliche Geschwindigkeiten erreichen.

Da Vulkanausbrüche häufig von sintflutartigen Regenfällen begleitet werden, können Lahars auch ohne Schmelzwasser entstehen. In den Himmel emporschießende Gas- und Aschewolken lösen des öfteren Gewitter aus. Sowohl während des Ausbruchs des Pinatubo im Jahre 1991 (s. S. 28-31) als auch danach führte die Kombination von heftigen Niederschlägen und dichtem Ascheregen dazu, dass die Philippinen von Schlammströmen verwüstet wurden.

MONT PELÉE

VULKANAUSBRUCH, MARTINIQUE, 1902

LEXIKON SEITE 131, NUMMER 42

IM JAHRE 1902 WAR ST. PIERRE mit rund 30 000 Einwohnern die größte Stadt der französischen Kolonie Martinique. Die Menschen waren es gewohnt, das Grollen des 1 379 m hohen, nur acht km nördlich der Stadt liegenden Berges zu hören. Seit 1899 war aus dem Vulkan Gas hervorgedrungen, aber im April 1902 begann er auszubrechen, und die Menschen bekamen Angst, als der Mont Pelée Vulkan Wolken aus Dampf und Asche ausstieß, die sich wie eine Schneedecke auf die Straßen legte.

ZEITREISE
Diese aus den Ruinen von St. Pierre geborgene Taschenuhr ist in der Hitze der Glutwolke geschmolzen und stehen geblieben.

TÖDLICHER AUSBRUCH

Am 5. Mai flüchteten Hunderte von Menschen aus der Stadt, nachdem bei einem weiteren Ausbruch Wasser aus dem Kratersee herausgeschleudert worden war und Schlamm eine Zuckerfabrik und 23 Arbeiter hinweggefegt hatte. Der Herausgeber der Lokalzeitung forderte die geflüchteten Menschen zur Rückkehr auf, obwohl es überall nach Schwefel stank und die Ausbrüche immer heftiger wurden.

Zwei Tage später wurden Truppen nach St. Pierre entsandt, um weitere Evakuierungen zu verhindern und die Menschen zu beruhigen, die erfahren hatten, dass auf der nahe gelegenen Insel St. Vincent beim Ausbruch des Soufrière 1700 Menschen ums Leben gekommen waren. Obwohl die „Experten" immer wieder versicherten, dass vom Mont Pelée keine Gefahr drohe, wuchs die Angst, als sich stark aschehaltige Gaswolken die unmittelbar nördlich der Stadt gelegene Rivière Blanche hinabwälzten. Um eine Panik zu verhindern, erschienen Gouverneur Mouttet und seine Frau am Abend des 7. Mai 1902 in der Stadt. Kurz vor 8 Uhr am Morgen des folgenden Tages explodierte unter dem Lavapropfen gashaltiges Magma und brach aus der Flanke des Berges hervor. Unter einer dichten schwarzen Wolke raste eine tödliche Mischung aus überhitzten Gasen und Vulkanasche an der Südflanke des Mont Pelée herab und ergoss sich mit unvorstellbarer Geschwindigkeit in die Stadt St. Pierre. Diese Wolke war so heiß, dass sie Glas zum Schmelzen brachte, und erschien so plötzlich, dass die Menschen keine Zeit hatten, ihr zu entkommen. Binnen Sekunden hatte die Glutwolke alle Einwohner von St. Pierre bis auf zwei getötet. Einer von ihnen berichtete später, dass ein entsetzlicher Wind seinen Körper verbrannte und ihm die Luft zum Atmen nahm. Er wurde ohnmächtig, und als er wieder zu sich kam,

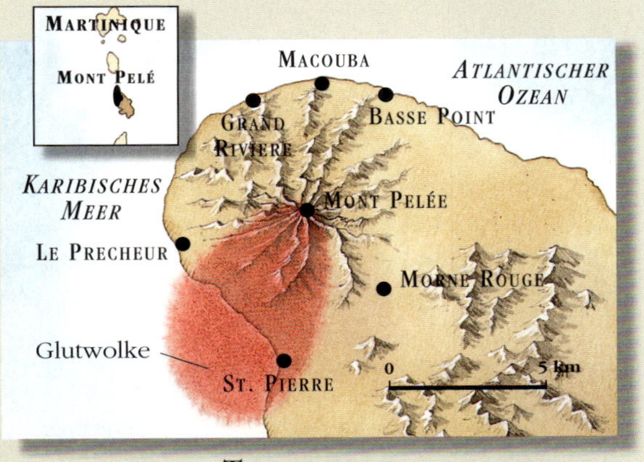

TODESZONE
Beim Ausbruch des Mont Pelée am 8. Mai 1902 wurden 58 km² Land verwüstet und die Stadt St. Pierre zerstört. Zwei weitere Ausbrüche im selben Jahr richteten weitere Verwüstungen an.

musste er feststellen, dass die Stadt in Flammen stand und seine gesamte Familie tot war.

Im Hafen gerieten 18 Schiffe in Brand und sanken. Die „Roddam" konnte entkommen, und ein Besatzungsmitglied berichtete, dass Menschen „zwischen den Flammen hin und her rannten, bis eine entsetzliche Rauchwolke kam und sie umfielen wie die Fliegen."

GESPENSTISCHE ÜBERRESTE
Als die Glutwolke über St. Pierre hereinbrach, starben die Menschen dort, wo sie sich gerade befanden (rechts). Der Mont Pelée überragt noch heute die Stadt und erinnert an die Katastrophe (unten).

TSUNAMIS

Diese verheerenden Flutwellen werden in der Regel von Seebeben ausgelöst (s. S. 40), können aber auch die Folge von Erdrutschen sein. Untersuchungen haben ergeben, dass die Küste Australiens in prähistorischer Zeit von riesigen Wellen überflutet wurde, nachdem unter der Insel Hawaii, einem Hot-Spot-Vulkan im Pazifik, ein großer Erdrutsch stattgefunden hatte.

Beim Ausbruch des Krakatau im Jahre 1883 wurden Tonnen von Gestein und Asche ins Meer geschleudert. Sie lösten Flutwellen aus, die die Küsten benachbarter Inseln verwüsteten und durch die Ozeane wanderten.

KLIMAVERÄNDERUNGEN

Die heftigsten Vulkanausbrüche haben eine Abkühlung des gesamten Planeten zur Folge, weil Vulkanasche und Gase bis in die Stratosphäre emporgeschleudert werden. Auswurfmaterial, das nur bis in die unteren Schichten der Atmosphäre gelangt, verbindet sich mit Wassertropfen und regnet wenig später auf die Erde herab, aber Asche und Gase, die bis über die Wolkengrenze hochgeschleudert wurden, können monatelang in der Luft bleiben. Sie werden von den Höhenwinden um den ganzen Globus getragen und bilden einen Schirm, der die Sonneneinstrahlung hemmt. Die stärksten Auswirkungen auf das Erdklima hat das Gas Schwefeldioxid, weil es sich in der oberen Atmosphäre in Schwefelsäure-Tröpfchen verwandelt, die bewirken, dass ein noch größerer Teil der Sonnenwärme in den Weltraum zurückgestrahlt wird.

Beim Ausbruch des Tambora im Jahre 1815 wurden 80 km^3 vulkanisches Material in die Atmosphäre geschleudert, ungefähr achtmal so viel wie beim Ausbruch des Pinatubo im Jahre 1991. Der Ausbruch von 1815 hatte erhebliche Auswirkungen auf das Weltklima. 1816 war es so kalt und feucht, dass in vielen Regionen die Ernte ausfiel und Nahrungsknappheit und Hungersnot herrschten.

VULKANUNGEHEUER
Im Jahr nach dem Ausbruch des Tamboro hielt sich Mary Shelley (links) mit Freunden in der Schweiz auf. Das schlechte Wetter zwang sie, im Haus zu bleiben, und so schrieb sie Schauergeschichten. Hier verfasste Mary Shelley Frankenstein.

Anhand der in Gletschern und Meeressedimenten gefundenen Ascheschichten können die zahlreichen Vulkanausbrüche rekonstruiert werden. Der jüngste katastrophale Vulkanausbruch ereignete sich vor rund 75 000 Jahren auf der indonesischen Insel Sumatra. Dabei wurde 200-mal so viel Material emporgeschleudert wie beim Ausbruch des Pinatubo, und auf der Insel bildete sich ein 40 km breiter Krater, der sich mit Wasser füllte und heute Tobasee genannt wird. Einige Wissenschaftler sind der Ansicht, dass die auf den Ausbruch folgende globale Abkühlung eine der kältesten Phasen der letzten Eiszeit auslöste (s. S. 96).

INDONESISCHE VULKANE
Der riesige Krater des Tambora hat sich mit Wasser gefüllt (links). Das Foto unten zeigt weitere Gipfel in der Kette von 130 Vulkanen, die sich über die indonesischen Inseln erstreckt.

KRAKATAU

VULKANAUSBRUCH, INDONESIEN, 1883

LEXIKON SEITE 139, NUMMER 11

AM 27. AUGUST 1883 BRACH EINER DER VULKANE auf der winzigen Insel Krakatau mit solcher Heftigkeit aus, dass die Insel fast völlig zerstört wurde und auf dem Meeresboden ein 290 m tiefer Krater entstand. Das herausgeschleuderte Material löste bis zu 40 m hohe Tsunamis aus, die an die Küsten von Java und Sumatra brandeten. Sie drangen bis weit ins Landesinnere vor, zerstörten Hunderte von Dörfern und töteten ungefähr 30 000 Menschen.

TODESWELLEN
Als 1883 der Krakatau explodierte, löste er gigantische Tsunamis aus, die die Küstenregionen von Java und Sumatra verwüsteten und neben zahlreichen Dörfern die Städte Telukbetong, Kalimbang und Merak hinwegfegten.

ANHALTENDE BEDROHUNG
Seit 1927 haben mehrere kleine Ausbrüche dazu geführt, dass in einem eingesunkenen Krater des Krakatau ein neuer Vulkan, der Anak Krakatau (Kind des Krakatau), entstanden ist.

1883 war die kleine, dicht bewaldete Insel unbewohnt, aber Fischer legten oft dort an, um Früchte zu pflücken und Holz zu sammeln. Die Insel bestand aus drei Vulkanen über einem sieben km breiten Krater, der sich bei einer früheren, von den Wissenschaftlern auf das Jahr 416 n. Chr. datierten Eruption gebildet hatte.

Der Krakatau hatte seit 1680 geruht, bis am 20. Mai 1883 eine Reihe von lauten Explosionen erkennen ließ, dass die Insel wieder in Bewegung geraten war. Im Laufe der nächsten drei Monate nahmen die Ausbrüche an Heftigkeit zu. Auf den nahe gelegenen Inseln Sumatra und Java nahm niemand die Ausbrüche auf Krakatau sonderlich ernst, bis am 26. August gegen 13 Uhr Explosionen und Erdbeben die Fundamente ihrer Häuser zu erschüttern begannen. Am nächsten Morgen gegen 5.30 Uhr kam es zu einer Reihe von fünf gewaltigen Explosionen, die die Insel fast vollständig zerstörten. Tödliche Aschewolken drifteten über die schmale Sundastraße und in den Dörfern an der Küste Sumatras verbrannten zahlreiche Menschen. Für den größten Teil der rund 36 000 Toten waren jedoch die Tsunamis verantwortlich, die Java und Sumatra heimsuchten. Die riesigen Wellen schwemmten die Trümmer von Häusern und Booten bis weit ins Landesinnere; dann fluteten sie zurück und spülten die Ertrunkenen ins Meer.

AN LAND GESPÜLT
Der Tsunami, der die Stadt Telukbetong auf Sumatra überflutete, riss das Dampfschiff Berouw mit und ließ es tief im Dschungel liegen.

VESUV

VULKANAUSBRUCH, ITALIEN, 79 N. CHR.

LEXIKON SEITE 135, NUMMER 11

VERKOHLTE FEIGEN AUS POMPEJI

STABIAE, HERCULANEUM UND POMPEJI wurden zerstört, als im Jahre 79 n. Chr. der Vesuv ausbrach. Die Städte am Golf von Neapel wurden unter Tonnen von Asche begraben und dann viele Jahrhunderte lang vergessen. Als die Ruinen ausgegraben wurden, ermöglichten sie den Archäologen faszinierende Einblicke in den römischen Alltag. Außerdem konnte der Verlauf des Ausbruchs rekonstruiert werden, dem schätzungsweise 16 000 Menschen zum Opfer fielen.

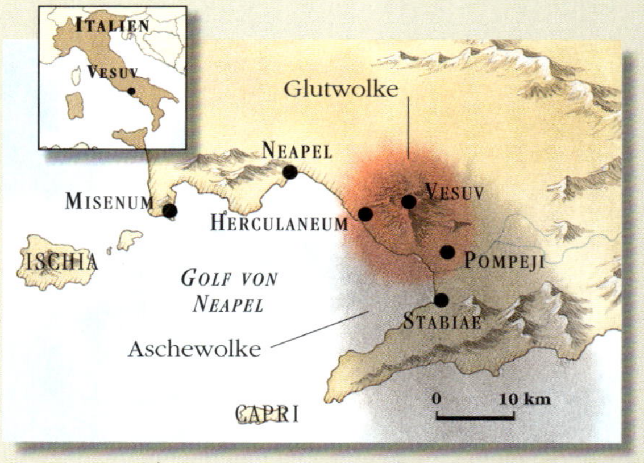

AUSBRUCH DES VESUV
Auch entferntere Orte wie Stabiae wurden beim Ausbruch des Vesuv 79 n. Chr. unter Asche und Bimsstein begraben. Die meisten Menschen kamen ums Leben, als Glutwolken Pompeji und Herculaneum einhüllten.

Pompeji war eine blühende Markt- und Hafenstadt, in der landwirtschaftliche Erzeugnisse der Umgebung umgeschlagen wurden. Das Ackerland verdankte seine Fruchtbarkeit der mineralienreichen Asche von früheren Ausbrüchen des Vesuv. Der Berg hatte Hunderte von Jahren geruht, aber im Jahre 63 n. Chr. wurde Pompeji von einem schweren Erdbeben erschüttert, und 16 Jahre später trat die große Katastrophe ein.

EINE UNGEWISSE ZUKUNFT
Seit 79 n. Chr. ist der Vesuv fünfzigmal ausgebrochen. 1691 starben 18 000 Menschen. Obwohl der Berg jederzeit wieder ausbrechen kann, ist seine Umgebung noch immer dicht besiedelt.

AUGENZEUGENBERICHT

Viel von dem, was wir über den Ausbruch des Vesuv im Jahre 79 n. Chr. wissen, haben wir dem römischen Schriftsteller Gaius Plinius zu verdanken, der damals 18 Jahre alt war und in der rund 30 km entfernten Stadt Misenum lebte. Am 14. August sah Plinius, wie „eine große Wolke" aus dem Vesuv aufstieg, die die Form einer Pinie hatte. Sein Onkel, dem die dort stationierte Flotte unterstand, wollte nach Pompeji und so viele Menschen wie möglich retten. Er gab den Befehl, den Golf von Neapel zu überqueren. Dabei regnete Asche auf die Schiffe, die immer heißer und dichter wurde, je näher sie der Küste kamen. Steine fielen herab, „vom Feuer geschwärzt, verbrannt und zerbrochen", und aus dem Vesuv brachen „riesige Flammenwände und Feuerzungen" hervor. Plinius der Ältere konnte Pompeji nicht erreichen, schaffte es aber, in Stabiae zu landen, wo Sturm ein Entkommen unmöglich machte.

IN STEIN BEWAHRT
Dieser Hund wurde unter Asche begraben. Ein Hohlraum wurde als Gussform verwendet und so sein Todeskampf rekonstruiert.

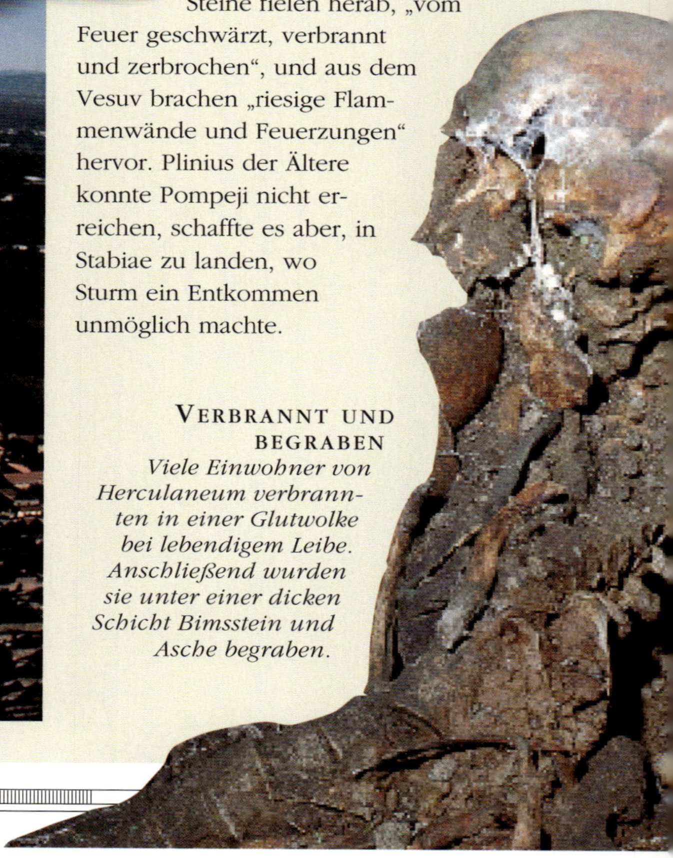

VERBRANNT UND BEGRABEN
Viele Einwohner von Herculaneum verbrannten in einer Glutwolke bei lebendigem Leibe. Anschließend wurden sie unter einer dicken Schicht Bimsstein und Asche begraben.

DIE TOTALE ZERSTÖRUNG

In Stabiae hatten die Bewohner ihre Häuser verlassen. Viele der Leute, die durch die Straßen eilten, hatten sich Kissen auf den Kopf gebunden, um sich vor dem Hagel aus Asche und Bimsstein zu schützen, der ihre Stadt rasch begrub. Plinius der Ältere überlebte nicht, aber einige seiner Freunde konnten entkommen. Wie Pompeji und Herculaneum zugrunde gingen, darüber gibt es keine Augenzeugenberichte. Die Untersuchungen der Archäologen haben ergeben, dass beide blitzschnell von „Feuerzungen" eingehüllt wurden, die denen ähnelten, die Plinius und seine Leute von Stabiae aus gesehen hatten. Die Wissenschaftler nehmen an, dass die meisten Menschen in Herculaneum einer Wolke aus brennenden Gasen zum Opfer fielen. Skelette, die man unter einer 20 m dicken Ascheschicht in den Ruinen fand, waren in Positionen, die darauf schließen lassen, dass sie sich zusammengedrängt hatten und sehr schnell gestorben waren. Die Menschen von Pompeji wurden vermutlich am folgenden Morgen vom Tod ereilt, als auch diese Stadt von brennenden Gasen eingehüllt wurde. Danach gerieten die Städte in Vergessenheit; erst 1709 wurden ihre Ruinen wiederentdeckt.

VORHERSAGEN

Von über 500 Land-Vulkanen weiß man, dass sie im Laufe der letzten 3 000 Jahre ausgebrochen sind; sie gelten deshalb als aktive Vulkane. Theoretisch könnten sie jederzeit erneut ausbrechen, und ungefähr eine halbe Milliarde Menschen, die in ihrem Umkreis leben, sind gefährdet.

Die meisten verheerenden Ausbrüche kündigen sich Tage, Wochen oder sogar Monate vorher durch kleinere Eruptionen an. Solche Warnsignale können jedoch irreführend sein. 1976 ließen die französischen Behörden die Karibikinsel Guadeloupe evakuieren, nachdem die Erde gebebt hatte, denn das konnte ein Anzeichen für einen neuerlichen Ausbruch des Vulkans Soufrière sein, dem im Jahre 1908 1 600 Menschen zum Opfer gefallen waren. Der Ausbruch blieb aber aus. Heute beobachten Wissenschaftler auch die Gebiete im Umkreis früherer Ausbrüche. Sobald es Hinweise darauf gibt, dass ein Vulkan explosionsartig ausbrechen könnte, wird eine Evakuierung empfohlen, die aber Probleme aufwerfen kann, weil es schwierig ist, Nahrung und Unterkünfte für größere Menschenmengen zu beschaffen.

WOLKE ÜBER DER KARIBIK
Der Vulkan Soufrière auf Montserrat hat den größten Teil der Karibikinsel mit Asche bedeckt. Seit er 1995 wieder aktiv wurde, sind über 30 Menschen ums Leben gekommen.

LEBEN MIT VULKANEN

In Japan werden mehrere aktive Vulkane ständig überwacht, damit die Menschen sofort evakuiert werden können, sobald ein heftiger Ausbruch für wahrscheinlich gehalten wird. Auf diese Weise konnte ein Ausbruch des Unzen im Jahre 1991 vorhergesagt werden. Tausende von Menschen wurden evakuiert, und die einzigen, die ums Leben kamen, waren Wissenschaftler und Fernsehteams, die freiwillig in der evakuierten Zone geblieben waren. In der Nähe einiger Vulkane wurden Dämme errichtet, die Lava- und Schlammströme von Städten fern halten sollen, damit auch die Gebäude geschützt sind. Der letzte heftige Ausbruch des Sukarajima im Süden von Japan hat sich 1914 ereignet, aber es gibt alljährlich an die 150 kleinere Ausbrüche. Die Einwohner der Stadt Kagoschima und der Dörfer in der Nähe des Vulkans werden regelmäßig mit Evakuierungsmaßnahmen vertraut gemacht; sie wissen, was sie tun müssen, wenn die Ausbrüche heftiger werden sollten.

Auf der kleinen Karibikinsel Montserrat mussten zwei Drittel der Einwohner evakuiert werden, weil der Vulkan Soufrière Hills 1995 wieder aktiv geworden ist.

GEFÄHRDETE KINDER
Japanische Kinder, die in der Nähe des Vulkans Sakurajima wohnen, tragen auf dem Schulweg Helme, die sie vor Asche und Schlacke aus dem überaus aktiven Berg schützen sollen.

PINATUBO

VULKANAUSBRUCH, PHILIPPINEN, 1991

LEXIKON SEITE 137, NUMMER 92

DER AUSBRUCH DES PINATUBO im Juni 1992 war das heftigste vulkanische Ereignis im 20. Jahrhundert. Dabei wurden mehr als 10 km³ Asche und Gase in die Atmosphäre geschleudert, was ein Absinken der Temperaturen auf der ganzen Erde zur Folge hatte. Auf der Insel Luzon zerstörte herabregnende Asche 42 000 Häuser und begrub 80 000 Hektar Land. Trotz gewissenhafter Beobachtung und der rechtzeitigen Evakuierung von über 20 000 Bewohnern der gesamten Umgebung kamen bei der gewaltigen Eruption 1 000 Menschen ums Leben.

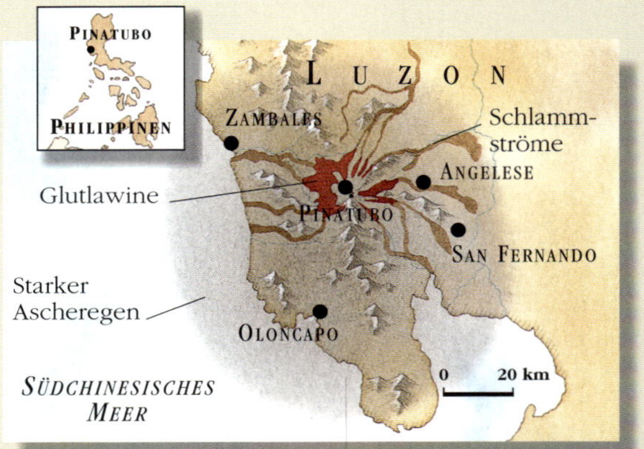

DIE WUCHT DES PINATUBO
Bei einer Reihe von Ausbrüchen des Pinatubo im Juni 1991 verwüsteten Glutlawinen sogar 17 km vom Gipfel entferntes Land, und der starke Ascheregen löste Schlammströme aus, die bis zu 60 km entfernte Häuser zerstörten.

Der Pinatubo ist einer von 22 Vulkanen auf den Philippinen. Vor seinem Wiedererwachen im Jahre 1991 hatte der 1 700 m hohe Berg länger als vier Jahrhunderte geruht. Am 2. April hörten Bewohner der Umgebung rumpelnde Geräusche und sahen Dampf- und Aschewolken.

Binnen drei Tagen hatten Wissenschaftler eine Beobachtungsstation eingerichtet und Instrumente zum Messen der leichten Erdbeben aufgestellt, die auf einen heftigen Ausbruch in naher Zukunft hindeuteten. Vulkanologen aus der ganzen Welt flogen nach Luzon und registrierten Auswölbungen an den Flanken des Pinatubo und Veränderungen in der Zusam-

DER EXPLODIERENDE BERG
Bei mehreren Explosionen wurden im Juni 1991 die oberen 200 m des Pinatubo weggesprengt. Danach hing eine Wolke aus Asche und vulkanischen Gasen über dem Berg.

ZERSTÖRERISCHE WOLKEN
Der Pinatubo schleuderte riesige Wolken aus vulkanischen Gasen in die Luft. Heiße Asche und geschmolzenes Gestein bildeten eine Glutlawine, die sich mit über 70 km/h über das Land wälzte.

FLÜSSE AUS SCHLAMM
Auf den oberen Hängen des Pinatubo lag eine gut 100 m dicke Schicht Asche. Als der Regen einsetzte, verwandelte sich die Asche in einen grauen Brei, der sich in die Täler ergoss und Straßen, Brücken und Dörfer zerstörte.

mensetzung der Gase. Sie erstellten eine Risikokarte der Umgebung und untersuchten vulkanische Ablagerungen. Dabei stellten sie fest, dass der Pinatubo schon früher mit großer Heftigkeit ausgebrochen war.

Da sie befürchteten, dass er es abermals tun könnte, veranlassten sie die Evakuierung aller Menschen in seiner Umgebung.

DER COUNTDOWN

Ende Mai war die Menge an Schwefeldioxid in den Gasen um das Zehnfache gestiegen, ein Hinweis darauf, dass das Magma im Innern des Vulkans rasch emporstieg. Anfang Juni wurde die Lage noch kritischer, und weitere Menschen wurden evakuiert. Am Morgen des 12. Juni gab es eine Reihe von Explosionen innerhalb des Vulkans. Brocken aus geschmolzenem Gestein wurden herausgeschleudert, die zusammen mit Asche und Gasen eine 20 m hohe, pilzförmige Wolke bildeten. Glutlawinen rasten die Flanken des Pinatubo hinunter und dann durch Flusstäler und setzten alles in Brand, was auf ihrer Bahn lag. Bei weiteren Eruptionen wurde noch mehr Asche herausgeschleudert, die den Himmel verdunkelte und sich wie eine dicke graue Decke auf Felder und Häuser legte.

In der Morgendämmerung des 15. Juni begann die verheerendste Phase des Ausbruchs; sie dauerte zwei Tage. Die insgesamt 19 Ausbrüche führten zur Bildung einer Säule aus vulkanischem Auswurfmaterial, die über dem, was vom Pinatubo übrig geblieben war, 40 km hoch emporragte.

Die Verwüstungen, die der Pinatubo auf Luzon anrichtete, nahmen durch den Taifun Yuna, dessen Eintreffen mit der Hauptphase des Ausbruchs zusammenfiel, noch größere Ausmaße an. Sintflutartiger Regen durchnässte die auf die Hausdächer fallende Asche und verwandelte sie in eine betonähnliche Masse. Tausende von Gebäuden brachen unter dem Gewicht der nassen Asche zusammen; dabei kamen die meisten der insgesamt 300 Menschen ums Leben, die beim Ausbruch des Pinatubo starben.

Ein Großteil der nördlichen Philippinen war von vulkanischem Auswurfmaterial so verwüstet, dass 200 000 Menschen umgesiedelt werden mussten. Über 500 starben an Krankheiten und den Unbilden der Witterung in den Zeltstädten, in denen die Flüchtlinge provisorisch untergebracht worden waren, und weitere Hunderte kamen durch Schlammlawinen ums Leben. 65 000 Menschen waren durch Sachschäden ihrer Erwerbsquelle beraubt. Auch ein Großteil der lokalen Infrastruktur musste neu aufgebaut werden. Der Ausbruch des Pinatubo kostete das Land mehr als 10 Milliarden Dollar.

SUCHE IN DER ASCHE
Tausende von Evakuierten mussten bei ihrer Rückkehr feststellen, dass ihre Häuser unter nasser Asche zusammengebrochen waren.

GLOBALE AUSWIRKUNGEN
Satelliten verfolgten die Wolke aus Asche und Gasen, die vom Pinatubo in die Atmosphäre emporgeschleudert worden war und die Erde umrundete. Sie blockierte die Sonneneinstrahlung, wodurch die Temperaturen weltweit absanken.

SONNENFINSTERNIS
Nach dem Ausbruch des Pinatubo am 15. Juni 1991 senkte sich eine 40 km hohe Aschesäule auf die Insel Luzon herab, und der Himmel blieb wochenlang dunkel. Die Leute schützten sich mit Schirmen vor der herabregnenden Asche.

AUSGEFALLENE ERNTE
Feldfrüchte im Wert von Millionen von Dollar wurden vernichtet. Im Laufe der Zeit wird die auf Luzon niedergegangene Asche die Böden jedoch fruchtbarer machen.

ERDBEBEN

Alljährlich ereignen sich weltweit mehr als 10 000 Erdbeben. Einige stehen mit der Bewegung des Magmas unter Vulkanen in Zusammenhang, andere werden durch das Gewicht des Wassers in Staubecken ausgelöst. Für die stärksten Beben sind jedoch die Bewegungen der Platten der Erdkruste verantwortlich.

An den Stellen, an denen zwei Platten zusammenstoßen, gleiten sie an Verwerfungen an den Plattenrändern oder nicht weit von ihnen entfernt aneinander vorbei. Wenn das Gestein brüchig ist, geschieht das problemlos. Hartes Gestein dagegen zerbröckelt unter Druck nicht; es wird immer stärker verformt, bis es schließlich bricht und die Platte sich ruckhaft weiterbewegt. Im Augenblick des Brechens schnellt das Gestein wie eine Feder in seine ursprüngliche Form zurück und setzt die aufgestaute Energie in Form von so genannten seismischen Wellen frei.

Von der Bruchstelle, dem Herd des Bebens, gehen zwei Typen von Wellen aus. Die Primär- oder P-Wellen bewegen sich wie Schallwellen und versetzen die Luft in Schwingung; sie sind für die Geräusche verantwortlich, die oft kurz vor Einsetzen des Bebens zu hören sind. Im Vergleich zu den langsameren Sekundär- oder S-Wellen, die die Erde in einer Auf- und Abwärtsbewegung erschüttern, richten die P-Wellen nur wenige Schäden an. Beide Wellentypen lösen die so genannten Oberflächenwellen aus; sie bewirken, dass sich die Erde wellt und vorwärts und rückwärts bewegt.

Mit Seismographen können die Wissenschaftler die Stärke der Beben messen und sie miteinander vergleichen. Die bekannteste Skala zur Beschreibung der Stärke eines Erdbebens ist die Richterskala, die der amerikanische Seismologe Charles Richter 1936 entwickelte.

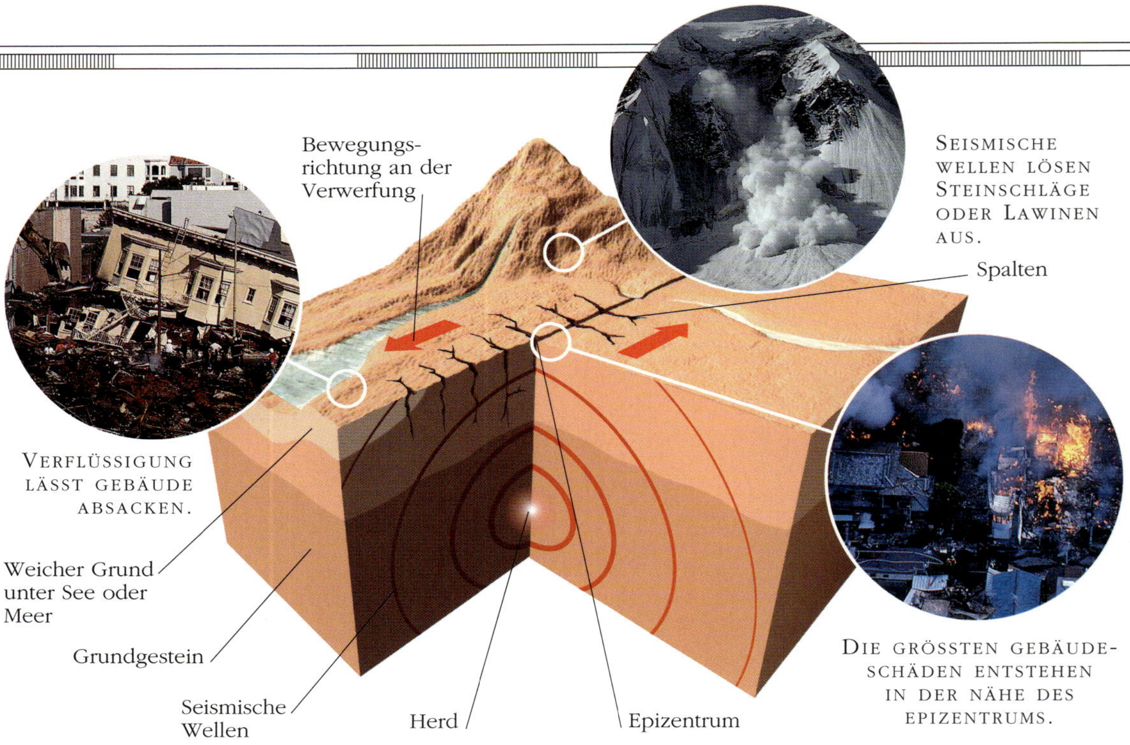

Erdbebenschäden
Das Gebiet in der Nähe des Epizentrums ist häufig am stärksten betroffen, und dort liegende Städte können völlig zerstört werden. Lockeres Erdreich in der Nähe eines Sees oder eines Meeres wird verflüssigt und lässt Gebäude absacken. In Gebirgsregionen können seismische Wellen Steinschläge oder Lawinen auslösen.

Zerrissene Erde
In Anchorage, Alaska, taten sich bei einem Beben im Jahre 1964 in der Erde riesige Spalten auf. Da das Epizentrum weit von der Stadt entfernt lag, gab es nur wenige Tote und Verletzte.

MEXIKO STADT

ERDBEBEN, MEXIKO, 1985

LEXIKON SEITE 130, NUMMER 76

EIN BEBEN DER STÄRKE 8,1 vor der Westküste von Mexiko am 19. September 1985 löste seismische Wellen aus, die von Texas bis Guatemala zu spüren waren. Unterschiede in der Bodenbeschaffenheit hatten zur Folge, dass es in den Küstenregionen in der Nähe des Erdbebenzentrums weit weniger Tote gab als im 400 Kilometer entfernten Mexiko Stadt, wo 9 000 Menschen starben, weitere 30 000 verletzt und rund eine Million obdachlos wurden.

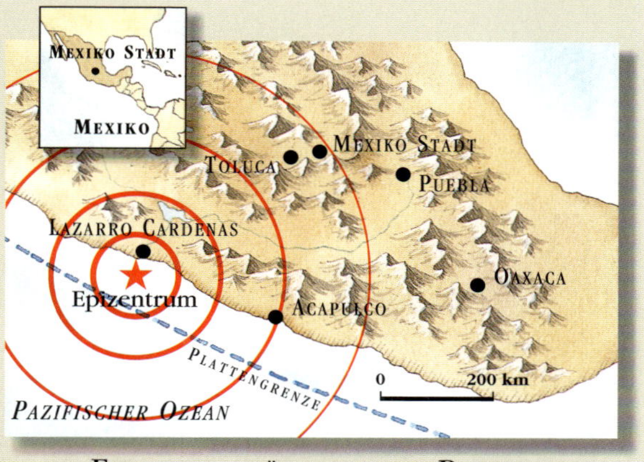

EIN UNGEWÖHNLICHES BEBEN
Obwohl eine Reihe von Schiffen Tsunamis zum Opfer fiel und in den Küstenregionen in der Nähe des Epizentrums Hunderte von Menschen starben, blieben die Hauptschäden auf die Innenstadt von Mexiko Stadt beschränkt.

1985 wurden die Bewegungen der tektonischen Platten vor der Küste von Mexiko genau beobachtet, weil sich die Cocos-Platte, die eigentlich reibungslos unter Mexiko gleiten sollte, verhakt hatte. Die Spannung, die sich dadurch nahe der Plattengrenze aufbaute, deutete auf ein unmittelbar bevorstehendes Erdbeben hin, aber niemand glaubte, dass es schwer wiegende Folgen für Mexiko Stadt und seine fast 19 Millionen Einwohner haben würde. In Unkenntnis der Gefahr weit reichender seismischer Aktivitäten hatten die Architekten viel geschossige Häuser auf dem nassen Lehm und Sand im Bett eines Sees gebaut, der einst unter dem Zentrum der Stadt gelegen hatte.

TANZENDE STRASSEN

Das Erdbeben setzte um 7.18 Uhr ein, als viele Einwohner Mexikos auf dem Weg zur Arbeit in der Innenstadt waren. Als die seismischen Wellen unter der Stadt angekommen waren, begannen sie zu schwingen. Die Beschaffenheit des Bodens vergrößerte ihre Amplitude; die Schwingungen ähnelten denen eines Kristallglases, das man mit einem Messer angeschlagen hat.

Die Wellen erschütterten Mexiko Stadt volle drei Minuten, und viele der hohen Gebäude in der Innenstadt begannen zu schwanken. Einige neigten sich so weit zur Seite, dass sie auf Nachbargebäude stürzten. bei anderen zerbrachen die Fundamente, und sie verwandelten sich in tödliche Haufen aus Trümmern und verbogenem Stahl. Etwa eine Million Häuser außerhalb des Stadtzentrums blieb unbeschädigt, aber rund 800 der neueren Gebäude in der Innenstadt stürzten ein, 6 500 weitere wurden beschädigt. Die am stärksten in Mitleidenschaft gezogenen Gebäude waren zwischen sieben und sechzehn Stockwerke hoch. Spätere Untersuchungen ergaben, dass diese Häuser schwankten, weil ihre Schwingungen mit denen der seismischen Wellen übereinstimmten. Am stärksten bewegte sich die Erde über dem früheren See, weil der Untergrund die Schwingungen dort wie eine Trommel verstärkte.

SCHADENSANALYSE
Das Beben brachte in erster Linie hohe Büro- und Wohngebäude zum Einsturz, während viele niedrigere Häuser stehen blieben.

VORSORGE FÜR DIE ZUKUNFT

Aus dem Erdbeben, das Mexiko Stadt 1985 erschütterte, haben Ingenieure und Architekten viel gelernt, und in der Stadt gibt es jetzt wesentlich strengere Bauvorschriften. Welchen Wert sie haben, muss sich erst noch erweisen.

KRANKENHAUS IN TRÜMMERN
Das viel geschossige Benito-Juarez-Krankenhaus stürzte wie ein Kartenhaus zusammen und zermalmte Patienten und Personal. Erstaunlicherweise gab es einige Überlebende.

SPITAK

ERDBEBEN, ARMENIEN, 1988

LEXIKON SEITE 135, NUMMER 113

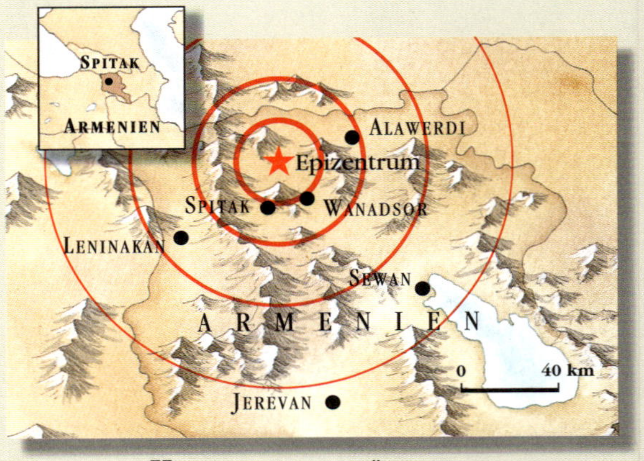

Klein, aber tödlich
Das Erdbeben von 1988 konnte deshalb so große Verwüstungen anrichten, weil sein Epizentrum nur 15 km unter der Oberfläche lag und die Erde sich entlang einer Verwerfung unter Spitak besonders heftig bewegte.

IM DEZEMBER 1988 VERWÜSTETEN EIN ERDBEBEN und die von ihm ausgelösten Erdrutsche in Armenien und im Nordosten der Türkei ein Gebiet von rund 400 km². Die armenische Stadt Spitak, die in der Nähe des Herdes lag, wurde praktisch vollständig zerstört, und die meisten ihrer 25 000 Einwohner kamen ums Leben. In Leninakan, der zweitgrößten Stadt Armeniens, stürzten 80 Prozent der Häuser ein. 700 000 Menschen waren von der Katastrophe betroffen; die Zahl des Todesopfer wird auf über 100 000 geschätzt.

Lebendig begraben
Mit Hunden und Wärmedetektoren suchte man in den Ruinen von Spitak wochenlang nach Überlebenden. Trotz Temperaturen unter dem Gefrierpunkt konnten einige Menschen noch 19 Tage nach der Katastrophe gerettet werden.

1988 war Armenien eine der 15 Republiken der Sowjetunion. Das bedeutete, dass die meisten Fabriken und Wohnhäuser in Plattenbauweise errichtet worden waren. Die Standard-Baupläne waren zwar den Verhältnissen im erdbebengefährdeten Armenien angepasst und die Gebäude verstärkt worden, aber die Veränderungen reichten nicht aus, um sie bei dem heftigen Beben, das die Stadt am 7. Dezember 1988 um 11.41 Uhr traf, vor dem Einsturz zu bewahren.

Manche Gebäude bleiben, selbst wenn sie durch ein Erdbeben beschädigt worden sind, noch so lange stehen, dass ihre Bewohner sich in Sicherheit bringen können. Aber die Plattenbauten stürzten sofort ein, und die Menschen starben in einem Chaos aus Staub und Trümmern.

Das nur 30 Sekunden dauernde Beben riss Straßen auf und brachte Brücken zum Einsturz. In den Gebirgen der Umgebung wurde Gestein und Erdreich gelockert, rutschte in die Täler ab und richtete in der ohnehin schon schwer betroffenen Gegend noch weitere Verwüstungen an.

EIN NEUANFANG

Jahrzehntelang hatte die Sowjetunion schlechte Nachrichten geheim gehalten, aber 1988 propagierte Michail Gorbatschow Offenheit. Die Medien in aller Welt bekamen Gelegenheit, über die Katastrophe zu berichten, und die Erdbebenschäden durften besichtigt werden.

Die Kastastrophe hatte auch einen positiven Effekt. Die Rivalitäten des Kalten Krieges wurden zugunsten der Hilfe für Armenien außer Kraft gesetzt. Zum Aufspüren Verschütteter wurden Wärmedetektoren ins Land gebracht, und die Tausende von Überlebenden, die in der eisigen Winterkälte im Freien kampierten, wurden mit Essen, Decken und Kleidung versorgt.

Seit Armenien 1990 die Unabhängigkeit erlangt hat, sind die politischen Verhältnisse dort so instabil, dass der Wiederaufbau der Städte kaum vorankommt.

Raum für die Toten
Nach dem Erdbeben wurden Tausende von Särgen nach Leninakan geschickt, damit die vielen Opfer angemessen bestattet werden konnten.

GEBÄUDE-SCHÄDEN

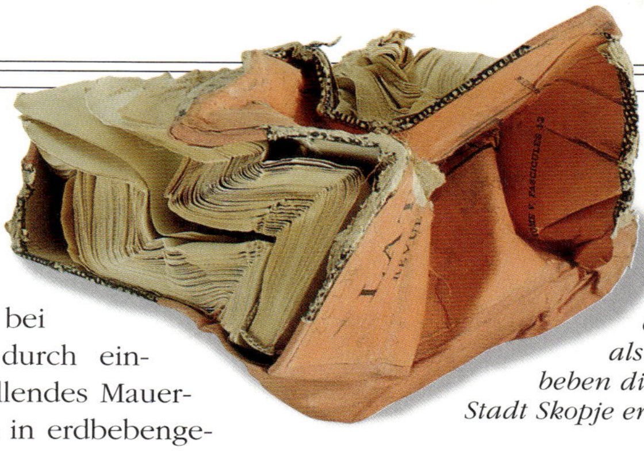

ZERDRÜCKT
Dieses Buch wurde aus einem Haus geborgen, das eingestürzt war, als 1963 ein Erdbeben die mazedonische Stadt Skopje erschütterte.

Die meisten Menschen, die bei Erdbeben sterben, kommen durch einstürzende Häuser und herabfallendes Mauerwerk zu Tode. Früher wurden in erdbebengefährdeten Regionen Materialien wie Holz, Stroh und Lehm verwendet, die relativ leicht waren. Aber seit gemauerte und Betongebäude diese in der traditionellen Bauweise errichteten Häuser verdrängt haben, ist das Risiko, bei einem Erdbeben zu sterben, erheblich gewachsen.

Gebäude aus Mauerwerk oder Beton sind bei einem Erdbeben äußerst gefährdet. Die Erschütterungen bewirken, dass sie sich verbiegen, und obwohl diese Materialien imstande sind, schwere Lasten zu tragen, sind sie spröde und brechen, wenn sie verbogen werden. Viele der Menschen, die bei dem Erdbeben in Spitak ums Lebens kamen, wurden unter Beton begraben oder erstickten an Staub, als die Plattenbauten zusammenstürzten, in denen sie lebten. Mit Stahl verstärkter Beton kann Leben retten, weil der Stahl die Gebäude flexibler macht und dazu beiträgt, dass auch schwer beschädigte Gebäude nicht vollständig einstürzen.

Wie stark ein Gebäude von einem Erdbeben in Mitleidenschaft gezogen wird, hängt auch von dem Boden ab, auf dem es errichtet wurde. Die geringsten Schäden entstehen an Häusern, die auf gewachsenem Fels stehen. Am meisten gefährdet sind solche, deren Fundamente auf lockerem Sedimentgestein oder trockengelegtem Land errichtet wurden, weil diese Materialien zahlreiche Luftlöcher enthalten, die die seismischen Oberflächenwellen noch verstärken. Außerdem wird Grundwasser nach oben gedrängt; es füllt diese Löcher, und der mit Wasser übersättigte Boden wird verflüssigt und verwandelt sich in einen weichen Brei, der das Gewicht der Häuser nicht mehr tragen kann.

Es wurde auch festgestellt, dass mit Wasser gesättigter Lehm die Intensität der Erdstöße verstärkt. In diesem Fall ist die Steife des Bodens das Problem. Die ankommenden seismischen Wellen versetzen den Boden so in Schwingung, dass die Erschütterungen anstatt nur ein paar Sekunden mehrere Minuten anhalten. Die Resonanz der seismischen Wellen, die 1985 Mexiko Stadt erreichten, dauerte unter der Innenstadt volle drei Minuten und brachte viele Gebäude zum Einsturz (s. S. 33).

Die Auswirkungen eines Erdbebens werden anhand der Modifizierten Mercalli-Skala beurteilt. Sie reicht von I, wo ein Erdbeben zwar von Instrumenten registriert werden kann, aber keinen Schaden anrichtet, bis XII für ein Gebiet, in dem fast alle Gebäude völlig zerstört wurden.

ZERQUETSCHTE AUTOS
Nach dem Erdbeben, das 1994 Los Angeles traf, stürzten viele Häuser mit Erdgeschossgaragen ein. Es entstanden Sachschäden in Höhe von 15 Milliarden Dollar.

AUF SAND GEBAUT
Beim Loma-Prieta-Erdbeben, das 1989 San Francisco heimsuchte, wurden Häuser im Marina-Viertel stärker beschädigt als andere, dem Epizentrum nähere Gebäude, weil sie auf Sandboden standen, der sich verflüssigte.

San Francisco

Erdbeben, USA, 1906

Lexikon Seite 129, Nummer 38

Das bisher verheerendste Erdbeben in den Vereinigten Staaten stürzte am 18. April 1906 um 5.13 Uhr San Francisco ins Chaos. Bei dem Erdbeben selbst wurden zahlreiche Gebäude beschädigt, aber weit größere Schäden richteten die anschließenden Brände an. Sie wüteten drei Tage und vernichteten zwei Drittel der jungen Stadt, darunter das gesamte Geschäftsviertel im Zentrum. Zehntausende flüchteten, schätzungsweise 500 kamen ums Leben. Die wirtschaftlichen Einbußen waren gigantisch und die Ansprüche an die Versicherungen so zahlreich, dass mehrere Unternehmen Bankrott machten.

Ins Schwanken geraten
Häuser auf Land, das am Rande der Bucht von San Francisco aufgeschüttet worden war, begannen heftig zu schwanken, als der Boden unter ihnen erschüttert und verflüssigt wurde.

Während des Goldrausches in der zweiten Hälfte des 19. Jahrhunderts war San Francisco von einem kleinen Dorf zu einer aufstrebenden Grenzstadt angewachsen. 1906 war es bereits eine Großstadt mit über 300 000 Einwohnern. Unkontrolliertes Wachstum hatte einen Flickenteppich aus prunkvollen öffentlichen Gebäuden, schnell errichteten Lagerhäusern, prächtigen Villen und schäbigen Vorstädten entstehen lassen. Feuerwehrchef Sullivan wusste, wie rasch sich Brände unter den dicht beieinander stehenden Fachwerkbauten ausbreiten konnten, und hatte darauf hingewiesen, dass mehr Geld für die Brandbekämpfung benötigt wurde.

Unvorbereitete Stadt

Am 18. April war die Feuerwehr immer noch nicht besser ausgerüstet. Sullivan, der detaillierte Pläne zur Bekämpfung eines Flächenbrandes ausgearbeitet hatte, starb bei dem Erdbeben, das die Stadt um 5.13 Uhr in zwei Wellen erschütterte. Die erste

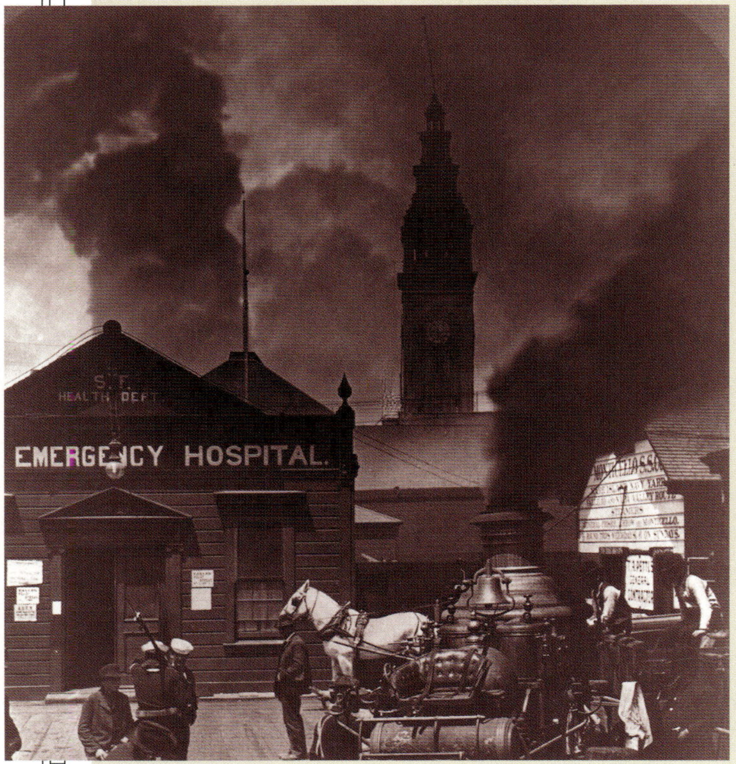

Notstandsmassnahmen
Zur Unterstützung der lokalen Rettungskräfte wurden Truppen in die Stadt beordert, und Brigadier General Funston verkündete das Kriegsrecht.

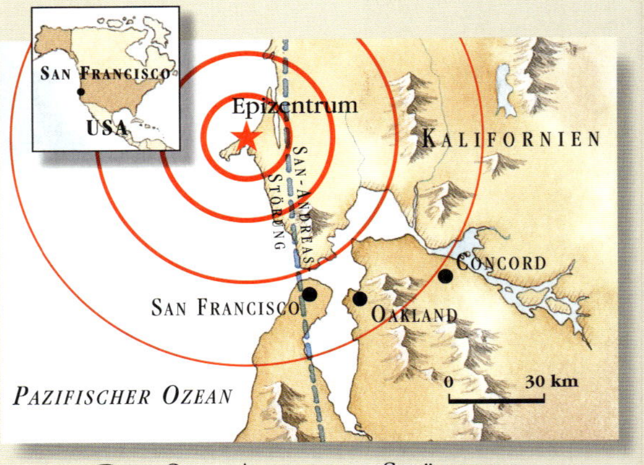

Die San-Andreas-Störung
Das Erdbeben von San Francisco wurde durch zwei ruckartige Gesteinsbewegungen an der San-Andreas-Verwerfung ausgelöst, die durch die Stadt verläuft.

und stärkere dauerte 40 Sekunden; es folgten eine Pause von 10 Sekunden und danach eine weitere Erschütterung von 25 Sekunden Dauer.

John Barrett, der Herausgeber des San Francisco Examiner, berichtete, dass die Erschütterungen die Gebäude „tanzen und wie Gelee zittern“ ließen, während sie hin und her schwankten. Karrenpferde auf ihrer morgendlichen Auslieferungsrunde begannen nervös zu wiehern; als die Häuser einstürzten und Gebäudetrümmer auf die Straßen fielen, gerieten sie in Panik.

SAN FRANCISCO REAGIERT

Während die Überlebenden aus den zerstörten Häusern krochen, brachen rings herum Brände aus. Viele rafften so viele Habseligkeiten zusammen, wie sie tragen konnten, und brachten sich zu Fuß in Sicherheit. Andere blieben und halfen, die Toten und Verletzten aus den Trümmern zu bergen. Einige nutzten das Chaos aus; sie plünderten die beschädigten und aufgegebenen Gebäude oder betranken sich.

Obwohl der Tag fast windstill war, konnte die Feuerwehr nur wenig ausrichten. Es gab kein Wasser, weil die Hauptleitungen geplatzt waren. Als sich die Brände immer weiter ausbreiteten, wurden 15 000 Soldaten in die Stadt geschickt. Sie sollten bei den Rettungsmaßnahmen und bei der Brandbekämpfung helfen, hatten aber auch Befehl, Plünderer auf der Stelle zu erschießen. Schließlich versuchten Pioniere und Feuerwehrleute Feuerschneisen zu schaffen, indem sie Gebäude sprengten, richteten damit aber mehr Schaden als Nutzen an. Zwölf Stunden nach dem Erdbeben geriet das Chinesenviertel in Brand. Die primitiven Holzhäuser von Chinatown brannten wie Zunder, und niemand weiß, wie viele Menschen in dem Labyrinth aus unterirdischen Straßen ums Leben kamen, das nur die dort wohnenden Chinesen betreten durften.

San Francisco wurde binnen vier Jahren wieder aufgebaut und blühte und gedieh weiter. Heute hat die Stadt die strengsten Bauvorschriften der Welt; bei einem Beben im Jahre 1989 retteten sie Tausenden von Menschen das Leben.

Die brennende Stadt
Einwohner von San Francisco mussten hilflos zuschauen, wie Brände das Zerstörungswerk vollendeten, das mit dem Erdbeben begonnen hatte.

In Trümmern
Die Überreste von Hotels, Banken und Kaufhäusern säumen die Market Street, wo Geschäftsleute ihr Leben riskierten, um ihre Wertsachen zu retten.

BRÄNDE

Bei manchen Erdbeben ist es nicht das Einstürzen von Häusern, das die meisten Menschenleben kostet. Beim großen Kanto-Erdbeben im Jahre 1923 brachen in Tokio nur wenige Minuten nach dem Beben zahlreiche Brände aus. Durch starken Wind angefacht, rasten die Brände durch Tokio und die Hafenstadt Jokohama. Mehr als eine halbe Million Häuser gingen in Flammen auf, und die meisten der 143 000 Menschen, die bei dem Erdbeben ums Leben kamen, fielen den Bränden zum Opfer.

Das Erdbeben von Kobe (s. S. 46-49) bewies eindeutig, dass moderne Städte nicht weniger brandgefährdet sind. Unter den Straßen verlaufende Gasleitungen können brechen, und auch wenn die Versorgung sehr schnell unterbrochen wird, bleiben immer noch Augenblicke, in denen sich das ausströmende Gas entzünden und Brände verursachen kann. Gleichzeitig bersten auch oft die Wasserleitungen, wodurch es fast unmöglich wird, solche Feuersbrünste zu bekämpfen.

ERDRUTSCHE, LAWINEN UND ÜBERSCHWEMMUNGEN

Häufig bewirken Erdbeben auch landschaftliche Veränderungen, die katastrophale Folgen haben. Seismische Erschütterungen können lockeres Gestein, Erdreich und Schnee in Gebirgsregionen verrutschen lassen und gefährliche Steinschläge, Erdrutsche und Lawinen auslösen. Fast die Hälfte der Menschen, die 1970 bei einem Erdbeben in Peru starben, fielen einer riesigen Lawine zum Opfer, die zwei Städte unter sich begrub (s. Chimbote, rechts).

Das Erdbeben mit den meisten Toten, rund 830 000, ereignete sich 1556 in der chinesischen Provinz Schansi. Viele der Opfer lebten in Höhlen, die infolge der heftigen Erderschütterungen einstürzten.

Zu Überschwemmungen kommt es, wenn durch ein Erdbeben oder einen Erdrutsch ein Fluss blockiert wird. In Indien löste 1950 ein starkes Beben in der Nähe von Assam gewaltige Erdrutsche im Himalaja aus, durch die der Fluss Subabsiri aufgestaut wurde. Außerdem brach ein Damm des Brahmaputra, und die Wassermassen überschwemmten ein Gebiet von rund 110 000 km².

GEFAHREN AUS DER TIEFE
Das Northridge-Erdbeben richtete 1994 in den Straßen von Los Angeles erhebliche Schäden an. Gas, das aus geborstenen Leitungen strömte, löste zahlreiche Brände aus.

CHIMBOTE

ERDBEBEN, PERU, 1970

— LEXIKON SEITE 132, NUMMER 22 —

DAS TRADITIONELLE BAUMATERIAL der an den Hängen der Anden lebenden Menschen ist „quincha“, eine Mischung aus Lehm und kleinen Ästen. Es zerfällt zwar leicht, ist wegen seiner Leichtigkeit aber der ideale Baustoff in einem Land, in dem Erdbeben zum Alltag gehören. 1970 gab es in Peru jedoch schon viele Häuser aus Mauerwerk oder Beton, die sich bei dem starken Beben am 31. Mai als wesentlich gefährlicher erwiesen.

Der Herd des Bebens der Stärke 7,7 lag ungefähr 25 km westlich der Hafen- und Industriestadt Chimbote, wo etwa die Hälfte der Gebäude zerstört wurde. Rund 3 000 der 200 000 Einwohner von Chimbote starben während des Erdbebens, wesentlich mehr wurden verletzt. Das Erdbeben und die dadurch ausgelösten Erdrutsche unterbrachen auch die Telefonleitungen, sodass es mehrere Tage dauerte, bis das volle Ausmaß des Schadens bekannt wurde.

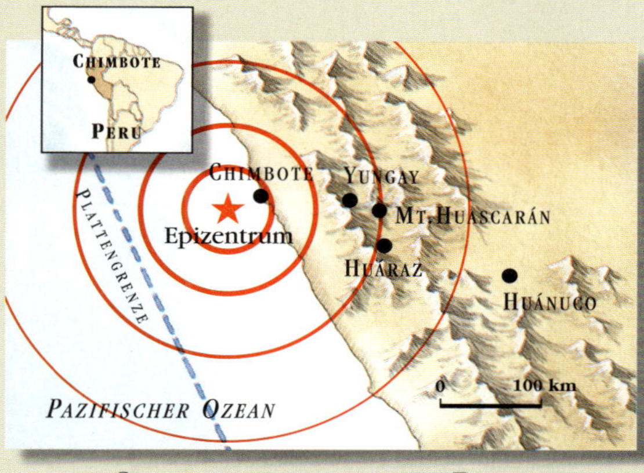

SEEBEBEN VERWÜSTET PERU
Das Beben zog einen Küstenstreifen von über 1 000 km Länge in Mitleidenschaft. Im Landesinnern wurde am Berg Huascarán die tödlichste Lawine des 20. Jahrhunderts ausgelöst.

NOCH MEHR OPFER

Als Rettungsmannschaften die Städte und Dörfer an der Küste und im Hinterland erreichten, fanden sie immer mehr Tote, Verletzte und Obdachlose. Das am stärksten betroffene Gebiet lag 65 km landeinwärts am Fuße des Huascarán, wo die Erschütterungen in der Nähe des Gipfels eine riesige Menge Gestein losgerissen hatten. Das Gestein war auf die vergletscherten Hänge weiter unten gestürzt und hatte eine todbringende Lawine ausgelöst. Fünfzig Millionen Kubikmeter Eis und Gestein ergossen sich in die Täler und über die Stadt Ranrahirca und ihre 5 000 Einwohner. Hinter Ranrahirca bog ein Teil der Lawine nach rechts ab und erreichte die Stadt Yungay, wo binnen Minuten bis auf 92 alle 20 000 Einwohner starben.

Insgesamt kamen rund 66 000 Peruaner ums Leben; weitere starben, weil es äußerst schwierig war, die Überlebenden, die zum Teil in großer Kälte ausharren mussten, mit Medikamenten und anderen lebensnotwendigen Dingen zu versorgen. Es dauerte viele Jahre, bis sich Peru von dieser Katastrophe erholt hatte.

ZUFLUCHT AUF DEM FRIEDHOF
In der Stadt Yungay kamen fast alle 20 000 Einwohner durch eine Lawine ums Leben. 92 Menschen überlebten, weil sie auf den Friedhof, den höchstgelegenen Ort der Stadt, geflüchtet waren.

VALDIVIA

ERDBEBEN, CHILE, 1960

— LEXIKON SEITE 132, NUMMER 18 —

BITTERE ERFAHRUNGEN HABEN Chile gelehrt, die Erdbeben zu fürchten, die das Land häufig erschüttern. Die Erinnerung an die 50 000 Opfer, die ein heftiges Beben im Landesinnern 1939 gefordert hatte, waren noch lebendig, als im Mai 1960 die Erde abermals zu beben begann.

Am 21. Mai erschütterte kurz nach 6 Uhr ein Beben der Stärke 7,7 die Stadt Valdivia; es gab zahlreiche Tote, und Tausende von Chilenen flüchteten auf die Straßen. Aber das war nur der Beginn: Acht Tage lang erschütterte ein Beben nach dem anderen das Land und richtete auf einem Gebiet von 145 000 km^2 beträchtliche Schäden an. Das schwerste Beben mit einer Stärke von 8,7 auf der Richterskala ereignete sich am 22. Mai gegen 15 Uhr und dauerte drei Minuten. Es brachte Tausende von Gebäuden zum Einsturz und löste in den Anden Lawinen und Erdrutsche aus. Wenige Tage später spien mehrere chilenische Vulkane Lava aus.

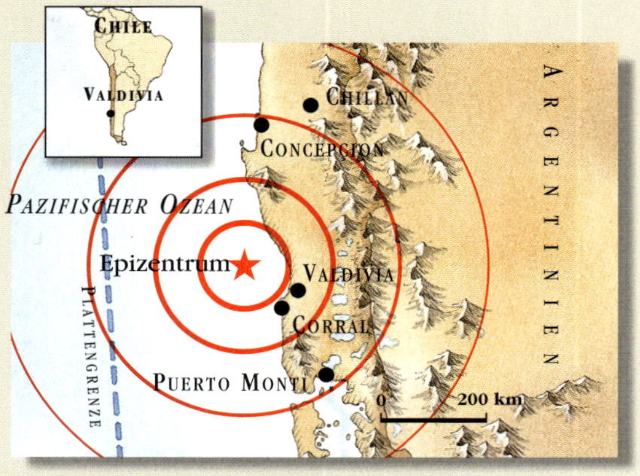

DAS GROSSE ERDBEBEN IN CHILE
Nach dem Bruch von Gestein auf dem Meeresboden schob sich ein 1 100 km langer Streifen ozeanischer Kruste unter Südamerika und löste Erdbeben und Tsunamis aus, die Zentralchile und die Küstenregionen verwüsteten.

TSUNAMIS IM GANZEN PAZIFIK

Nach den ersten Erschütterungen stieg der Meeresspiegel an der chilenischen Küste stark an; Kaimauern brachen, und Städte wurden überflutet. Als sie die ersten Anzeichen für einen Tsunami erkannten, verließen die meisten Küstenbewohner ihre Dörfer und flüchteten ins Landesinnere. Ihre Angst erwies sich als begründet. Ungefähr 15 Minuten nach dem Beben sank der Meeresspiegel abrupt ab und spülte Boote und Schiffe aufs Meer hinaus. Eine halbe Stunde später brandete eine 10 m hohe Flutwelle an Land und drückte die Wände der Häuser ein. In Corral wurden Männer, die von einer nahen Anhöhe heruntergekommen waren, um ihre Boote zu retten, von einer weiteren Flutwelle erfasst. Als die dritte Welle eintraf, gab es nichts mehr zu retten. Die chilenische Küste, vor der sich das Beben ereignet hatte, wurde zuerst betroffen, aber die Wellen breiteten sich vom Epizentrum des Bebens in alle Richtungen aus. Die Welle, die 15 Stunden später Hawaii erreichte, hatte noch so viel Kraft, dass eine 15 m hohe Wasserwand die Stadt Hilo überschwemmen und 61 Menschen töten konnte.

Die Tsunamis brandeten auch an die Küsten der Philippinen, Neuguineas, Neuseelands und Japans. Da die Japaner nicht gewarnt worden waren, waren sie völlig unvorbereitet, als bis zu 6 m hohe Wellen anrollten und mindestens 119 Menschen töteten.

Die Zahl von 5 000 Toten in Chile wäre erheblich höher gewesen, wenn die Menschen die Warnung durch die Vorbeben nicht beachtet hätten. Aber die Sachschäden waren enorm, und eine Hungersnot konnte nur durch massive Hilfe des Roten Kreuzes abgewendet werden.

VALDIVIA IN TRÜMMERN
Überlebende wandern zwischen den Überresten von Valdivia umher, das von einer Folge von Erdbeben verwüstet wurde. Insgesamt stürzten in Zentralchile rund 400 000 Gebäude ein.

TSUNAMIS

Es kommt sehr oft vor, dass die Erde unter dem Meeresboden bebt. Die meisten Seebeben richten kaum Schäden an, aber sie können Wellen aufwerfen, die dann an sämtliche Küsten des Ozeans anbranden. Früher wurden sie Flutwellen genannt, heute bezeichnet man sie meist mit ihrem japanischen Namen – Tsunami. Das Beben vor der Küste Chiles im Jahre 1960 (s. Valdivia, links) löste Tsunamis aus, die über Küstenregionen rings um den Pazifischen Ozean hereinbrachen.

Tsunamis bilden sich, wenn bei einem Erdbeben der Meeresboden aufreißt und plötzlich einbricht. Dadurch gerät das Wasser der Umgebung in Bewegung und es bilden sich kleine Wellen, die in konzentrischen Kreisen von dem eingebrochenen Meeresboden ausgehen. In tiefem Wasser verwandeln sie sich in breite, flache Wellen, die Geschwindigkeiten bis zu 1 000 km/h erreichen können. Sobald sie flachere Gewässer erreichen, wird ihre Vorwärtsbewegung durch den Meeresboden gebremst, und sie türmen sich auf. Ein Tsunami, der auf dem offenen Meer kaum zu sehen ist, kann in Küstennähe auf eine Höhe von 10 m anschwellen.

1946 löste ein Erdbeben in der Nähe der Aleuten im Nordpazifik einen 35 m hohen Tsunami aus, der einen Leuchtturm zerstörte und fünf Menschen tötete. Fünf Stunden später ergoss sich ein 12 m hoher Tsunami in das Polulu-Tal auf der Insel Hawaii. Ein kleinerer Tsunami überflutete die Stadt Hilo. Dort entstand ein Sachschaden von über 26 Millionen Dollar, und 165 Menschen kamen ums Leben.

VON EINER WELLE ZERMALMT
Ein 10 m hoher Tsunami, der 1993 die Insel Okuschiri heimsuchte, zertrümmerte Fischerboote, Autos und Hafenanlagen. Die Flutwelle brachte 240 Menschen den Tod.

MAUER DES SCHRECKENS
Bewohner der Stadt Hilo auf Hawaii flüchten 1946 in Panik vor einem Tsunami, der 165 Menschen tötete. Danach wurde auf der Insel ein Frühwarnzentrum eingerichtet.

北海道
北海道

TANGSCHAN

ERDBEBEN, CHINA, 1976

LEXIKON SEITE 137, NUMMER 86

DAS FURCHTBARE ERDBEBEN, das sich am 28. Juli 1976 in China ereignete, war das katastrophalste in moderner Zeit. Sein Herd lag direkt unter Tangschan, einer Industriestadt, die bei dem Beben der Stärke 8,3 auf der Richterskala fast vollständig zerstört wurde. Die gewaltige Erschütterung kam völlig unerwartet, tötete ein Zehntel der Einwohner von Tangschan und richtete auch im weiteren Umkreis der Stadt schwere Schäden an. Insgesamt kamen bei dem Hauptbeben und den Hunderten von Nachbeben mehr als 240 000 Menschen ums Leben, 164 000 erlitten schwere Verletzungen.

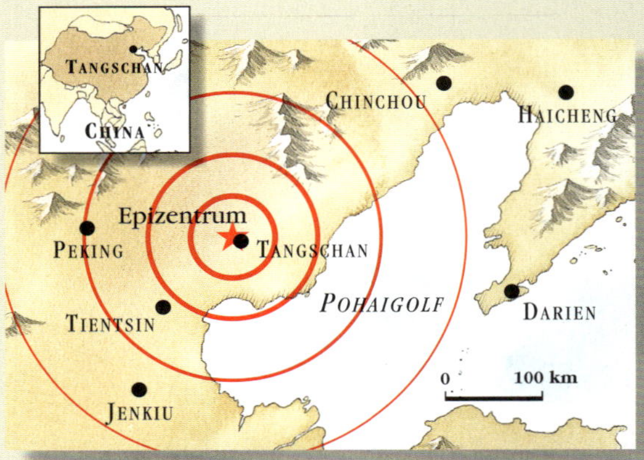

CHINESISCHE TRAGÖDIE
Vom Epizentrum in Tangschan ausgehend, verheerte das Erdbeben ein Gebiet von fast 50 km². Auch die Hauptstadt Peking und der Hafen von Tientsin waren betroffen.

1976 war Tangschan eine blühende Bergbau- und Industriestadt, die seit der Gründung der Volksrepublik China im Jahre 1949 rasch gewachsen war; ihre Einwohnerzahl hatte gerade die Millionengrenze überschritten.

Am 28. Juli war in den Kohlebergwerken von Tangschan die Nachtschicht bei der Arbeit, als um 3.42 Uhr eine nur 11 km unter der Stadt verlaufende Verwerfung in Bewegung geriet. Die dadurch ausgelösten seismischen Wellen schlossen die Bergleute unter Tage ein.

Als die ersten Wellen die Oberfläche erreichten, wollen manche Leute ein Geräusch wie heulender Wind gehört haben. Andere behaupteten, es wäre ein ohrenbetäubender Knall gewesen.

Die ersten Vibrationen waren schwach, folgten aber sehr rasch aufeinander. Nur Sekunden später machte die Erde eine „Siebbewegung", die von mehreren Auf- und Abwärtsrucken begleitet wurde.

Binnen zehn Sekunden hatten sich Tangschan und seine Vororte in einen von einer dichten Staubwolke eingehüllten Schutthaufen verwandelt. Ungefähr 86 Prozent der Einwohner lagen unter den Trümmern verschüttet, aber wie durch ein Wunder hatten nur 16 Prozent tödliche Verletzungen erlitten. Ungefähr 300 000 Menschen fanden den Weg ins Freie; bei Tagesanbruch hatten sie Teams gebildet und begonnen, wei-

TANGSCHAN IN TRÜMMERN
Das starke Beben, dessen Herd direkt unter Tangschan lag, legte 90 Prozent der Stadt in Trümmer. Fast die gesamte Einwohnerschaft wurde von den 650 000 einstürzenden Häusern verschüttet.

SOLDATEN IM RETTUNGSEINSATZ
Mehr als 100 000 Angehörige der Volksbefreiungsarmee wurden nach Tangschan beordert. Sie sollten bei den Rettungsarbeiten und beim Bau von 370 000 Notunterkünften helfen.

tere Hunderttausende aus den Trümmern zu retten. Noch während die hektische Suche nach Überlebenden andauerte, machten sich andere Teams daran, Nahrungsmittel und Kleidung für die Überlebenden zu bergen. Mehr als 700 000 Menschen brauchten ärztliche Hilfe, und Ärzte und Schwestern arbeiteten pausenlos, obwohl sie zum Teil selbst verletzt waren. Da auch die Krankenhäuser zerstört waren, mussten die Ärzte inmitten der Trümmer arbeiten, mit Behelfsinstrumenten, die sie in kochendem Salzwasser sterilisiert hatten. Die Patienten wurden ohne Betäubung operiert; das einzige verfügbare Narkosemittel war die Akupunktur.

VORHER UND NACHHER
Nach dem Beben, bei dem fast alle aus Mauerwerk errichteten Gebäude einstürzten, stand von diesem fünfstöckigen Krankenhaus im Bergarbeiterviertel nur noch eine Ecke.

DER WIEDERAUFBAU

Kurze Zeit nach dem Erdbeben wurden aus den umliegenden Provinzen 180 000 Ärzte und Pflegepersonal, Bauarbeiter und Soldaten nach Tangschan geschickt. Sie brachten medizinische Geräte und Medikamente mit und Pumpen zum Fördern von Trinkwasser aus Brunnen. Nahrung wurde an Fallschirmen abgeworfen. Monate später wurde mit dem Wiederaufbau von Tangschan begonnen. Er dauerte zehn Jahre und war nur unter Einsatz von unzähligen Arbeitskräften und gewaltigen Materialmengen möglich. Die Gefahr verheerender Erdbeben aber bleibt.

VERBOGENE SCHIENEN
42 000 Arbeiter setzten eine Strecke in nur 6 Tagen wieder instand, sodass Versorgungsgüter herbeigeschafft und Verletzte evakuiert werden konnten.

BEWEGUNGSMELDER
Von dieser Erdbebenwarte in Kalifornien werden Laserstrahlen auf die San-Andreas-Störung gerichtet. So können die Wissenschaftler Gesteinsbewegungen beiderseits der Verwerfung messen.

ERDBEBENVORHERSAGEN

Zu starken Erdbeben kommt es immer dann, wenn Gestein am Rand von tektonischen Platten ihrer unerbittlichen Bewegung widersteht. Die Geologen können erkennen, ob ein Gebiet gefährdet ist, indem sie das Ansteigen der Spannung überwachen, wenn die Gesteinsbewegung an einer Verwerfung zum Stillstand gekommen ist. Auf dieser Basis haben sie vorhergesagt, dass mehreren der größten Städte der Welt, darunter Tokio, San Francisco und Los Angeles, ein starkes Beben droht, vielleicht in den nächsten Jahren oder Jahrzehnten. Leider können die Geologen nicht exakt bestimmen, wann das Gestein brechen wird; deshalb lässt sich ein Erdbeben in der Regel nicht vorhersagen. Sie haben jedoch festgestellt, dass es vor einem Erdbeben zahlreiche Veränderungen bei den Bewegungen des Grundwasser gibt, und Tiere sich bereits mehrere Stunden vor einem Beben merkwürdig verhalten.

Chinesische Wissenschaftler haben ein System zur Vorhersage von Erdbeben entwickelt. 1975 schien ihre Methode zu funktionieren; sie konnten das Erdbeben bei der Stadt Haicheng in Nordostchina vorhersagen. Nachdem sie typische Veränderungen im Boden registriert und festgestellt hatten, dass Schlangen aus dem Winterschlaf erwacht waren und Ratten ausschwärmten, empfahlen sie die Evakuierung der Stadt. Zwölf Stunden später kam es zu einem starken Beben. Haicheng wurde schwer beschädigt, aber es gab nur wenige Tote. Dabei war allerdings auch das Glück im Spiel, weil Vorbeben die Behörden gewarnt hatten. Das war in Tangschan nicht der Fall – bei der Katastrophe von 1976 hatte es keine Vorbeben gegeben.

LEBEN MIT ERDBEBEN

Manche Wissenschaftler sind davon überzeugt, dass das Erdbeben in Kobe im Jahre 1995 nur ein Vorgeschmack auf die Katastrophen war, die viele Großstädte der Welt irgendwann in der Zukunft treffen werden. Der Wohlstand konzentriert sich in immer stärkerem Maße auf eine kleine Zahl von Großstädten, von denen viele in geologisch instabilen Regionen liegen. Da sich Erdbeben nicht vorhersagen lassen, kann man nur dafür sorgen, dass die Bewohner möglichst große Überlebenschancen haben.

Um herauszufinden, welche Regionen besonders gefährdet sind, erstellen die Geologen Risikokarten. Sie stellen Vermutungen über Ort, Zeitpunkt und Stärke künftiger Erdbeben an und berücksichtigen auch die Gefahren von Erdrutschen, Verflüssigung des Bodens, Überschwemmungen, Bränden und anderen Ereignissen, die ein Erdbeben noch verheerender machen können. Anhand dieser Karten können die Behörden dann in den Gebieten, in denen die Gefahren am größten sind, eine Bebauung verbieten.

Um potenzielle Risiken noch besser beurteilen zu können, suchen Ingenieure die Orte auf, an denen ein Beben stattgefunden hat, um festzustellen, welche Bauten am besten standgehalten haben und welche am stärksten beschädigt wurden. Dann übermitteln sie die Untersuchungsergebnisse an Stadtplaner und Architekten in Erdbebenregionen. Bauwerke mit den erforderlichen Verstärkungen sind jedoch so teuer, dass es sich nur die reichsten Länder leisten können, so zu bauen. Bei einem Beben der Stärke 6,9 im Jahre 1989 in San Francisco, wo strenge Bauvorschriften erlassen wurden, kamen „nur“ 65 Menschen ums Leben. Ein Erdbeben der gleichen Stärke, das sich einige Monate früher in Armenien ereignet hatte, wo viel weniger Geld für Bauten ausgegeben werden kann, tötete 100 000 Menschen (s. S. 34).

Nach jedem Erdbeben wird der Einsatz der Rettungskräfte von Spezialisten beurteilt. Das Wissen um dabei aufgetretene Probleme kommt künftigen Erdbebenopfern zugute. Außerdem hilft es bei der Erstellung von Schulungsprogrammen für Menschen in erdbebengefährdeten Gebieten.

KATASTROPHENÜBUNG
Kalifornischen Schulkindern wird beigebracht, wie sie sich bei einem Erdbeben verhalten sollen. Man hofft, dass sie auf diese Weise lernen, sich zu schützen, anstatt in Panik zu geraten.

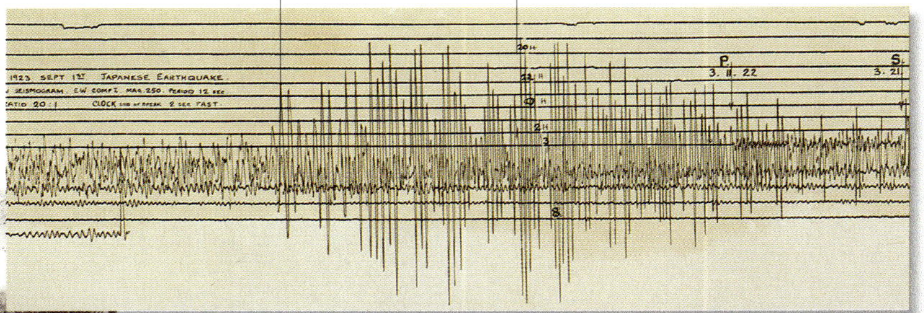

WEIT REICHENDE VIBRATIONEN
An diesem 1923 in England aufgezeichneten Seismogramm lassen sich Stärke (8,3) und Dauer des Großen Kanto-Bebens ablesen, das die japanische Hauptstadt Tokio verwüstete.

TOKIO DAMALS UND HEUTE
Beim Beben von 1923 stürzten große Teile Tokios ein oder wurden von Bränden vernichtet (links). Trotz strenger Bauvorschriften kann auch das moderne Tokio (unten) bei einem starken Beben schwer beschädigt werden.

LISSABON

ERDBEBEN, PORTUGAL, 1755

LEXIKON SEITE 134, NUMMER 56

EIN BEBEN DER STÄRKE 8,5 vor der Südwestküste Portugals richtete am 1. November 1755 auf der Iberischen Halbinsel und in Nordwestafrika schwere Schäden an. In der portugiesischen Hauptstadt Lissabon fielen Hunderte von prächtigen Palästen und Kirchen der Gewalt der Erschütterungen oder der Feuersbrunst zum Opfer, die eine Woche lang wütete. Das Hafenviertel von Lissabon wurde durch eine Flutwelle, die anderthalb Stunden nach dem Beben heranbrandete, noch stärker beschädigt. Von den rund 60 000 Menschen, die bei dem Erdbeben umkamen, waren 15 000 Einwohner von Lissabon.

EUROPAS STÄRKSTES BEBEN
Der Herd des Bebens lag unter dem Meeresboden nahe der Grenze zwischen der Nordafrikanischen und der Eurasischen Platte. Die Erschütterungen waren noch in Schottland zu spüren, und einige Tsunamis überquerten den Atlantik.

Als am 1. November 1755 die Sonne aufging, war Lissabon eine reiche und selbstbewusste Stadt. Aus der portugiesischen Kolonie Brasilien strömte Gold ins Land und Waren kamen aus Afrika und Indien. Der einträgliche Handel hatte den Bau vieler prächtiger Paläste und Kirchen ermöglicht, angefüllt mit Kunstwerken aus ganz Europa. Die katholischen Bewohner Lissabons waren überzeugt, dass ihr Reichtum auf ihrem Glauben an Gott beruhte.

LISSABON IN FLAMMEN
Nur wenige Menschen versuchten, die Brände zu bekämpfen, die nach dem Erdbeben aufflackerten und bald außer Kontrolle gerieten.

DER ZORN GOTTES

Um 9.30 Uhr hatten sich die Gläubigen in den Kirchen versammelt, um Allerheiligen zu feiern. Als die Messe in vollem Gange war, begann die Erde zu beben. Mauern schwankten, und auf die Kirchgänger stürzten überall in der Stadt schwere Brocken Mauerwerk herab. Drei starke Erdstöße innerhalb von zehn Minuten zerstörten große Teile der Hauptstadt Portugals.

In Panik rannten die meisten Überlebenden aus den Trümmern, ohne Rücksicht auf die zahlreichen Brände, die sich in der Stadt ausbreiteten. Gegen 11 Uhr brandete der erste Tusnami in den Hafen. Ein Überlebender berichtete, dass die Welle aufragte „wie ein Berg ... Sie raste brüllend und schäumend mit derartigem Ungestüm auf die Küste zu, dass wir alle um unser Leben rannten."

Als die Überlebenden zuschauen mussten, wie Lissabon brannte, und um ihre Verluste trauerten, fragten sie sich, weshalb Gott ihre Kirchen zerstört und am Tag Allerheiligen die Gläubigen getötet hatte. Diese Frage wurde von Gelehrten in ganz Europa aufgegriffen, von denen viele mystische und religiöse Gründe verwarfen und stattdessen versuchten, eine wissenschaftliche Erklärung für die Ursache der Katastrophe zu finden. Ihre Überlegungen lieferten den Grundstein für die moderne Geologie.

Dieses neue Denken fand seinen Ausdruck in den praktischen Maßnahmen, die der portugiesische Premierminister, Marqués de Pombal, ergriff. Er sorgte dafür, dass Lissabon wieder aufgebaut wurde.

VOLTAIRE
Voltaire beschreibt in „Candide" das Erdbeben von Lissabon und gelangt zu dem Schluss, dass der Mensch schwach und machtlos und zu einem unglücklichen Erdenleben verdammt ist.

VERZWEIFLUNG IN DEN RUINEN
Das Gemälde von João Galma Stomberle zeigt Überlebende des Bebens von Lissabon auf der Praca de Santa Catarina. Sie flehen Gott um eine Erklärung für das Leid an, das ihnen widerfahren ist.

KOBE

ERDBEBEN, JAPAN, 1995

LEXIKON SEITE 138, NUMMER 37

DAS ERDBEBEN DER STÄRKE 7,2, das am 17. Januar 1995 Kobe traf, war das stärkste, unter dem eine moderne Großstadt bisher zu leiden hatte. Es dauerte 20 Sekunden und zerstörte nicht nur einen großen Teil von Kobe, sondern richtete auch in der Umgebung und in Osaka, der zweitgrößten Stadt Japans, beträchtliche Schäden an. Das Erdbeben und die 142 Brände, die es auslöste, vernichteten in Kobe ungefähr 190 000 Gebäude; 6 310 Menschen starben, weitere 43 000 wurden verletzt. Die Schäden, die das Beben anrichtete, waren ein schwerer Schlag für die japanische Wirtschaft.

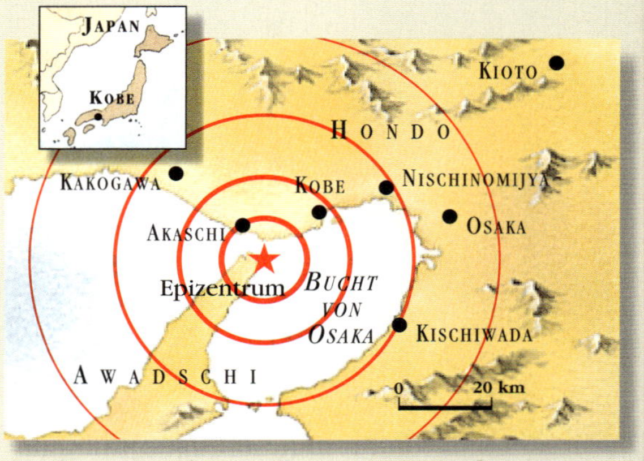

BEBEN IN DER BUCHT VON OSAKA
Der Herd des Bebens lag unter der Insel Awadschi. Im 20 km entfernten Kobe geriet eine unter der Stadt verlaufende Verwerfung in Bewegung. Dort entstanden die schwersten Schäden, aber noch in Kioto wurden Gebäude beschädigt.

Kobe auf der Insel Honshu war berühmt für seine Rinderzucht, und die engen Gassen der Altstadt mit ihren Holzhäusern lockten zahlreiche Touristen an.

Am 16. Januar 1995 kamen in Osaka Wissenschaftler und Ingenieure zu einem Seminar über die Reduzierung von Erdbebenrisiken zusammen, das am nächsten Tag beginnen und Vorschläge für die bessere Vorbereitung der Menschen in diesem Teil Japans erarbeiten sollte. In dieser Gegend hatte es in jüngster Zeit kaum seismische Aktivitäten gegeben, und die Bewohner waren nicht so gut geschult wie in anderen Regionen Japans, wo leichte Beben und schwelende Vulkane die Menschen ständig daran erinnerten, dass unter ihrem Land einer der instabilsten Teile der Erdkruste liegt. Das Seminar konnte nicht mehr stattfinden, aber am Abend des folgenden Tages brauchte niemand die Behörden mehr davon zu überzeugen, dass ihre Pläne für den Umgang mit einem starken Erdbeben völlig unzulänglich waren.

WACHGERÜTTELT

Als um 5.46 Uhr die Erde zu beben begann, lagen die meisten Menschen noch in tiefem Schlaf. Wie alle anderen Japaner waren auch die Bewohner von Kobe seit ihrer Kindheit darauf gedrillt worden, wie sie sich im Falle eines Erdbebens zu verhalten hatten. Einige hatte jedoch keine Chance, sich zu bewegen, und starben in ihren Betten. Andere vergaßen alles, was sie gelernt hatten; sie gerieten in Panik, rannten ins Freie hinaus und wurden von herabstürzendem Mauerwerk erschlagen. Tausende wurden in ihren eingestürzten Häusern und Wohnblocks verschüttet.

ABGESACKTE STRASSEN
Das Erdbeben brachte U-Bahn-Tunnel zum Einsturz, und die über ihnen liegenden Straßen sackten ab.

EINGESCHLOSSEN

Zwar überstanden die meisten der neueren Gebäude die 20 Sekunden dauernden Erschütterungen, aber an die 56 000 ältere Häuser stürzten ein. Am stärksten betroffen waren die Holzhäuser in der Altstadt und die Gebäude, die auf instabilem Grund am Rand der Bucht von Osaka errichtet worden waren.

Als es an diesem kalten Januarmorgen zu dämmern begann, waren überall in der Stadt die Schreie der Verschütteten zu hören. Manche von ihnen wurden erst nach fünf Tagen gerettet, weil die Rettungsmannschaften unzureichend ausgerüstet waren. Tausende erlagen ihren Verletzungen oder fielen den Bränden zum Opfer, die nach dem Beben in Kobe ausbrachen.

UNKONTROLLIERBARE BRÄNDE
Die Feuerwehr konnte die Brände kaum löschen, weil es an Wasser mangelte (oben). Viele Häuser in der Altstadt (rechts) gingen in Flammen auf, weil die Wasserleitungen geborsten waren.

KOBES SCHNELLSTRASSE KIPPT
Bei dem Erdbeben stürzte auch die Hansin-Schnellstraße ein und zermalmte 12 Menschen in ihren Fahrzeugen. Um 5.46 Uhr war sie glücklicherweise noch fast leer.

1633

AUSGEBRANNTE RUINEN
Die Brände zwangen die Überlebenden zur Flucht aus der Innenstadt. Ihre Habe mussten sie ebenso zurücklassen wie vermisste Angehörige und Freunde.

Lektionen für die Zukunft
Ingenieure untersuchen die Überreste der Hansin-Schnellstraße, um herauszufinden, weshalb ein 550 m langes Stück einstürzte, obwohl es vor dem Beben verstärkt worden war.

Suche in den Trümmern
Rund 30 000 Soldaten wurden nach Kobe beordert. Sie halfen bei der Suche nach Toten und Überlebenden und versorgten die 300 000 obdachlosen Menschen.

Historisches Zentrum vernichtet
Die Holzhäuser in den Gassen der Altstadt von Kobe stürzten während des Bebens ein und gingen bei den Bränden, die in diesem Viertel besonders heftig wüteten, in Flammen auf.

TOBENDES INFERNO

Die Brände brachen fast sofort nach Einsetzen des Bebens aus. Aus geborstenen Rohren ausströmendes Gas entzündete sich und setzte Gebäude in Brand, bevor die Hauptleitungen geschlossen werden konnten.

Feuerwehrleute mussten sich ihren Weg durch mit Trümmern übersäte Straßen bahnen, die außerdem mit Autos verstopft waren, in denen Tausende zu flüchten versuchten. Da viele Wasserrohre geborsten waren, wurde Wasser aus dem Hafen oder aus Flüssen zur Brandbekämpfung benutzt. Es war fast windstill, und so breiteten die Brände sich nicht rapide aus.

LEHREN AUS DER KATASTROPHE

Das Erdbeben von Kobe bewies, was die zerstörerischen Gewalten eines starken Bebens in einer modernen Großstadt anrichten können. Hunderttausende waren obdach- und arbeitslos geworden, rund eine Million Haushalte war ohne Gas, Strom oder Wasser. Das Schnellbahnnetz war sechs Monate außer Betrieb, und es dauerte über ein Jahr, bis der Hafen wieder voll funktionsfähig war.

Drei Tage nach der Katastrophe gaben die Behörden zu, dass sie mit den Rettungsmaßnahmen vollkommen überfordert waren. Katsuki Takiguchi, Professor an der Technischen Universität Tokio, fasste zusammen: „Die wertvollste Lektion ... besteht in der Erkenntnis ..., dass Japan Erdbeben nicht gewachsen ist. Wir haben uns immer eingebildet, Japan wäre allen anderen Ländern weit voraus. Jetzt hat sich herausgestellt, dass das nicht stimmt.“

TEKTONISCHE RISIKEN

Im Dezember 1994 wurde Mexiko Stadt von leichten Erdbeben erschüttert, und aus dem Popocatepetl, einem Vulkan am Südrand der Stadt, drangen Dampfwolken. Vulkanologen reisten an, um den Vulkan zu überwachen und Ablagerungen früherer Ausbrüche zu untersuchen. Der Popocatepetl hatte jahrhundertelang nur gelegentlich Gas und Dampf ausgespien, aber die Untersuchungen ergaben, dass er zu wesentlich mehr imstande ist. Im Verlauf von Zehntausenden von Jahren hat es alle ein- bis zweitausend Jahre einen heftigen Ausbruch gegeben. Beim letzten um 800 n. Chr. wurde die Pyramide von Cholula unter Asche und Schlamm begraben. Ein noch heftigerer Ausbruch vor etwa 23 000 Jahren begrub das Gebiet unter sich, auf dem heute Mexiko Stadt steht – die Heimat von fast 30 Millionen Menschen.

GEFAHR
Vestmannaeyjar auf der kleinen Insel Heimaey wurde nahe eines aktiven Vulkans erbaut. 1973 zerstörte ein Ausbruch einen Großteil der Stadt.

Hinterlassenschaften früherer Erdbeben und Vulkanausbrüche machen deutlich, dass die Geschichte sich wiederholt, aber die Geschichte lehrt uns auch, dass die Zahl der Opfer am größten ist, wenn niemand mit einem derartigen Ereignis gerechnet hat. Das Erdbeben von Lissabon (s. S. 45) traf die Bewohner der Stadt völlig unvorbereitet. Wo Erdbeben und Vulkanausbrüche selten sind, sind nicht nur die Menschen weniger auf sie vorbereitet; sie sind auch oft besonders heftig, weil sich tektonische Spannungen im Verlauf von Jahrhunderten aufgebaut haben. Seit die Wissenschaftler gelernt haben, die Zeichen früherer geologischer Aktivitäten zu deuten, sind wir nicht mehr auf Aufzeichnungen angewiesen. Wir wissen, welche Gefahren einer Region drohen könnten, aber nicht, wann sie eintreten werden. Der Popocatepetl bei Mexiko Stadt grollt und zischt weiter, aber die Vulkanologen wissen bis heute nicht, ob das Anzeichen für einen bevorstehenden heftigen Ausbruch sind.

Unter ähnlichen Unsicherheiten leiden Städte wie Vancouver an der Westküste von Kanada. Unweit der Küste reiben sich die Ränder von drei tektonischen Platten aneinander. In Vancouver hat es bisher noch keine schweren Erdbebenschäden gegeben, aber Wissenschaftler weisen darauf hin, dass die Seebeben, die den Westen Kanadas im Laufe dieses Jahrhunderts häufig erschüttert haben, die Vorboten von wesentlich schwerer wiegenden Ereignissen sein könnten. Bodenuntersuchungen haben ergeben, dass

UNTERSUCHUNGEN IN DEN USA
Seismologen untersuchen in Kalifornien den Boden auf Anzeichen für frühere Erdbeben, um die seismischen Risiken beurteilen und das Ausmaß künftiger Beben vorhersagen zu können.

LEBEN MIT DEN NACHWIRKUNGEN
1991 stürzten auf den Philippinen Tausende von Häusern unter dem Gewicht der vom Pinatubo herausgeschleuderten Asche ein. Starke Niederschläge machten aus der Asche Schlammströme.

WIEDERHOLUNG
Die an die Bucht angrenzenden Viertel von San Francisco wurden 1906 und 1991 von Erdbeben verheert. In beiden Fällen sackten Häuser ab und Brände brachen aus.

Wälder mehrfach von gewaltigen, durch Seebeben ausgelösten Tsunamis plattgewalzt wurden, zuletzt vor rund 300 Jahren.

Die Ostküste Nordamerikas gehört zu den geologisch stabilsten Bereichen der Erde, ist aber trotzdem durch Tsunamis gefährdet. Beim nächsten Vulkanausbruch auf den Kanarischen Inseln könnten Flutwellen den Atlantik überqueren und New York erreichen. Auch die Kanaren sind eine Kette von Hot-Spot-Vulkanen, und auf dem Meeresboden um sie herum gibt es Beweise für gewaltige Lavarutsche. Bei einem Ausbruch auf der Insel La Palma wäre es im Jahre 1949 fast zu einem dieser Erdrutsche gekommen, weil dabei riesige Spalten entstanden, die die Insel fast auseinander rissen. Wissenschaftler befürchten, dass sich diese Spalten bei einem weiteren Ausbruch vertiefen und die Hälfte der Insel ins Meer stürzen könnte.

VERBORGENE GEFAHREN
Strenge Bauvorschriften bieten eine Gewähr dafür, dass neuere Gebäude den Erschütterungen durch ein Erdbeben besser standhalten, aber Gas- und Wasserleitungen stellen nach wie vor ein erhebliches Risiko dar.

HIMMELSGEWALTEN

JEDES JAHR richten Stürme Sachschäden in Milliardenhöhe an und kosten Tausenden von Menschen das Leben. Die größten Gefahren gehen von den tropischen Wirbelstürmen aus, aber schwere Stürme in den gemäßigten Breiten können ein Land auch noch unter Schnee begraben. Gewitter sind zwar vergleichsweise klein, wegen ihres häufigen Vorkommens aber kaum weniger katastrophal. Täglich bilden sich Zehntausende von Gewitterwolken, aus denen sintflutartiger Regen, Hagel und Blitze kommen. Die höchsten Geschwindigkeiten erreichen Tornados, gefährliche Trichter, die sich aus Gewitterwolken auf die Erde herabsenken, Autos umstürzen und Häuser zerstören.

JARRELL ②
Im Mai 1997 suchte ein einzelner, 800 m breiter Tornado die amerikanische Stadt Jarrell heim. 27 ihrer Einwohner starben.

④ DREISTAATEN-TORNADO
Der Tornado fegte 1925 durch Missouri, Illinois und Indiana und tötete 689 Menschen.

⑥ JAHRHUNDERTSTURM
Ein gewaltiger Blizzard brachte im März 1993 fast das gesamte Leben im Osten der USA zum Erliegen.

① BIG THOMPSON RIVER
Im Juli 1976 fiel bei einem Gewitter stundenlang starker Regen auf den Rocky Mountains National Park in Colorado, USA. Der Big Thompson River trat über die Ufer und riss 139 Menschen mit.

③ GALVESTON
Zu Beginn des 20. Jahrhunderts wurde Galveston, USA, von einer Katastrophe heimgesucht. Ein gewaltiger Hurrikan zerstörte die halbe Stadt und tötete 6 000 Einwohner.

⑤ HURRIKAN ANDREW
Ein tropischer Wirbelsturm, der 1992 über den Süden von Florida hinwegraste, richtete dort einen Sachschaden von 25 Milliarden Dollar an. Dann zog er nach Louisiana weiter und entwickelte sich zum bisher teuersten Hurrikan.

STURMGOTT
Diese Plastik von Schango, dem Gott des Blitzes und des Donners, wird vom Stamm der Joruba in Nigeria bei Regentänzen benutzt.

GEFÄHRLICHE TORNADOS
Tornados stellen in weiten Teilen der USA eine sehr große Gefahr dar, weil sie alles zerstören, was auf ihrer Bahn liegt. Innerhalb eines Tages suchten gleich mehrere Tornados die Stadt Cantrall in Illinois heim. Es gab nur wenige Verletzte, aber 30 Einwohner wurden obdachlos.

Wetterflugzeug

Mit Hilfe der Beobachtungen, die von Wetterstationen in Flugzeugen und am Boden sowie von Satelliten gemacht werden, kann frühzeitig erkannt werden, wo sich ein Sturm zusammenbraut.

Zyklon 2B ⑦

Ein tropischer Wirbelsturm peitschte 6 m hohe Wellen auf, die 1991 über Bangladesch hereinbrachen und tief liegende Inseln überschwemmten. Dabei ertranken mehr als 120 000 Menschen.

Windmessung

Heute werden Windstärken fast überall auf der Welt mit dem 1846 erfundenen Schalenkreuz-Anemometer gemessen. Dabei wird die Zahl der Umdrehungen des Kreuzes innerhalb einer bestimmten Zeit registriert. Dieses ältere Instrument, eine Anemograph (Windschreiber), wird von einem Uhrwerk angetrieben und zeichnet anhand der Rotation des Zylinders die durchschnittlichen Windgeschwindigkeiten auf.

⑧ Taifun Tracy

Am 25. Dezember 1974 wurde die Stadt Darwin im Norden Australiens von einem tropischen Wirbelsturm mit Windgeschwindigkeiten bis zu 240 km/h verwüstet.

SCHWERE STÜRME

DIE BEWEGUNGEN DER OZEANE UND DER ATMOSPHÄRE unserer Erde ähneln dem Kreislauf des Blutes von Lebewesen. Indem sie Wasser verteilen und die Temperatur auf der ganzen Welt regulieren, schaffen sie eine Vielzahl von Lebensräumen. Bei schweren Stürmen bewegen sich Luft und Wasser jedoch so schnell, dass sie eben diese Lebensräume gefährden.

WIRBELNDE LUFT

Die Erde ist ständig der Sonnenenergie ausgesetzt: pro Sekunde mehr als einer Million Joule pro Quadratmeter. Die Sonnenstrahlen erwärmen Land und Meer und lassen Wasser verdunsten. Wärme, die von der Erdoberfläche zurückgestrahlt wird, heizt die Luft in Bodennähe an; sie dehnt sich aus, verliert an Dichte und befördert Wasserdampf nach oben. Indem warme, feuchte Luft aufsteigt, wird die Zirkulation von Luft und Wasser rings um die Erde in Gang gesetzt. Bei Stürmen werden gewaltige Energiemengen freigesetzt; sie entwickeln sich, wenn sehr rasch aufsteigende Warmluft in der Atmosphäre abkühlt und der Wasserdampf zu Wolken aus Tröpfchen kondensiert, die als Regen herabfallen können.

In den Tropen beiderseits des Äquators ist die Sonneneinstrahlung erheblich stärker als in den polnäheren Regionen. Hier steigt feuchte Luft am schnellsten auf, und es kommt häufig zu kurzen, aber heftigen Gewittern. Aus ihnen entwickeln sich gelegentlich größere atmosphärische Störungen, wenn die aufsteigende Luft ein Tiefdruckgebiet bildet, das dichtere Luft aus seiner Umgebung ansaugt. Unter den richtigen Bedingungen können sich Gewittergruppen über dem Meer vereinigen und zu einem tropischen Wirbelsturm auswachsen.

Genau wie warme Luft sich ausdehnt und aufsteigt, zieht sich trockene, kalte Luft zusammen und sinkt ab. So entstehen Hochdruckgebiete mit wolkenlosem Himmel und geringer Luftfeuchtigkeit. Am häufigsten geschieht das in den Polarregionen, wo die Luft durch niedrige Temperaturen abgekühlt wird. Hochdruckgebiete bilden sich auch in den Subtropen, wenn von tropischen Stürmen hoch in die Atmosphäre emporgewirbelte Luft abkühlt und auf ihrem Weg zu den Polen absinkt. Wenn die Luft von Tiefdruckgebieten in den Tropen oder den gemäßigten Breiten angesaugt wird, gehen von diesen Hochdruckgebieten starke Winde aus. Diese Winde wehen jedoch nicht in nördlicher oder südlicher Richtung, sondern werden seitwärts abgelenkt, weil sich die Erde am Äquator schneller bewegt als an den Polen. Dieses Phänomen, das als Coriolis-Kraft bezeichnet wird, ist auch dafür verantwortlich, dass aufsteigende Luftmassen ins Wirbeln geraten.

In den gemäßigten Breiten entstehen die stärksten Stürme, wenn sich kalte Luft aus den Polarregionen mit wärmerer aus den Subtropen vermischt. Sie können Regen, Schnee, Hagel oder Blitze mit sich bringen. Die starken Winde der gemäßigten Breiten werden Orkane genannt. Gelegentlich entwickeln sich hier aus Gewittern auch Tornados, verheerende Trichter aus herumwirbelnder Luft.

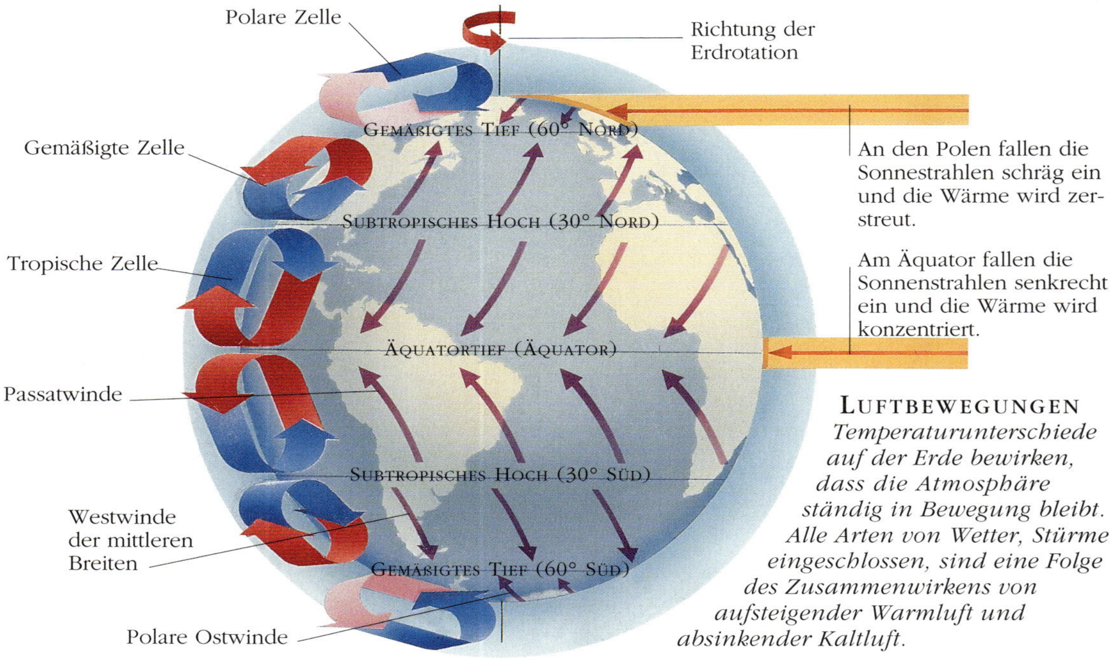

LUFTBEWEGUNGEN
Temperaturunterschiede auf der Erde bewirken, dass die Atmosphäre ständig in Bewegung bleibt. Alle Arten von Wetter, Stürme eingeschlossen, sind eine Folge des Zusammenwirkens von aufsteigender Warmluft und absinkender Kaltluft.

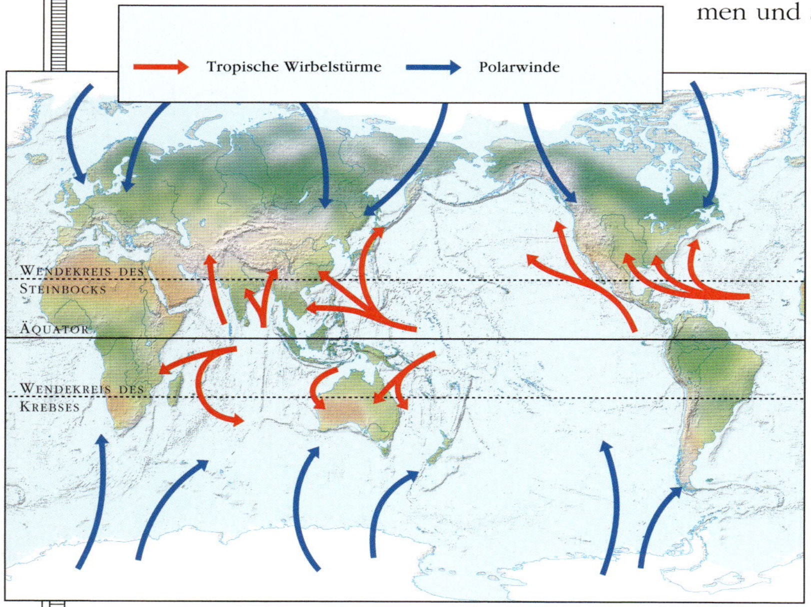

STURMZONEN
Viele verheerende Stürme entstehen in den Tropen, wo hohe Temperaturen heftige Gewitter auslösen, die sich zu Wirbelstürmen auswachsen können. In den gemäßigten Breiten entstehen Orkane, Blizzards und Gewitter, wenn kalte Polarwinde mit warmen Luftmassen kollidieren.

DOPPELTE GEFAHR
Der 91 Meter hohe Sendemast am Ufer des Sees Okeechobee in Florida wirkt winzig im Vergleich zu Blitz und Wasserhose, einem Wirbelsturm, bei dem anstelle von Luft Wasser emporgerissen wird.

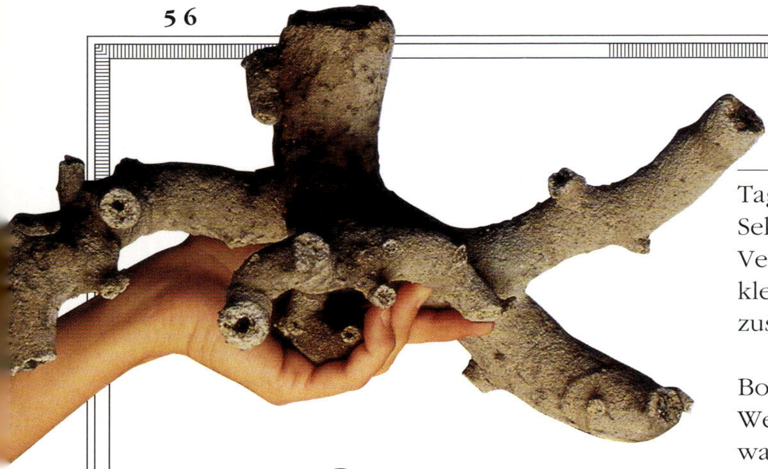

Blitzskulptur
Manchmal hinterlässt ein Blitz dauerhafte Spuren im Sand. Die den Blitz umgebende Luft kann bis zu 22 000 °C heiß sein; sie lässt den Sand schmelzen und verklumpen.

GEWITTER

Tag für Tag toben auf der Erde in jeder Sekunde rund 2 000 Gewitter. Zwar sind sie im Vergleich zu tropischen Wirbelstürmen relativ klein und nur von kurzer Dauer, richten aber zusammen ebenso große Schäden an.

Gewitterwolken bilden sich, wenn Luft in Bodennähe wesentlich wärmer ist als darüber. Wegen ihrer geringeren Dichte steigt die warme Luft in die Höhe und kühlt ab, wobei der Wasserdampf zu Riesenwolken kondensiert, die bis zu 16 km hoch werden können. Während die warme Luft weiter aufsteigt, beginnt die kalte Luft am oberen Ende der Wolke abzusinken, und im Wolkeninnern entsteht ein Chaos aus Auf- und Abwinden.

Nur wenige Gewitter dauern länger als ein oder zwei Stunden, aber in dieser Zeit können mehr als 100 Millionen Liter Wasser auf die Erde prasseln und harmlose Flüsse in reißende Ströme verwandeln. 1992 überflutete der Fluss Ouvèze mit einer 15 Meter hohen Wasserwand die südfranzösische Stadt Vaison-la-Romaine, und tötete 38 Menschen.

Wenn das Wasser in Form von Hagel fällt, entstehen oft schwere Ernte- und Sachschäden; manchmal werden sogar Menschen verletzt oder getötet. Hagelkörner bilden sich, wenn sich Wasser an der warmen Basis einer

Big Thompson River

GEWITTER, USA, 1976

LEXIKON SEITE 129, NUMMER 86

Mitgerissen
Viele der Opfer starben bei dem Versuch, in ihren Fahrzeugen zu entkommen, die dann aber von den Fluten mitgerissen wurden. Die Flut zerstörte auch 418 Häuser.

Am Morgen des 31. Juli 1976 schienen die Ufer des Big Thompson River für 3 000 Menschen, die in die Rocky Mountains gekommen waren, ein idealer Campingplatz zu sein. Als sich eine 13 Kilometer hohe Gewitterwolke bildete und um 18.30 Uhr starker Regen einsetzte, ahnte noch niemand, welche Katastrophe bevorstand.

Im Gegensatz zu den meisten Gewitterwolken, die von den vorherrschenden Winden weitergetrieben werden und nur kurze Wolkenbrüche mit sich bringen, bewegte sich diese Wolke viereinhalb Stunden nicht von der Stelle; in dieser Zeit fielen 30 Zentimeter Regen. Das Wasser rauschte in Tausenden von Rinnsalen die Hänge hinunter und ließ die Bergbäche anschwellen, die in den Big Thompson River münden, der daraufhin gleichfalls anschwoll. Um 19 Uhr hatte die Flut einen schmalen Canyon erreicht. Hier wurden sie vorübergehend blockiert, und der Wasserstand stieg binnen weniger Minuten um fünf Meter an. Plötzlich überwand das Wasser die Blockade und begann, mit großer Geschwindigkeit durch den Canyon flussabwärts zu strömen.

Viele Menschen wurden erst durch ein seltsames Geräusch gewarnt, das manche von ihnen mit einem fahrenden Güterzug verglichen. Die Wasserwand schob eine dichte Staubwolke vor sich her, die es den Leuten schwer machte, Fluchtwege zu finden.

Die Überschwemmung dauerte nur zwei Stunden, aber in dieser Zeit riss sie Bäume, Autos, Zelte und Häuser mit sich, und 139 Menschen kamen ums Leben. Die Gewalt des Wasser war so groß, dass Brücken einstürzten und ein Teil des Highway 34 weggespült wurde.

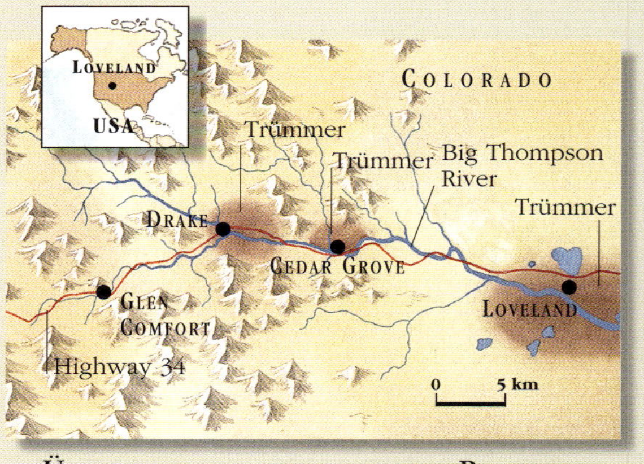

Überschwemmung in den Rockies
Anhaltender Gewitterregen im Rocky Mountains National Park ließ am 31. Juli 1976 den Big Thompson River auf einer Länge von 40 km plötzlich über die Ufer treten.

Gewitterwolke an Eiskristalle anlagert und gefriert. Die größte Hagelkatastrophe, von der wir wissen, ereignete sich 1888 in Indien, wo faustgroße Hagelkörner auf die Stadt Moradabad niedergingen und 346 Menschen töteten.

Die tödlichste Begleiterscheinung eines Gewitters sind jedoch die Blitze. Allein in den Vereinigten Staaten werden alljährlich rund 100 Menschen von Blitzen erschlagen. Beim Herumwirbeln von Wassertröpfchen und Eiskristallen in einer Gewitterwolke werden gegensätzliche elektrische Spannungen aufgebaut, die sich dann entladen: es blitzt. Die Luft im Umkreis des Blitzes wird auf das Vierfache der Temperatur an der Oberfläche der Sonne aufgeheizt und dehnt sich dabei mit Überschallgeschwindigkeit aus, was wir als Donner hören. Blitzschläge sind für viele Brände verantwortlich und haben, seit das Schießpulver erfunden wurde, auch eine Reihe von verheerenden Explosionen ausgelöst.

BLITZSPEKTAKEL
Auf dieser Zeitraffer-Aufnahme sieht man, dass die Blitze bei einem Gewitter über Tuscon, Arizona, sehr rasch aufeinander folgen.

FLUTKATASTROPHE IN FRANKREICH
Schlammige Wassermassen tosten an Häusern in der französischen Stadt Vaison-la-Romaine vorbei, weil sie der Fluss Ouvèze nach einem schweren Gewitter nicht fassen konnte.

Gefährliche Superzellen
Tornados entstehen durch starke Aufwinde in großen Gewitterwolken, so genannte Superzellen. Die Aufwinde sind auch für heftige Hagelschauer verantwortlich.

TORNADOS

Ein Tornado ist ein Trichter aus sehr schnell herumwirbelnder Luft, der sich von der Basis einer großen Gewitterwolke auf die Erde herabgesenkt hat. Im Zentrum befindet sich ein Tiefdruckwirbel, der wie ein Staubsauger Luft und alles, worauf er trifft, ansaugt. Um dieses Zentrum drehen sich Winde mit Geschwindigkeiten von bis zu 500 km/h; sie können Häuser von ihren Fundamenten heben und große Laster in die Luft schleudern.

Tornados, auch Windhosen genannt, gibt es in vielen Teilen Europas, Asiens und Australiens, aber am häufigsten und heftigsten sind sie in den USA, vor allem im Mittleren Westen. 1992 wurde das Land von 1293 Tornados heimgesucht. Davon waren 57 so stark, dass die Windgeschwindigkeit mehr als 240 km/h betrug und dort, wo sie die Erde berührten,

FOLGENSCHWERE BODENBERÜHRUNG
Trümmer, die am 8. Juni 1995 ein Tornado in Pampa, Texas, emporgerissen hatte, wurden bis zu 100 km von der Stadt entfernt gefunden.

RÜSSEL
Aus einer Gewitterwolke kann eine Art Rüssel zum Vorschein kommen, der eine blaugraue Färbung annimmt. Sobald er als Tornado die Erde erreicht hat, verdunkelt er sich, weil Staub emporgerissen wird und außerdem alles, was sich in seiner Bahn befindet.

DREISTAATEN-TORNADO

TORNADO, USA, 1925

LEXIKON SEITE 129, NUMMER 53

AM 18. MÄRZ 1925 raste ein sehr schneller Tornado durch die Staaten Missouri, Illinois und Indiana; 689 Menschen kamen ums Leben und 1980 wurden verletzt. Meist folgte er dem Verlauf einer Bergkette, an der eine Reihe von Orten und vereinzelte Farmen lagen.

Der Dreistaaten-Tornado bildete sich in einer sehr dicht über der Erde hängenden Gewitterwolke, was der Grund für die ungewöhnliche Stabilität des Rüssels gewesen sein könnte, der sich in der Nähe von Ellington, Missouri, auf die Erde herabsenkte. Der Tornado zerstörte Annapolis fast vollständig und zog eine ungewöhnlich breite Schneise der Verwüstung durch das Land.

Viele Menschen starben, weil der Tornado sie völlig unvorbereitet traf. Die Luft in seinem Umkreis war so dunkel und mit Staub und Trümmern angefüllt, dass man ihn erst bemerkte, als es bereits zu spät war.

Die größten Verwüstungen richtete der Dreistaaten-Tornado innerhalb von 40 Minuten in Illinois an. Das Dorf Gorham wurde zerstört und die Hälfte seiner Einwohner getötet oder verletzt. In Murphysboro forderte er weitere 234 Todesopfer. Mit unverminderter Kraft raste er weiter nach De Soto, wo 69 Menschen ums Leben kamen. In West Frankfort gingen in einer Zeche die Lichter aus, weil der Tornado die Stromleitungen zerstört hatte. Als die 800 Bergarbeiter heraufkamen, mussten sie feststellen, dass ihre Häuser zerstört, 127 ihrer Freunde und Angehörigen ums Leben gekommen und weitere 450 verletzt worden waren. Auch das nahe gelegenen Dorf Parrish wurde zerstört; hier starben 22 Menschen. Weitere Schäden richteten Brände an, die in den Trümmern ausbrachen. Zu den Toten gehörten auch Dutzende von Kindern, die von einstürzenden Schulgebäuden zermalmt wurden.

Als der Dreistaaten-Tornado Indiana erreichte, begann er sich zu destabilisieren, hatte aber immer noch genügend Kraft, um weitere 71 Menschen zu töten, bevor er sich hinter Princeton in den Himmel zurückzog. Weder vorher noch nachher hat ein Tornado in so kurzer Zeit (dreieinhalb Stunden) eine derart lange Strecke zurückgelegt, und er hat gezeigt, wie viel Schaden ein großer Tornado anrichten kann.

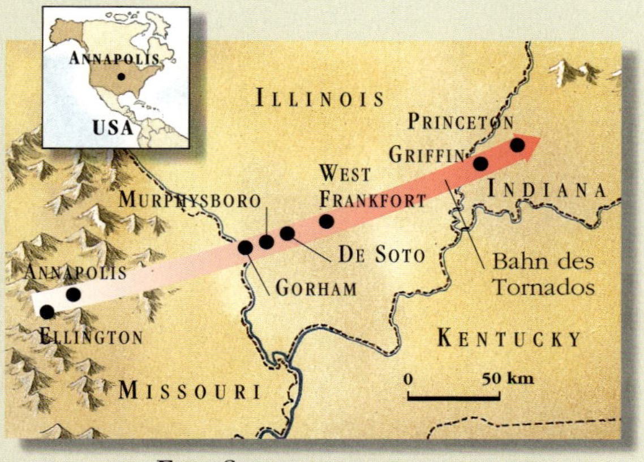

EIN SUPERTORNADO
Der Dreistaaten-Tornado war von allen Tornados der schnellste und zerstörerischste. In dreieinhalb Stunden legte er 350 km mit Geschwindigkeiten bis zu 117 km/h zurück.

EINSAM AUF TRÜMMERN
Zwei Überlebende versuchen, sich gegenseitig zu trösten. 8000 Menschen wurden in Murphysboro, Illinois, obdachlos, und es dauerte Tage, bis man alle Toten gefunden und identifiziert hatte.

UNGLAUBLICHE VERWÜSTUNGEN
Nach dem Tornado war Griffin, Illinois, nicht wiederzuerkennen. Häuser und Landschaften waren zerstört, wie diese Bäume, die samt den Wurzeln ausgerissen wurden.

DIE TORNADO-ALLEE
Ein Tornado rast in Kansas, einem der vier Staaten an der so genannten „Tornado-Allee", über ein Weizenfeld. Der Mittlere Westen der USA ist am stärksten durch Tornados gefährdet.

WIRBELNDES WASSER
Vor der spanischen Küste bildete sich 1965 eine riesige Wasserhose. Sechs Menschen starben, als sie in sich zusammenbrach und die Pier von Gerona mit Tonnen von Wasser überschüttete.

Chaos anrichteten. Die meisten Tornados bilden sich im Frühjahr und Sommer, aber 1992 entstanden im November binnen 48 Stunden 94 Tornados.

Die Wissenschaftler können bisher noch nicht genau vorhersagen, wann und wo sich ein Tornado bilden wird. Am wahrscheinlichsten entsteht er, wenn warme Luft sich ihren Weg durch eine darüber liegende Masse aus kalter Luft bahnt. Die Kollision unterschiedlicher Luftmassen bewirkt, dass sich ein großes Wolkenchaos bildet: die Superzelle. Bei zunehmender Verwirbelung kann ein Rüssel zum Vorschein kommen, aus dem, wenn er die Erde erreicht, ein Tornado wird.

Die Zerstörungskraft eines Tornados hängt nicht nur vom Durchmesser und den Windgeschwindigkeiten ab. Im Jahre 1896 traf ein kleiner und nicht sonderlich heftiger Tornado ein dicht besiedeltes Viertel der Stadt St. Louis, Missouri. Die Verwüstungen, die er in nur wenigen Minuten anrichtete, kosteten 306 Menschen das Leben.

Jarrell

Tornado, USA, 1997

LEXIKON SEITE 129, NUMMER 100

Im Frühjahr 1997 hatte das Dorf Jarrell in Texas rund 400 Einwohner, von denen einige in der Stadt Austin arbeiteten, aber ihre Kinder in dieser ländlichen Umgebung aufzogen.

Am frühen Morgen des 27. Mai war es sehr schwül. Feuchtwarme Luft aus dem Golf von Mexiko stieß über Texas mit kalter, trockener Luft aus dem Norden zusammen. Gegen Mittag bildeten sich nördlich von Jarrell schwere Gewitter. In der Nähe von Waco senkte sich ein Tornado zur Erde herab und zerstörte ein Haus und drei Wohnmobile. Kurz darauf erreichte ein weiterer Tornado Morgans Point in der Nähe von Temple; hier wurden 50 Boote zerstört.

Da sich die dunklen Gewitterwolken stetig südwärts bewegten, wurden die Rettungsdienste in Jarrell um 15 Uhr in Alarmbereitschaft versetzt. Um 15.43 Uhr wurden über einer Farm zwei Kilometer nördlich des Ortes mehrere Rüssel gesichtet, und sofort heulten die Sirenen. Über einem Weizenfeld vereinigten sich die Rüssel zu einem einzigen, 800 Meter breiten Tornado. Die Winde, die um diesen mörderischen Trichter herumwirbelten, waren so stark, dass sie den

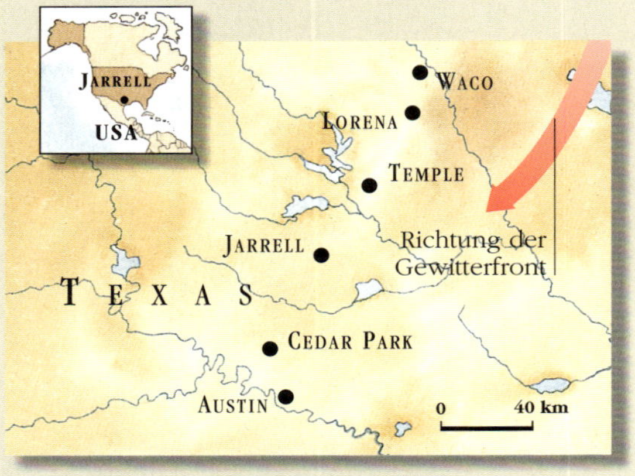

Tornados über Texas
Aus Gewittern sollen am 27. Mai 1997 über Texas elf Tornados hervorgegangen sein; fünf von ihnen richteten beträchtliche Schäden an und brachten 30 Menschen den Tod.

Rindern das Fell vom Leibe rissen und mehrere große, zehn Tonnen schwere Mähdrescher übers Feld schleuderten. Dann bog der Tornado nach Osten ab und raste auf den Ortsteil Double Creek zu.

Die meisten Bewohner von Double Creek hatten in ihren Häusern Schutz gesucht, aber zwanzig Minuten später waren 27 von ihnen tot. Bei 45 von 50 Häusern waren nur noch die Fundamente vorhanden, nachdem der relativ langsame Tornado weitergezogen war, aber trotzdem hatten einige Menschen überlebt. Am gleichen Tag kamen durch weitere Tornados in der Umgebung von Austin noch drei Menschen um.

Killer-Tornados in Texas
Der Tornado (links), der sich auf Jarrell herabsenkte, tötete 13 Erwachsene und 14 Kinder. Ein weiterer Tornado (oben) riss in Cedar Park ein Dach ab; dabei wurde ein Mensch getötet, sieben weitere verletzt.

Tornado-Beobachtung

In den Teilen der USA, in denen die Tornadogefahr am größten ist, wurden Frühwarnsysteme entwickelt, um die katastrophalen Auswirkungen dieser wirbelnden Trichter zu reduzieren. Seit 1977 wird Doppler-Radar eingesetzt, mit dessen Hilfe die Meteorologen einen Tornado erkennen können, während er sich noch innerhalb der Wolke befindet: bis zu 25 Minuten vor dem Erscheinen. So können die Menschen rechtzeitig gewarnt werden.

Obwohl mit den neuen Technologien potenzielle Tornados innerhalb von Gewitterwolken aufgespürt werden können, ist es unmöglich, jedes einzelne Gewitter zu beobachten, zumal sich nur in ungefähr einem Prozent von ihnen Tornados entwickeln. Um besser verstehen zu können, weshalb sich Tor-

Sturmwarten in Amerika
Mobile Forschungslaboratorien fahren dorthin, wo schwere Gewitter drohen. Sie sind mit Doppler-Radar ausgerüstet; so kann man erkennen, ob sich in den Wolken Tornados entwickeln.

nados bilden, wurde 1994 vom National Severe Storms Laboratory in Oklahoma das Projekt VORTEX (Verification of the Origin of Rotation in Tornadoes) gestartet. Mit mobilen Doppler-Radar-Stationen, Wetterballonen in der oberen Atmosphäre und „tornadosicheren" Messinstrumenten wurden Hunderte von tornadoverdächtigen Wolken untersucht.

Bei ihrer Arbeit werden die Wissenschaftler von unzähligen Amateuren unterstützt, die das Erscheinen eines Tornados über Funk melden und mit Videokameras dokumentieren. Dennoch kommt es oft vor, dass Tornados ohne jede Vorwarnung erscheinen und die Menschen wenig oder gar keine Zeit haben, sich in Sicherheit zu bringen. Sobald ein Tornado den Boden berührt hat, kann niemand vorhersagen, wie er sich verhalten wird. 1974 hatte eine Familie in Indiana in einem Schrank Schutz gesucht. Als sie hinterher die Schranktür öffneten, mussten sie feststellen, dass ihr Haus verschwunden war. Der Tornado hatte alles außer dem Schrank mitgerissen.

TROPISCHE WIRBELSTÜRME

Über den tropischen Meeren bilden sich alljährlich ungefähr 60 Sturmsysteme mit Windgeschwindigkeiten von mehr als 120 km/h. Diese tropischen Wirbelstürme werden in Mittel- und Nordamerika Hurrikane, im Golf von Bengalen Zyklone und im ost- und südostasiatischen Raum Taifune genannt.

Tropische Wirbelstürme entwickeln sich nur dort, wo die Wassertemperatur höher als 24 °C ist, und nur bei Windstille. Warme, oberflächennahe Luft steigt auf und kondensiert zu hoch aufragenden Gewitterwolken. Wenn sich diese Gewitter mehr als fünf Grad vom Äquator entfernt bilden, bewirkt die Erdrotation

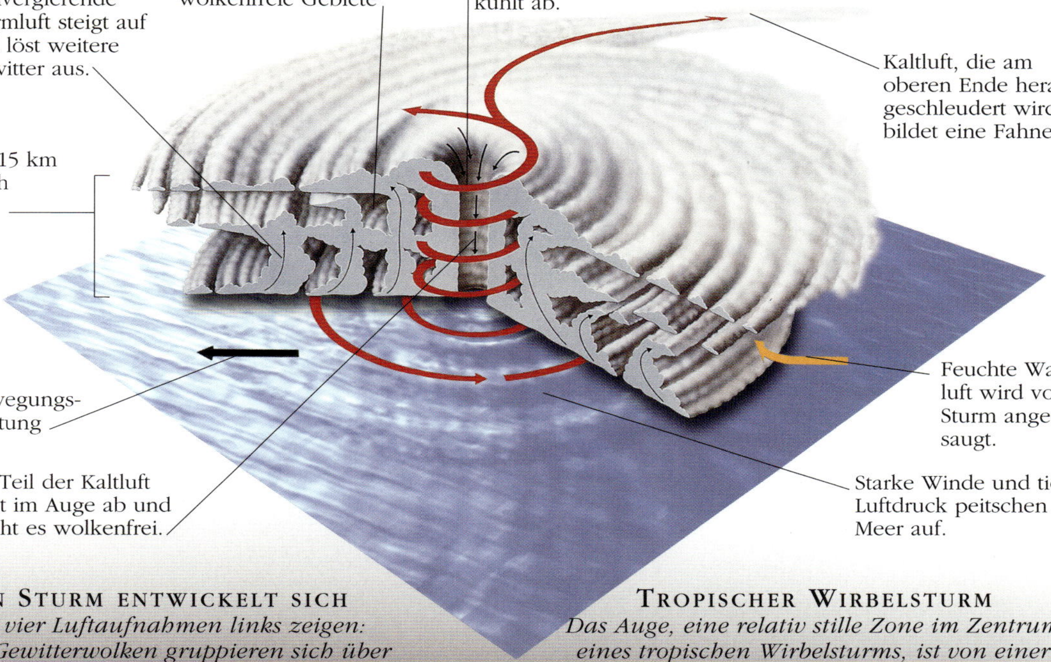

Tropischer Wirbelsturm
Das Auge, eine relativ stille Zone im Zentrum eines tropischen Wirbelsturms, ist von einer Wand aus dichten Wolken, sintflutartigen Niederschlägen und rotierenden Winden umgeben. Um diese Wand herum liegen Regenbänder, die vom Tiefdruckzentrum des Sturms angezogen werden.

Ein Sturm entwickelt sich
Die vier Luftaufnahmen links zeigen: 1) Gewitterwolken gruppieren sich über dem Meer. 2) Die Wolken bilden eine wirbelnde Masse. 3) Im Zentrum des Sturms bildet sich ein Auge (unten in Großaufnahme). 4) Der Sturm bricht über Land auseinander.

HURRIKAN ANDREW

TROPISCHER WIRBELSTURM, USA, 1992

LEXIKON SEITE 129, NUMMER 95

IN DEN FRÜHEN MORGENSTUNDEN DES 24. AUGUST 1992 traf einer der bisher heftigsten tropischen Wirbelstürme auf das amerikanische Festland und fegte über den Süden von Florida hinweg. Auf seiner 100 km breiten Bahn lagen die Häuser und Geschäfte von rund 35 000 Menschen. Die Sturmwinde und die Wassermassen, die Hurrikan Andrew mit sich brachte, verheerten ein Gebiet von gut 550 km² und richteten 25 Milliarden Dollar Sachschäden an. Dann überquerte der Sturm den Golf von Mexiko und erreichte Louisiana, wo weitere schwere Schäden entstanden, aber trotz der Verwüstungen, die Andrew anrichtete, kamen nur knapp 50 Menschen ums Leben.

EINE TEURE KATASTROPHE
Hoher Luftdruck nördlich des Hurrikans lenkte das Sturmgebiet über die Bahamas und Südflorida nach Westen. Über dem Golf von Mexiko drehte es auf Nordwesten und traf auf Louisiana.

ATTACKE AUF DIE KÜSTE
Mit Windgeschwindigkeiten von 230 km/h traf Hurrikan Andrew auf die Goldküste von Südflorida. Boote wurden aus ihren Verankerungen gerissen und eine 5 m hohe Sturmflut aufgepeitscht, die viele Küstenorte überschwemmte.

Zwischen 1945 und 1950 war Südflorida von fünf schweren Hurrikanen getroffen worden, aber danach war der Staat gut vier Jahrzehnte lang verschont geblieben. In dieser Ruhepause entstand aus der ländlichen Gegend südlich von Miami eine dicht besiedelte Vorstadt.

Die ersten Meldungen über Hurrikan Andrew gaben den Bewohnern von Florida kaum Anlass zur Sorge. Obwohl der Wind am 22. August kurz nach Sonnenaufgang Orkanstärke erreichte, rotierte er nicht um ein gut ausgeprägtes Auge, und der Sturm bewegte sich auf einer nördlichen Bahn, die ihn an Florida vorbeiführen würde.

Am Abend des 22. August änderte sich die Situation dramatisch. Im Zentrum einer riesigen Wolkenmasse bildete sich ein scharf umrissenes Auge, und die Windstärke nahm zu. Gleichzeitig bog der Sturm nach Westen ab und steuerte auf den Süden Floridas zu.

Am Abend des folgenden Tages meldeten Beobachtungsflugzeuge Windgeschwindigkeiten bis zu 240 km/h. Über Fernsehen und Radio wurde Warnmeldungen gesendet, und mehr als eine Million Menschen flüchtete nach Norden. Denjenigen, die blieben, wurde empfohlen, den Sturm in einem der öffentlichen Hurrikanbunker oder in einem aus Beton erbauten Haus abzuwarten.

ZERSTÖRERISCHE WOLKEN
Dieses Satellitenfoto zeigt die Wolkenwirbel von Andrew am 24. August 1992, während der Sturm über die Südwestspitze des Staates Florida hinwegzog.

WEG DER VERWÜSTUNG

Um Mitternacht erreichte Andrew die zu den Bahamas gehörende Insel Eleuthera, wo er beträchtliche Schäden anrichtete und vier Menschen tötete. Über den seichten Gewässern im Umkreis der Bahamas beruhigte Andrew sich ein wenig, gewann aber über den tiefen, warmen Gewässern östlich von Florida wieder an Kraft. Am 24. August überquerte Andrew um 5.05 Uhr den Golf von Biscaya, wobei er eine 5 m hohe Sturmflut

Ans Ufer gefegt
Motorboote im Hafen von South Gables in Florida wurden von Wind und Wellen des Hurrikans Andrew ans Ufer gefegt und übereinander getürmt. In nur wenigen Minuten fielen dem Sturm rund 15 000 Boote zum Opfer.

Hastige Flucht
Auf ihrer Flucht mussten viele Autofahrer mit Sturmböen und heftigem Regen kämpfen. Mehr als eine Million Menschen hatte ihre Häuser verlassen, bevor der Sturm mit voller Gewalt Homestead, einen Vorort von Miami traf.

Sturmschäden
Andrew zog eine 40 km breite Schneise der Verwüstung durch Dade County in Florida. Der Sturm war so stark, dass er nicht nur Häuser zum Einsturz brachte, sondern auch einen Mietlaster auf das Dach einer Firma schleuderte.

aufpeitschte, die südlich von Miami an die Küste brandete und Hunderte von Häusern wegspülte. Anschließend überquerte der Sturm mit einer Geschwindigkeit von 32 km/h die Südspitze Floridas.

Andrew hatte einen Durchmesser von etwa 800 km, aber die größten Verwüstungen wurden in einer 40 km breiten Schneise durch die extrem starken Winde in der Wand des Auges angerichtet, die Geschwindigkeiten bis zu 320 km/h erreichten. Der Hurrikan riss Boote aus dem Wasser und türmte sie am Strand auf, kippte Autos und Sportflugzeuge um und mähte Obstplantagen nieder. Einige Häuser implodierten. Bootsanhänger wurden in Stücke geschlagen, und der Wind, der die Trümmer herumwirbelte, verwandelte sie in tödliche Geschosse.

Schadensbesichtigung
Dieser Wohnwagenplatz (unten) wurde von Andrew völlig verwüstet. Eine Frau und ihre Tochter besichtigen das, was von ihrem Haus noch übrig ist, nachdem der Sturm das Dach abgerissen hat (links).

SCHADENSBILANZ

Andrew tobte nur vier Stunden über Florida. In dieser Zeit zerstörte er 80 000 Häuser und beschädigte weitere 55 000. Als die Flüchtlinge zurückkehrten, mussten sie feststellen, dass der Süden Miamis nicht wiederzuerkennen war. In der drückenden Hitze, die auf den Sturm folgte, gab es weder Wasser noch elektrischen Strom. Viele Leute durchwühlten die zerstörten Häuser und Geschäfte nach Essen und Trinken, manchmal wurden auch Wertsachen gestohlen.

Nach dem Eintreffen von 16 000 Soldaten und unzähligen Helfern begannen die Aufräumarbeiten. Trotzdem haben schätzungsweise 25 000 Menschen, die den Hurrikan Andrew überlebten, Florida für immer verlassen.

HURRIKAN GILBERT
Im September 1988 wütete Hurrikan Gilbert acht Stunden lang über Jamaika. Der Flughafen von Kingston und weite Teile des Landes wurden schwer in Mitleidenschaft gezogen.

gelegentlich, dass sie sich zu einem Tiefdruckzentrum gruppieren. Das Sturmsystem dehnt sich aus, weil von dem Tiefdruckgebiet in seinem Innern immer mehr feuchtwarme Luft angesaugt wird, die spiralförmig aufsteigt, und einen immer enger werdenden Trichter aus herumwirbelnden Winden bildet. Wenn dann der Druck weiter absinkt, nehmen die Windgeschwindigkeiten rapide zu, und im Zentrum des Wirbelsturms beginnt sich ein Auge zu entwickeln. Ein tropischer Wirbelsturm kann ganze Ozeane überqueren und auch Küsten in den gemäßigten Breiten erreichen.

STURMSCHÄDEN

Die stärksten und turbulentesten Winde konzentrieren sich um das Auge in einer hoch aufragenden, wirbelnden Wolkenwand. Hier wird die Luft so schnell emporgerissen, dass der Regen in dichten Schwaden fällt und Windböen Geschwindigkeiten von 320 km/h und mehr erreichen können. Aus manchen tropischen Wirbelstürmen kommen sogar Tornados, die noch zusätzliche Schäden anrichten.

Was die tropischen Wirbelstürme so gefährlich macht, sind ihre Ausmaße und ihre Gewalt. Manche wachsen auf Durchmesser von mehr als 800 km an und legen täglich Strecken von mehreren 100 km zurück. Ein Zyklon, der 1952 den Indischen Ozean überquerte, überschüttete die Insel Réunion mit Regenmassen. Die größten Sturmsysteme bilden sich über dem Pazifischen Ozean. Taifun Vera verheerte 1959 die japanische Hauptinsel Hondo auf einer 700 km breiten Bahn mit sintflutartigen Regenfällen und Windgeschwindigkeiten von 210 km/h. Weil ein so großes Gebiet betroffen war, dauerte es mehr als eine Woche, bis das ganze Ausmaß der Schäden geschätzt werden konnte. Ganze Ortschaften waren von über die Ufer getretenen Flüssen oder landeinwärts gepeitschtem Meerwasser verschlungen worden. Über eine Million Menschen wurde obdachlos. Krankheiten wie die Ruhr breiteten sich aus, weil die Menschen in ihrer Verzweiflung verschmutztes Wasser tranken. Insgesamt kamen 5 041 Menschen ums Leben.

STRÖMENDER REGEN IN MEXIKO
Einwohner von Acapulco versuchen, gegen die Wasermassen anzukämpfen, die im Gefolge von Hurrikan Pauline am 9. Oktober 1997 über den mexikanischen Badeort hereinbrachen.

TAIFUN TRACY

TROPISCHER WIRBELSTURM, AUSTRALIEN, 1974

LEXIKON SEITE 139, NUMMER 24

AM FRÜHEN MORGEN DES WEIHNACHTSFEIERTAGES 1974 traf der Taifun Tracy auf die nordaustralische Stadt Darwin. Mit Windgeschwindigkeiten von 240 km/h zerstörte oder beschädigte er fast 90 Prozent der Häuser; über 40 000 Einwohner wurden obdachlos. Trotzdem kamen nur erstaunlich wenige Menschen ums Leben; unter den Trümmern der Stadt wurden 50 Tote gefunden und weitere 25 auf den vielen Booten, die der Sturm im Hafen zerstört hatte.

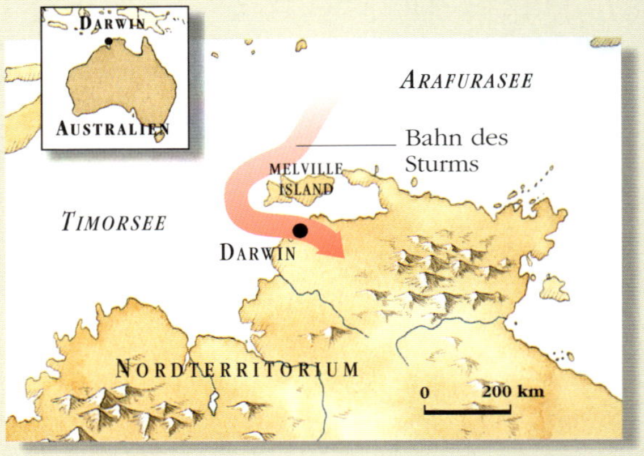

EINE WEIHNACHTSÜBERRASCHUNG
Über der Arafurasee bilden sich oft tropische Wirbelstürme, die über die Timorsee nach Südwesten abziehen. Am 24. Dezember 1974 bewirkten ungewöhnliche Wetterverhältnisse, dass Taifun Tracy nach Südosten abbog und auf Darwin traf.

VERSTREUTE TRÜMMER
Taifun Tracy zerstörte alles, was den 40 000 Einwohnern Darwins das Überleben in der sengenden Hitze Nordaustraliens ermöglichte. Nach der Katastrophe wurden über 20 000 Menschen in andere Landesteile ausgeflogen.

Darwin verfügte über einen vorzüglichen Hafen und zwischen 1960 und 1974 war die Stadt rapide gewachsen. In der nahen Arafurasee hatten sich zwar häufig tropische Wirbelstürme gebildet, aber Darwin war auf Unwetter nicht vorbereitet und glaubte, durch Melville Island vor ihnen geschützt zu sein.

Dass das ein Irrtum war, stellte sich am Heiligen Abend 1974 heraus, als die Meteorologen registrierten, dass Tracy, was höchst ungewöhnlich war, in einem Winkel von 90 Grad um Melville Island herum abgebogen war und direkt auf Darwin zusteuerte. Ungeachtet eindeutiger Vorwarnungen ließen sich die Menschen nicht davon abbringen, Weihnachten zu feiern, weil sie glaubten, in ihren Häusern sicher zu sein.

Die ersten Ausläufer des Sturms erreichten Darwin gegen Mitternacht, und in St. Mary's mussten die Gläubigen den Gottesdienst fluchtartig verlassen, weil sintflutartiger Regen die Kirche unter Wasser setzte. Um ein Uhr war der Wind bereits so stark, dass Autofahren nicht mehr möglich war. Anderthalb Stunden später hatte er eine Geschwindigkeit von über 200 km/h erreicht und riss Wohn-, Büro- und Lagerhäuser mit. Um etwa vier Uhr hatte das Auge des Taifuns die Stadt erreicht, und es trat plötzlich Stille ein, die jedoch nicht von langer Dauer war. Viele Leute hielten sich im Freien auf, als die Winde in der anderen Wand des Auges auf sie einpeitschten.

Fünf Jahre nach der Katastrophe hatte Darwin wieder ebenso viele Einwohner wie 1974, und die Stadt war so wieder aufgebaut worden, dass sie sogar einem so heftigen tropischen Wirbelsturm wie Tracy standhalten kann.

DAS AUSMASS DER KATASTROPHE
Jim Cairns, der stellvertretende Premierminister von Australien, stellte fest: „Darwin sieht aus wie ein Schlachtfeld." Ein Arzt der Luftwaffe verglich die Stadt mit einer riesigen Müllkippe.

STURMFLUTEN

Die meisten Menschen, die bei tropischen Wirbelstürmen sterben, fallen dem Meer zum Opfer. Wenn ein solcher Sturm auf Land trifft, bringt er fast immer riesige Wellen mit sich, und die Flut läuft in einer so genannten Sturmflut extrem hoch auf. Deiche brechen, Häfen und Boote werden zerstört. Dann fluten die Wassermassen oft bis weit ins Hinterland, reißen Häuser mit und überschwemmen Acker- und Weideland mit Salzwasser. Wenn die Küstengebiete nicht rechtzeitig evakuiert wurden, ist die Zahl der Toten oft beträchtlich.

Ein Überlebender des Hurrikans, der 1938 die Nordostküste der USA erreichte, beschrieb eine 12 m hohe Sturmflut, die sich Long Island näherte. „Anfangs hielt ich es für eine dicke, hohe Nebelbank, die sich rasch auf uns zuschob ... aber als sie näher kam, erkannten wir, dass es kein Nebel war. Es war Wasser."

Dieser Hurrikan zerstörte 14 000 Häuser und zahlreiche Geschäfte. Die Luftbewegungen in einem tropischen Wirbelsturm und in seinem Umkreis haben eine zweifache Auswirkung. Zum einen peitschen sie riesige Wellen auf, die vom Zentrum des Sturms in alle Richtungen ausstrahlen. Die größten Wellen bilden sich an der Front des Sturms, wo die See infolge seiner Vorwärtsbewegung besonders aufgewühlt ist. Im Pazifischen Ozean sollen tropische Wirbelstürme Wellen von 25 m Höhe erzeugt haben. Zum anderen führt der niedrige Luftdruck, der in einem tropischen Wirbelsturm herrscht, zu einem Ansteigen des Meeresspiegels und bewirkt, dass sich die Wasseroberfläche unterhalb des Sturms bis zu 6 m über Normal aufwölbt.

Am todbringendsten waren diejenigen Sturmfluten, die auf der See abgerungenes Marschland trafen oder auf ungeschützte Landzungen wie in Galveston (s. S. 70), das im Jahr 1900 fast vollständig überflutet wurde. Die am schwersten betroffene Region ist Bangladesch, wo im 20. Jahrhundert mehr als eine Million Menschen tropischen Wirbelstürmen und ihren Auswirkungen zum Opfer fiel.

FRÜHWARNGERÄT
Früher benutzten Seeleute in tropischen Gewässern Barozyklometer, um den Luftdruck und die Windrichtung herannahender Stürme zu messen.

ENTSETZEN IN DER KARIBIK
1979 brandete mit Hurrikan David eine gewaltige Sturmflut an die Küste der Dominikanischen Republik und forderte 1 300 Menschenleben.

GEFÄHRLICHE JAHRESZEITEN
Die westindische Insel Antigua in der Gewalt eines Hurrikans. Über dem Atlantik bilden sich tropische Wirbelstürme im Sommer und im Herbst.

GALVESTON

TROPISCHER WIRBELSTURM, USA, 1900

LEXIKON SEITE 129, NUMMER 33

ZU BEGINN des 20. Jahrhunderts war Galveston die wichtigste Stadt in Texas, und das Pro-Kopf-Einkommen seiner Bewohner war das vierthöchste in den USA. Diesen Wohlstand hatte die Stadt in erster Linie ihrer Lage an der Einfahrt zur Galveston Bay, einem hervorragenden natürlichen Tiefseehafen, zu verdanken. Andererseits war die Stadt äußerst anfällig für Sturmschäden, weil sie auf einer sandigen Landzunge erbaut worden war.

In der Morgendämmerung des 8. September 1900 gab es böige Regenschauer und Wellen, die ans Ufer brandeten. Bis zum Vormittag war die Windgeschwindigkeit auf 60 km/h gestiegen und nahm rasch weiter zu. Als der Sturm näher kam, wurde der Luftdruck immer niedriger und der Meeresspiegel immer höher. Das Wasser ergoss sich in die Straßen, und die Menschen flüchteten auf die Brücke, die Galveston mit dem Festland verband. Aber auch die Brücke wurde bald überflutet, und ein Entkommen war unmöglich. Am Nachmittag stand die halbe Stadt unter Wasser.

Winde in der Wand des Auges peitschten mit Geschwindigkeiten von über 170 km/h riesige Wellen auf, die Holzhäuser zermalmten und wegspülten. Aber auch zahlreiche Stein- und Betongebäude stürzten ein, weil ihre Fundamente aus dem Sandboden herausgerissen wurden. Überlebende berichteten, dass sie aus ihren Häusern gefegt und von den Wassermassen herumgewirbelt wurden, bis sie etwas gefunden hatten, woran sie sich festhalten konnten.

Als der Sturm vorüber war, lag halb Galveston in Trümmern. Ihre frühere Bedeutung hat die Stadt nie zurückerlangt, aber beim Wiederaufbau wurde auch ein hoher Seedeich errichtet.

AMERIKAS TÖDLICHSTER STURM
Der schwere Wirbelsturm, der am 8. September 1900 auf Texas traf, zerstörte mehr als die Hälfte von Galveston. 6 000 Menschen kamen ums Leben – rund ein Siebentel der Einwohner.

EINE TRÜMMERLANDSCHAFT
Der Hurrikan von 1900 zerstörte 2 600 Häuser und machte 10 000 Menschen in Galveston obdachlos. Viele Häuser wurden von der Gewalt des Windes umgestürzt (rechts). In den am stärksten betroffenen Vierteln (unten) vollendeten Sturmfluten das Zerstörungswerk.

STURMVORHERSAGE

Wenn ein heftiger tropischer Wirbelsturm eine tief liegende Küstenregion mit Millionen von Tonnen Wasser überschwemmt, besteht die einzige Überlebenschance darin, sich in Sicherheit zu bringen. Deshalb ist es unerlässlich, dass die Menschen, die an gefährdeten Küsten leben, rechtzeitig gewarnt werden.

Mit Hilfe von Schiffen, Flugzeugen und Wettersatelliten können die Meteorologen die Anfangsstadien eines tropischen Wirbelsturms weit draußen auf dem Meer erkennen und seine Bahn verfolgen. Generelle Warnungen können zwar eine ganze Weile im Voraus gegeben werden, aber wo genau ein tropischer Wirbelsturm auf Land treffen wird, lässt sich kaum vorhersagen, da er seine Bahn oft plötzlich ändert. Sogar heute lässt sich 24 Stunden vor Eintreffen eines Sturms die gefährdete Zone nur auf etwa 160 km genau angeben. Das stellt die Behörden vor das Dilemma, ob sie ein Gebiet evakuieren oder ob sie bis zur letzten Minute warten sollen, bevor sie Alarm schlagen. Vorhersagen sind nur dann sinnvoll, wenn eine Infrastruktur vorhanden ist, mit deren Hilfe die gefährdeten Menschen rechtzeitig gewarnt und in Sicherheit gebracht werden können. Außerdem ist es unerlässlich, dass die Menschen die Gefahr ernst nehmen.

Als Hurrikan Camille 1969 die Vereinigten Staaten heimsuchte, war eines der ersten Gebäude, die einstürzten, ein Haus, in dem 25 Menschen das Eintreffen des Sturms feierten. Nur eine Frau überlebte.

AUF DER JAGD NACH HURRIKANEN
Wenn sich über dem Meer große Gewittermassen zusammenballen, steigen so genannte Hurrikanjäger, mit speziellen Instrumenten ausgerüstete Flugzeuge, auf, um ihre Bahn zu verfolgen.

ZYKLON 2 B

TROPISCHER WIRBELSTURM, BANGLADESCH, 1991

LEXIKON SEITE 136, NUMMER 93

BANGLADESCH IST EINES DER ÄRMSTEN Länder der Erde; weite Teile des dicht besiedelten Landes bestehen aus dem großen Delta des Ganges und anderer Ströme, die vom Himalaja herabkommen. Das tief liegende Schwemmland ist ständig durch Hochwasser gefährdet, aber die meisten Menschen fallen tropischen Wirbelstürmen zum Opfer. Einer dieser Stürme, Zyklon 2 B genannt, traf am 29. April 1991 mit Windgeschwindigkeiten bis zu 235 km/h und einer 6 m hohen Sturmflut auf die Küste von Bangladesch. An den Küsten und auf den ihnen vorgelagerten Inseln kamen rund 140 000 Menschen ums Leben.

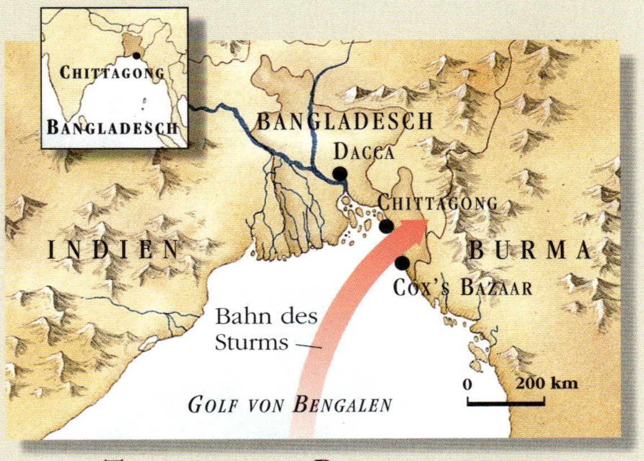

TRAGÖDIE IN BANGLADESCH
Zyklon 2 B verwüstete einen 800 km langen Küstenstreifen. Der wichtigste Hafen, Chittagong, wurde von Wracks zertrümmerter Schiffe verstopft. Ein großer Teil der Sturmopfer lebte auf der Küste von Bangladesch vorgelagerten Inseln.

Von den neun verheerendsten Stürmen des 20. Jahrhunderts suchten sieben Bangladesch heim. Trotz des Risikos sind die Inseln und die Küste des Festlandes nach wie vor dicht besiedelt, weil der Boden hier sehr fruchtbar ist und die Ernten ausreichen, die Menschen vor dem Verhungern zu bewahren.

In der letzten Aprilwoche des Jahres 1991 registrierten Satelliten über dem Golf von Bengalen einen auf Bangladesch zurasenden Wirbelsturm. Die Menschen wurden über Radio gewarnt und aufgefordert, in einem der Bunker Schutz zu suchen, die nach einem schweren Sturm im Jahre 1970 errichtet worden waren. In den Bunkern überlebten rund 100 000 Menschen Zyklon 2 B, der neun Stunden über den Küstenregionen tobte. Viele andere aber waren in ihren Schlamm- und Strohhütten den Gewalten von Wind und Wellen schutzlos ausgesetzt. Viele Inseln wurden vollständig überflutet. Insgesamt wurden mehr als anderthalb Millionen Behausungen zerstört, und eine Million Rinder ertranken.

DIE TRÜMMER DER INSEL SANDWIP
Die in der Bahn des Zyklons liegende Insel Sandwip wurde völlig zerstört. Ein Überlebender berichtete, dass 30 000 Menschen von gewaltigen Wellen ins Meer geschwemmt wurden und zwei Drittel von ihnen ertranken.

BERGUNG DER TOTEN
Ein Opfer von Zyklon 2 B wird vier Tage nach dem Sturm von Angehörigen zur Bestattung getragen. Es dauerte mehrere Wochen, bis die Leichen der Menschen geborgen worden waren.

NACH DEM UNWETTER

Da viele Straßen weggespült worden waren, war es äußerst schwierig, die Überlebenden zu versorgen. Eine Hungersnot drohte, weil das Wasser die Ernte vernichtet und das Land versalzen und damit unfruchtbar gemacht hatte.

Aus dieser Katastrophe wurden Konsequenzen gezogen. Durch rechtzeitige Evakuierung und die Errichtung weiterer Schutzbunker konnten bei einem schweren Sturm im Jahre 1997 Tausende von Menschenleben gerettet werden.

Der „Grosse Sturm" von 1987
Von einem Orkan im Oktober 1987 wurden neben Millionen von Bäumen in Südengland auch viele seltene Bäume im Botanischen Garten von London entwurzelt. 19 Menschen starben.

Frostkatastrophe in Kanada
Bei einer Reihe von Eisstürmen, die im Januar 1998 tagelang im Nordosten von Kanada tobten, war es in Montreal so kalt, dass Bäume unter dem Gewicht des Eises zusammenbrachen.

ORKANE UND BLIZZARDS

Die Stürme, die sich in den gemäßigten Breiten zusammenbrauen, haben nicht die zerstörerische Gewalt von tropischen Wirbelstürmen, halten sich aber wesentlich länger. Sie können einen Durchmesser von 1 500 km und mehr haben und ein großes Gebiet mit strömendem Regen und Winden heimsuchen, die von einer bestimmten Stärke ab als Orkane bezeichnet werden. Außerdem bringen sie Kälte und Schnee mit sich. Diese Stürme der gemäßigten Breiten werden gelegentlich als Wirbelstürme bezeichnet, weil sich auch hier wirbelnde Massen aus aufsteigender Luft bilden. Zumeist spricht man jedoch von Tiefs, weil der Luftdruck im Bereich der aufsteigenden Luft stark fällt. Im Gegensatz zu den tropischen Wirbelstürmen sind Tiefs breite Sturmfronten, die durch das Zusammentreffen von kalter Polarluft mit warmer Luft aus den Tropen entstehen. Die Warmluft wird in die Höhe gedrängt und steigt in einer engen Spirale so schnell

Auf den Feldern erfroren
Im Jahr 1988 ließen Eisstürme die Temperaturen in Kanada unter -40 °C sinken, sodass Zehntausende von Rindern erfroren.

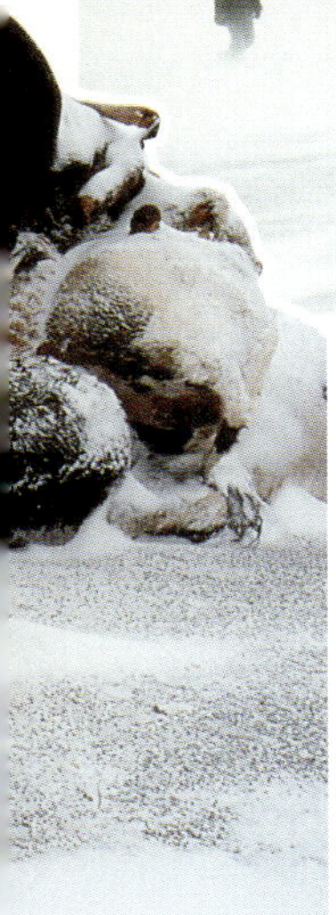

BLIZZARD IN NEW YORK
Bei einem Blizzard über dem Osten der USA wurde New York 1996 unter einer 50 cm hohen Schneedecke begraben, und 23 Menschen kamen ums Leben.

auf, dass eine große, rotierende Wolkenmasse entsteht. Auf der Nordhalbkugel bilden sich täglich rund 20 Tiefs. Nur wenige von ihnen entwickeln sich zu Orkanen mit Windgeschwindigkeiten von mehr als 160 km/h. Die schwersten Stürme treten gewöhnlich im Winter auf, weil dann der Temperaturunterschied zwischen den polaren und den tropischen Luftmassen am größten ist. Wenn diese Luftmassen aufeinander treffen, entsteht eine Zone mit besonders niedrigem Luftdruck, die von den in der oberen Atmosphäre vorherrschenden Winden vorangetrieben wird. Im Jahre 1968 entwickelte sich aus einem solchen Tief über Schottland ein Orkan, bei dem 16 Menschen starben. Anschließend fegte der Wintersturm über ganz Europa.

In Nordamerika hat es in den letzten Jahren zahlreiche heftige Blizzards gegeben, darunter den „Jahrhundertsturm" (s. rechts). Im Januar 1996 legte ein weiterer Blizzard große Teile des Landes lahm und begrub Philadelphia unter einer 80 cm hohen Schneedecke. Zwei Jahre später war mehr als eine Million Haushalte in der kanadischen Provinz Quebec ohne elektrischen Strom, weil infolge eines Eissturms die Strommasten umgestürzt waren.

Nordamerika hat außerdem unter Stürmen zu leiden, die vom Atlantik heranbrausen. Der bisher stärkste dieser atlantischen Stürme war der „Halloween"-Sturm im November 1992, der 114 Stunden lang an den Küsten von New Jersey und den Neuengland-Staaten wütete.

JAHRHUNDERTSTURM

BLIZZARD, USA, 1993

LEXIKON SEITE 129, NUMMER 96

DAS AUSSERGEWÖHNLICHE am Jahrhundertsturm war sein Ausmaß. Weder vorher noch nachher mussten wegen eines Sturms sämtliche Flughäfen im Osten der USA geschlossen werden. Starke Schneefälle legten die ganze Region lahm, bis es gelungen war, die Schneemassen beiseite zu räumen. Der Blizzard kostete mindestens 243 Menschen das Leben, die Sachschäden beliefen sich auf drei Milliarden Dollar.

Vermutlich wäre die Zahl der Toten noch höher gewesen und noch mehr Sachschaden entstanden, wenn die Menschen nicht rechtzeitig vor dem Sturm gewarnt worden wären. Schon Tage zuvor hatten Satelliten registriert, dass eine riesige Masse Kaltluft aus den Polargebieten südwärts wanderte. Als sie den Golf von Mexiko erreicht hatte, prallte sie auf die feuchtheiße Luft dieser Region. Es bildete sich ein Hurrikan, der mit strömendem Regen und meterhohen Wellen über Kuba hinwegfegte, 1 500 Häuser zerstörte und weitere 30 000 beschädigte.

Danach bog der Sturm nach Norden ab und wurde kälter. Florida litt unter stürmischen Winden und, was in diesem Staat sonst kaum vorkommt, starkem Schneefall. Im ganzen Südosten der USA brachen Dächer und Stromleitungen unter dem Gewicht des Schnees zusammen. Winde mit Geschwindigkeiten bis zu 200 km/h peitschten den Atlantischen Ozean auf. An der Küste von North Carolina fielen 200 Häuser einer Sturmflut zum Opfer, und in den Appalachen fielen 150 cm Schnee.

Im Norden der USA und in Kanada sind die Menschen an

UNTER SCHNEEMASSEN ERSTICKT
Vom 12. bis zum 14. März 1993 legte ein riesiges Tief mit orkanartigen Winden, eisiger Kälte und Schneemassen den gesamten Osten von Nordamerika von Kuba bis nach Kanada lahm.

Schneestürme gewöhnt und besser auf sie vorbereitet. Trotzdem richteten Wind und Wellen beträchtliche Schäden an. Auf Long Island, New York, wurden 18 Häuser ins Meer gespült, und vor der Küste von Neuschottland ertranken 33 Seeleute, als ihr Schiff von 20 m hohen Wellen überflutet wurde und sank.

Die meisten Fachleute waren sich einig, dass ein derartiger Sturm in Amerika alle hundert Jahre nur einmal vorkommt; deshalb wurde er Jahrhundertsturm genannt. Andererseits gehörte er zu einer Folge von ungewöhnlich schweren Winterstürmen, die die Vereinigten Staaten seit 1989 heimgesucht haben.

SCHNEECHAOS IN NEW YORK
Während des Jahrhundertsturms fielen in New York gut 25 cm Schnee. Das ist nicht ungewöhnlich, aber der eisige Wind türmte den Schnee zu hohen Wehen auf und bescherte der Stadt chaotische Zustände.

AUFZIEHENDE STURMWOLKEN

Am 26. Juli 1927 schlug ein Blitz aus einem über New Jersey tobenden Gewitter an einem fatalen Ort ein – einem Munitionsdepot der amerikanischen Marine. Das dort gelagerte TNT explodierte und löste eine Kettenreaktion aus. Ein Lagerschuppen nach dem anderen flog in die Luft, und schwere Artilleriegranaten wurden in die Umgebung geschleudert. 30 Menschen starben, Hunderte wurden verletzt.

Wann und wo ein Blitz einschlägt, lässt sich nicht vorhersagen, aber bei jedem Unwetter hängt das Ausmaß bis zu einem gewissen Grade davon ab, ob die Menschen bereit und fähig sind, sich darauf einzustellen und vorbeugende Maßnahmen zu ergreifen. Unzureichender Schutz eines Munitionsdepots vor Blitzschlag mag sträflicher Leichtsinn sein, aber es wäre falsch, Leichtsinn für all die Toten und Verletzten eines Unwetters verantwortlich zu machen, das zufällig den falschen Ort trifft.

Blitze über Arizona
Mit der Erfindung des Blitzableiters im Jahre 1766 wurden die Gebäudeschäden durch Blitze erheblich reduziert. Aber allein in den USA fallen jährlich noch immer rund 100 Menschen Blitzschlägen zum Opfer.

Gefahren im Pazifik
Die tödlichen Winde, die 1994 um das Auge von Hurrikan Emilia wirbelten, bedrohten die mitten im Pazifik liegenden Hawaii-Inseln, die durch tropische Wirbelstürme sogar noch stärker gefährdet sind als die Ostküste der USA.

VORSORGEMASSNAHMEN

In jeder Gesellschaft und in jeder geographischen Region müssen Entscheidungen darüber getroffen werden, welcher Wetterschutz erforderlich ist und wie viel Geld dafür ausgegeben werden kann. Für die Millionen von Familien auf den Inseln vor Bangladesch und im Ganges-Delta ist die Gefahr, durch die Sturmflut eines tropischen Wirbelsturms zu ertrinken, extrem groß, aber das arme Land kann sich Schutzmaßnahmen nur begrenzt leisten. Das hat unzählige Menschenleben gekostet. Bei jedem der beiden Zyklone, die das Land 1970 und 1991 heimsuchten, kamen mehr als 100 000 Menschen ums Leben.

Selbst in reicheren Ländern fallen Vorsorgemaßnahmen oft Einsparungen zum Opfer. Etatkürzungen wurden dafür verantwortlich gemacht, dass das British Meteorological Office nicht imstande war, den „Großen Sturm“ von 1987 vorherzusagen, der in Südengland Sachschäden in Höhe von einer Milliarde Pfund anrichtete.

Stadt-Tornado
In Großstädten sind Tornados selten, aber 1997 bedrohte einer die Einwohner von Miami. Sie hatten Glück, denn es gab keine Toten.

VORBEUGUNG

Aus wirtschaftlichen Gründen sind die Maßnahmen für den Umgang mit Unwettern immer auf das zu Erwartende ausgerichtet, aber nie auf außergewöhnliche Umstände. So waren zum Beispiel die Winter in England 25 Jahre lang relativ mild. Da es in diesem Zeitraum nur ganz selten heftig geschneit hat, wurde nur wenig Geld für Schneeräum-Geräte ausgegeben.

Aus meteorologischen Aufzeichnungen geht eindeutig hervor, dass Großbritannien in jedem Jahrhundert von mehreren heftigen Schneestürmen heimgesucht wird. Im Februar 1947 zum Beispiel bildeten sich infolge von starkem Schneefall, stürmischen Winden und Kälte bis zu 5 m hohe Schneewehen. Das dadurch entstandene Chaos war so groß, dass zum Räumen von Straßen und Bahnlinien Soldaten eingesetzt werden und Flugzeuge der Luftwaffe über abgeschnittenen Dörfern Lebensmittel abwerfen mussten. Das danach plötzlich einsetzende Tauwetter ließ viele Flüsse über die Ufer treten. Die Annahme, dass sich ein Schneesturm wie der von 1947 nicht wiederholen wird, wäre absurder Optimismus.

Ein änlicher Optimismus herrscht auch auf der anderen Seite des Atlantiks. Die Leute, die sich in den 1980er Jahren an den Küsten von Florida niedergelassen haben, hätten von den Schäden, die Hurrikan Andrew 1991 anrichtete, eigentlich nicht überrascht sein dürfen, denn in den 1940er und 1950er Jahren war der Staat von noch schwereren Hurrikanen heimgesucht worden, und ihr Ausbleiben in der Zwischenzeit war nur eine Atempause. Auch die Menschen in den Neuengland-Staaten und in New York sollten auf der Hut sein, denn beide Regionen wurden im 20. Jahrhundert bereits von schweren Hurrikanen getroffen.

GEFÄHRDETE KÜSTENREGIONEN
Von Hurrikan Andrew aufgepeitschte Wellen brechen über Häuser am Strand von Florida herein. Aus Aufzeichnungen wissen wir, dass Hurrikane an der Küste Nordamerikas schon bis nach Neufundland hinaufgezogen sind.

DIE WUCHT VON ANDREW
Mehr als 30 Jahre war Florida von schweren Hurrikans verschont geblieben, aber 1991 brach die Katastrophe über den Staat herein. Am stärksten wurden die südlichen Vororte von Miami beschädigt.

KLIMAKAPRIOLEN

ES SIND NICHT DIE SCHWEREN STÜRME, die die verheerendsten Wetterschläge austeilen. Abweichungen von den normalen Wetterschemata haben erheblich mehr Menschen das Leben gekostet. Allein im 20. Jahrhundert sind Millionen Menschen verhungert, weil der Regen ausblieb und die Erde vertrocknete. Langfristige Klimaveränderungen können für solche Wetterabweichungen ebenso verantwortlich sein wie beispielsweise ein Meteoriteneinschlag oder ein heftiger Vulkanausbruch. Auf der Erde hat es im Laufe ihrer langen Geschichte zahlreiche Klimaschwankungen gegeben, von denen einige die Umwelt so stark veränderten, dass viele Lebensformen ausstarben. Und jetzt besteht die Gefahr, dass der Mensch eine weitere Klimaveränderung herbeiführt.

NORDSEE ⑤
Ein Ansteigen des Meeresspiegels, eine Springflut und orkanartige Winde bewirkten, dass die Nordsee Küstenregionen überschwemmte.

② EISZEIT
Während der letzten Eiszeit, die vor 114 000 Jahren einsetzte und vor 12 000 Jahren endete, lagen weite Teile von Nord- und Südamerika sowie von Eurasien unter einer dicken Eisdecke.

① DIE AMERIKANISCHE STAUBSCHÜSSEL
In den 1930er Jahren verloren im Mittleren Westen der USA Zehntausende von Farmern ihre Existenz. Regenmangel führte zu Missernten; danach wehte der Wind den trockenen Oberboden fort.

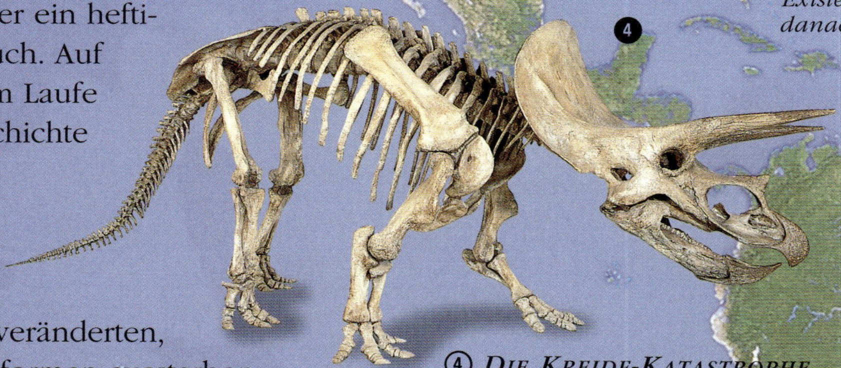

④ *DIE KREIDE-KATASTROPHE*
Vor rund 65 Millionen Jahren starben 75 Prozent aller damals lebenden Arten aus. Viele Wissenschaftler halten den Einschlag eines Meteoriten für die Ursache dieser Katastrophe.

③ MISSISSIPPI
Ungewöhnlich starker Regen ließ 1993 den Wasserspiegel des Mississippi und seiner Nebenflüsse so stark steigen, dass ein riesiges Gebiet überflutet wurde.

GEFAHR DURCH GLOBALE ERWÄRMUNG
Der Anstieg der Durchschnittstemperatur auf der Erde hat zur Folge, dass die Eiskappen an den Polen und Gletscher wie der Perito Moreno in Argentinien langsam abschmelzen. Das Schmelzwasser lässt die Meeresspiegel steigen und kann die Meeresströmungen verändern.

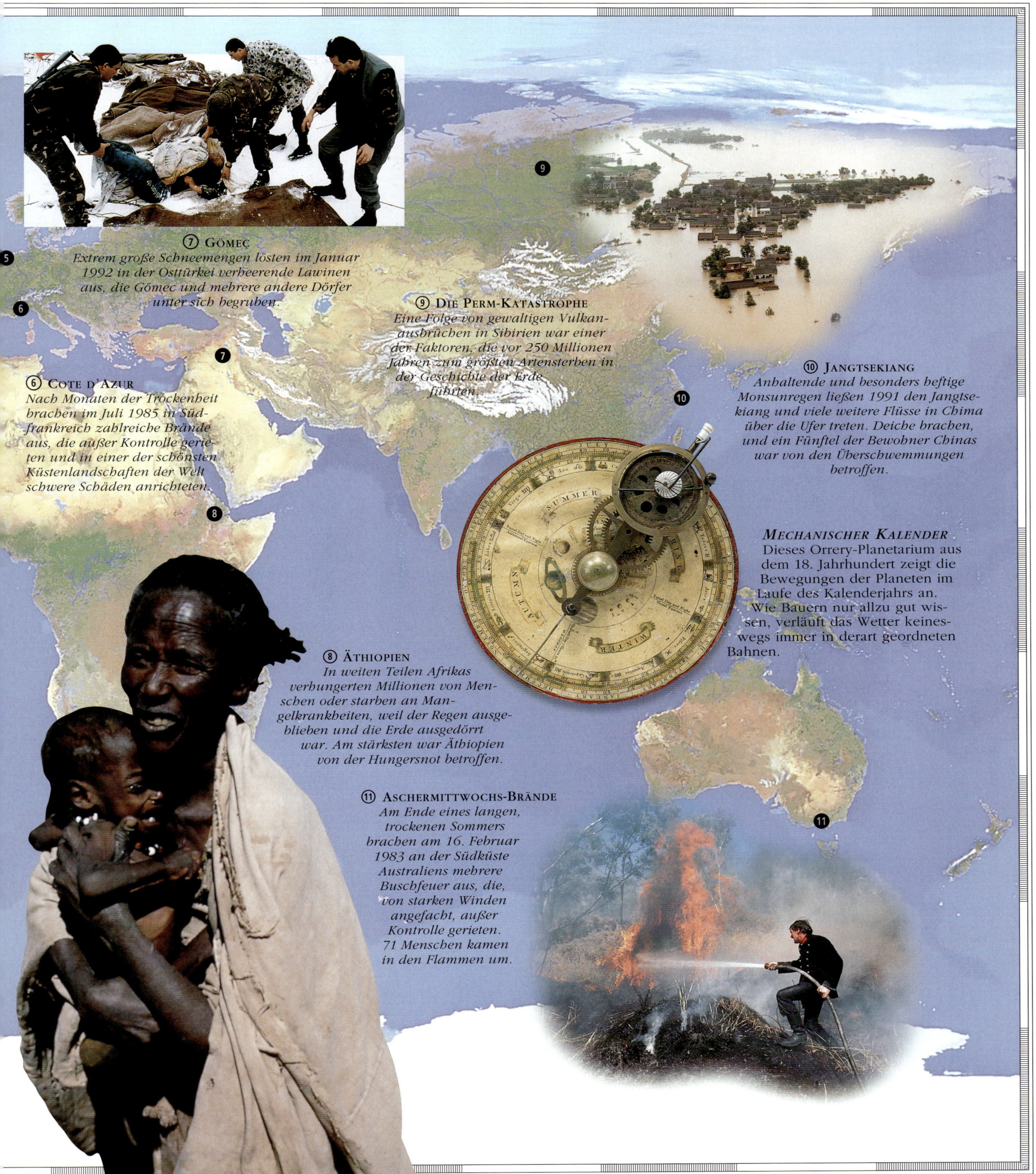

⑦ **Gömeç**
Extrem große Schneemengen lösten im Januar 1992 in der Osttürkei verheerende Lawinen aus, die Gömeç und mehrere andere Dörfer unter sich begruben.

⑨ **Die Perm-Katastrophe**
Eine Folge von gewaltigen Vulkanausbrüchen in Sibirien war einer der Faktoren, die vor 250 Millionen Jahren zum größten Artensterben in der Geschichte der Erde führten.

⑩ **Jangtsekiang**
Anhaltende und besonders heftige Monsunregen ließen 1991 den Jangtsekiang und viele weitere Flüsse in Chima über die Ufer treten. Deiche brachen, und ein Fünftel der Bewohner Chinas war von den Überschwemmungen betroffen.

⑥ **Cote d'Azur**
Nach Monaten der Trockenheit brachen im Juli 1985 in Südfrankreich zahlreiche Brände aus, die außer Kontrolle gerieten und in einer der schönsten Küstenlandschaften der Welt schwere Schäden anrichteten.

Mechanischer Kalender
Dieses Orrery-Planetarium aus dem 18. Jahrhundert zeigt die Bewegungen der Planeten im Laufe des Kalenderjahrs an. Wie Bauern nur allzu gut wissen, verläuft das Wetter keineswegs immer in derart geordneten Bahnen.

⑧ **Äthiopien**
In weiten Teilen Afrikas verhungerten Millionen von Menschen oder starben an Mangelkrankheiten, weil der Regen ausgeblieben und die Erde ausgedörrt war. Am stärksten war Äthiopien von der Hungersnot betroffen.

⑪ **Aschermittwochs-Brände**
Am Ende eines langen, trockenen Sommers brachen am 16. Februar 1983 an der Südküste Australiens mehrere Buschfeuer aus, die, von starken Winden angefacht, außer Kontrolle gerieten. 71 Menschen kamen in den Flammen um.

Klimatische Extreme und Artensterben

Ungeachtet aller technologischen Fortschritte leiden die Menschen unter Dürreperioden, Überschwemmungen und anderen Naturkatastrophen. Das Studium dieser und früherer, wesentlich folgenschwererer Ereignisse hat die Wissenschaftler gelehrt, dass das Klima auf der Erde vom Zusammenwirken einer ganzen Reihe von natürlichen Faktoren abhängig ist.

Klimaveränderungen

Die Vorstellung, dass in jeder Region der Erde ein normales, stabiles Klima herrscht, beruht auf unserer kurzen Lebensspanne. Wir wissen heute, dass es in manchen Regionen zu plötzlichen Klimaveränderungen gekommen ist. Ackerland hat sich in Wüste verwandelt, Küstengebiete wurden vom Meer verschlungen und Gletscher haben sich in Täler ergossen. Mit Hilfe von wissenschaftlichen Erklärungen hoffen wir, Umweltveränderungen vorhersagen und uns gegen sie wappnen zu können.

Menschliche Aktivitäten wie das Abholzen von Wäldern und das Verbrennen fossiler Brennstoffe scheinen sich auf das Klima auszuwirken, sind aber nur ein Teil des Problems. Klimaveränderungen können auch mit Schwankungen in den Windverhältnissen und den Meeresströmungen zusammenhängen. Am bekanntesten ist das El-Niño-Phänomen, das auftritt, wenn warmes Oberflächenwasser aus dem Westpazifik nach Osten fließt, was in Australien und Indonesien Trockenheit bewirkt und extrem starke Niederschläge in weiten Gebieten Nord- und Südamerikas.

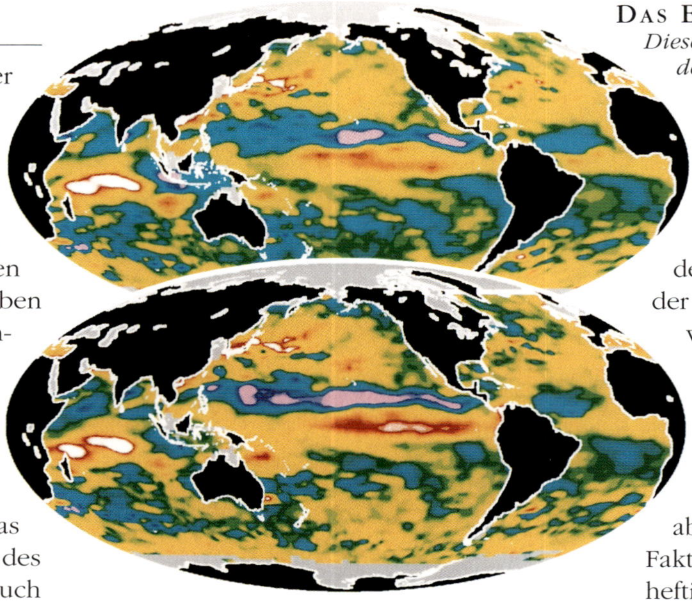

Das El-Niño-Phänomen
Diese Satellitenbilder zeigen in Rot ein Ansteigen der Oberflächentemperatur des Pazifiks gegen Ende des Jahres 1994 und in Blau eine deutliche Abnahme des kalten Wassers.

Wesentlich tiefer greifende Veränderungen werden durch die langsame, aber unerbittliche Bewegung der Kontinente bewirkt. Wenn Kontinente warmen Meeresströmungen den Weg zu den Polen versperren, wie es gegenwärtig der Fall ist, bilden sich Eiskappen. Zur Zeit bringen die Eiskappen der Erde ein Klima, das kälter und feuchter ist als das, das in langen Perioden ihrer Geschichte herrschte. Das Vordringen und Zurückweichen der Eisdecken fällt mit zyklischen Veränderungen in der Neigung der Erdachse und der Umlaufbahn der Erde zusammen. Sie wirken sich auf die Menge der Sonnenenergie aus, die die Erde absorbiert, wodurch sich die Temperaturen ändern und auch das Klima stark beeinflusst werden kann.

Wie viel Sonnenenergie die Erde absorbiert, hängt auch von vielen anderen Faktoren ab. Bei Kometeneinschlägen und heftigen Vulkanausbrüchen werden Staub und Gase in die Atmosphäre emporgeschleudert, die bewirken, dass ein Teil der Sonnenenergie die Erde nicht erreichen kann; die gleiche Wirkung hat ein im Weltraum zerbrechender Asteroid. Biologische Veränderungen können sich auf die Menge des Kohlendioxids in der Atmosphäre auswirken und die Temperaturen erheblich verändern. In der Geschichte der Erde haben diese und andere Faktoren den größten Teil des Planeten fünfmal praktisch unbewohnbar gemacht und zum plötzlichen Aussterben von mehr als 60 Prozent aller Tier- und Pflanzenarten geführt.

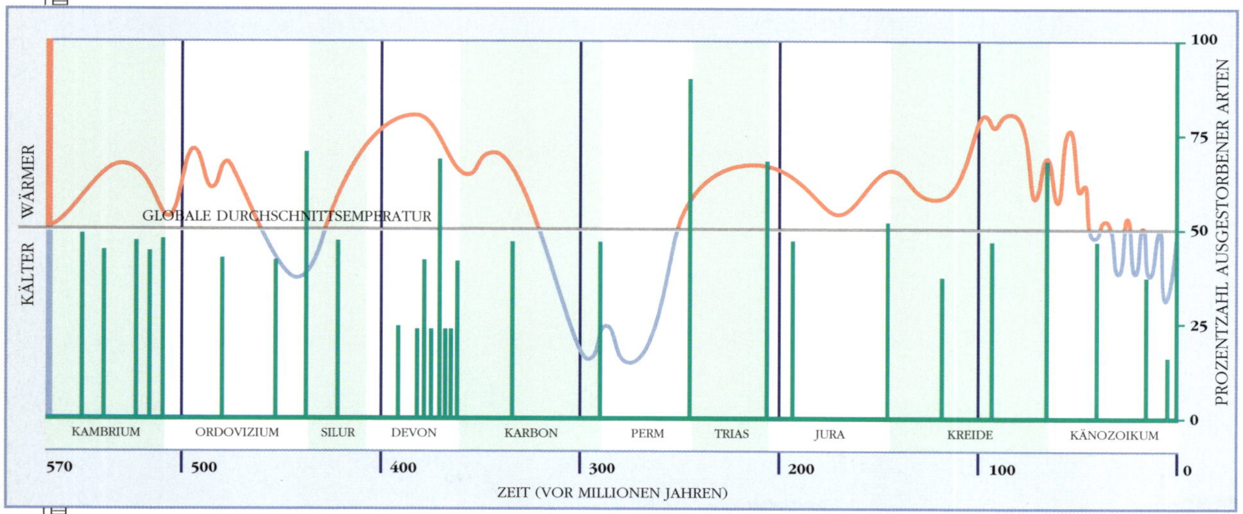

Temperatur und Artensterben
Diese Tabelle zeigt die Perioden des Artensterbens seit dem Aufkommen komplexer Lebensformen vor etwa 570 Millionen Jahren und die gleichzeitig stattfindenden Schwankungen der globalen Durchschnittstemperatur.

Klimabedingte Überschwemmung
Der amerikanische Staat Georgia stand 1994 unter Wasser, nachdem heftiger Regen den Südosten der USA so durchweicht hatten, dass an vielen Flüssen die Deiche brachen.

Ein Flammenmeer
Mehrere Monate mit ungewöhnlich trockenem Wetter im Westen der USA hatten zur Folge, dass Waldbrände im Yellowstone Park außer Kontrolle gerieten.

DÜRRE

Zu einer Dürre kommt es, wenn in einer Region über einen längeren Zeitraum hinweg erheblich weniger Regen fällt als normal. Die größten Schäden und das meiste Leid müssen die Menschen in Gebieten wie Afrika oder dem Mittleren Westen der USA ertragen, wo Klimaschwankungen zu einer mehrjährigen Dürre führen können.

Die Ursache solcher Klimaschwankungen ist noch weitgehend unbekannt. Im Verlauf eines sehr langfristigen Zyklus ist das Klima in der Sahara immer trockener geworden, und während der letzten 10 000 Jahre hat sich die einst fruchtbare Savanne in die größte Wüste der Welt verwandelt; viele Flüsse und Seen in Nordafrika sind ausgetrocknet. Was den Menschen das Überleben besonders schwer macht, sind jedoch periodisch wiederkehrende, kürzerfristige Dürreperioden. In Südostasien, Australien und vielleicht auch Afrika steht der Rückgang der Niederschläge mit dem so genannten ENSO-Phänomen (El Niño und Süd-Oszillation) in Zusammenhang.

In subtropischen Regionen, die an eine Wüste grenzen, ist das Risiko, dass der Regen ausbleibt, besonders groß. Ein Dürrejahr können die Menschen gewöhnlich überleben, indem sie ihr Vieh schlachten oder die Tiere und ihre andere Habe verkaufen und dafür neues Saatgut für die nächste Saison erwerben. Aber wenn der Regen auch im folgenden Jahr ausbleibt, haben sie nichts mehr zu verkaufen.

Nach Missernten liegen die Felder ungeschützt da, und weil der Wind den ausgedörrten Oberboden fortweht, wird das Land immer unfruchtbarer. Bei einer anhaltenden Dürreperiode haben der ständige Hunger und die Angst vor der Zukunft eine verheerende Wirkung auf eine Gesellschaft. Unterernährte Menschen, besonders Kinder und alte Leute, sind für Infektionen besonders anfällig. Säuglinge sterben, weil die Brüste ihrer Mütter austrocknen. Schließlich sind alle vom Hungertod bedroht und gezwungen, auf der Suche nach Nahrung ihre Heimat zu verlassen.

STAUBSTURM IN AFRIKA
In Dürreperioden peitschen starke Winde den ausgedörrten Oberboden zu wirbelnden Staubwolken auf. Je mehr Erdreich weggeweht wird, desto unfruchtbarer wird das Land.

DÜRREFOLGEN
Während einer Dürreperiode 1984 starben in Kenia Tausende von Rindern (links). Infolge eines langen Dürrezyklus werden viele afrikanische Wüsten größer, darunter auch die Wüste Namib (unten).

AMERIKANISCHE STAUBSCHÜSSEL

DÜRRE, USA, 1932-1940

LEXIKON SEITE 129, NUMMER 63

VON 1932 BIS 1940 wurde der Mittlere Westen der USA von einer Dürre heimgesucht, die Zehntausende von Farmern die Existenz kostete. Millionen Hektar bebautes Land wurde staubtrocken und der Boden dann in riesigen schwarzen Wolken davongeweht. Tausende verhungerten oder starben an Lungenkrankheiten, ausgelöst durch das Einatmen der staubigen Luft. Mehr als 350 000 Menschen mussten die Region verlassen und in andere Teile der USA umziehen.

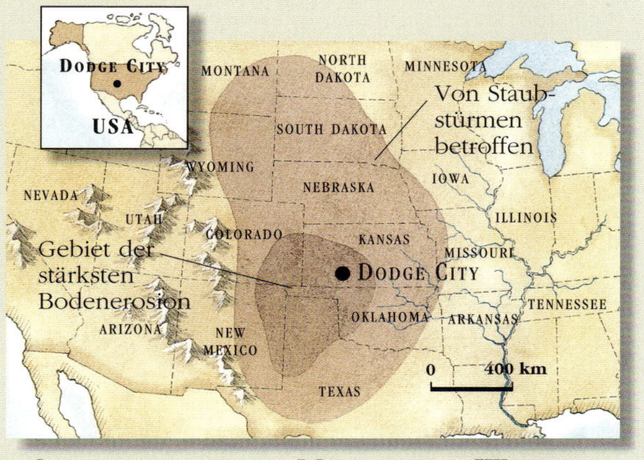

STAUBSTÜRME IM MITTLEREN WESTEN
Zwischen 1932 und 1940 wurden rund 800 Millionen Tonnen Erde weggeweht. Ein großer Teil des Mittleren Westens der USA verwandelte sich durch die Dürre in ein Gebiet, das man die „amerikanische Staubschüssel" nannte.

Als zu Beginn des 19. Jahrhunderts die ersten Siedler das Gebiet erreichten, das heute als „Staubschüssel" bezeichnet wird, herrschte dort gerade eine der periodisch wiederkehrenden Dürreperioden. Es war so trocken, dass sie rasch weiterzogen. Aber ab 1860 gab es reichlich Regen, und die Farmer, die sich dort ansiedelten, fuhren gute Ernten ein, bis 1887 wieder eine Dürreperiode begann.

Anfang des 20. Jahrhunderts herrschten wieder bessere Verhältnisse, und eine neue Generation von Farmern traf ein. 1932 wurden die Felder wie gewöhnlich gepflügt und bestellt, aber es regnete nicht, und nichts wuchs. Der Boden trocknete aus und wurde von heißen Winden fortgeweht. Die Dürre hielt an, und mehrfach wehte der Wind, der immer mehr Oberboden mit sich riss, so stark, dass er sich zu Staubstürmen auswuchs. Ein solcher Staubsturm wirbelte im Mai 1934 eine schwarze Wolke auf, die sich von der kanadischen Provinz Alberta bis nach Texas erstreckte.

Im März 1935 hielt der Wind 27 Tage an. Straßen und Farmen wurden unter Staub begraben, und das ganze Gebiet verwandelte sich in eine Ödnis. Die Tage waren so dunkel wie die Nächte, und Dächer brachen unter dem Gewicht des Staubs zusammen. Nachdem so viel von dem wertvollen Oberboden verschwunden war, glaubten viele Farmer, dass sie ihr Land nie wieder würden bestellen können.

Als es 1941 endlich wieder regnete, war die Zahl der Farmer auf weniger als die Hälfte geschrumpft. Nachdem das Problem der Klimaschwankugen nun endlich erkannt worden war, gingen sie daran, das Land vor künftigen Erosionen zu schützen. Die Hälfte des Ackerlandes wurde in Weideland umgewandelt und Baumreihen wurden als Windbrecher angepflanzt.

VOM LAND VERTRIEBEN
Staubstürme wie der, der 1937 durch Missouri fegte (oben), zwangen 350 000 Menschen, den Mittleren Westen zu verlassen. Viele Menschen verelendeten, weil sie in jener Zeit kaum andere Arbeit finden konnten.

ÄTHIOPIEN

DÜRRE, AFRIKA, 1981-1985

LEXIKON SEITE 133, NUMMER 41

EINE IN DEN JAHREN 1984 UND 1985 HERRSCHENDE DÜRRE führte in 20 Ländern Afrikas zu Missernten und Hungersnöten, aber am schwersten hatte Äthiopien zu leiden, wo es seit 1981 kaum geregnet hatte. Im Land herrschte Bürgerkrieg, und Millionen Menschen waren auf der Flucht oder auf Nahrungssuche unterwegs. Viele Flüchtlinge waren dem Hungertod nahe, bevor die Weltöffentlichkeit von ihrer Not erfuhr. Es wurde geschätzt, dass auf dem Höhepunkt der Hungersnot monatlich mehr als 20 000 Kinder starben.

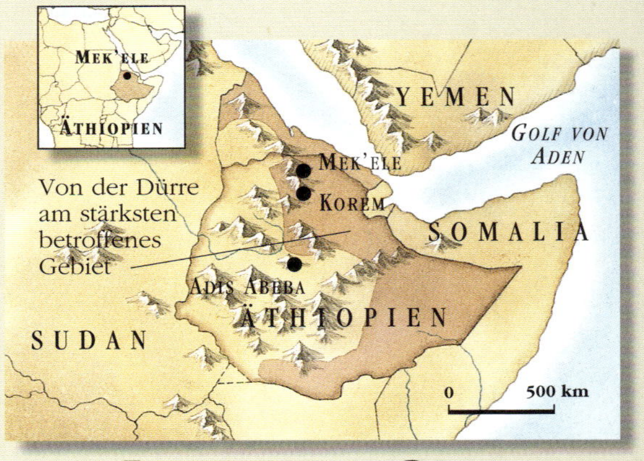

EINE VIERJÄHRIGE DÜRRE
Mehr als die Hälfte von Äthiopien war von der Dürre betroffen. Nachdem zweimal die Ernte ausgefallen war, strömten 50 000 Bauern in die Städte. Nach zwei weiteren Jahren ohne Regen waren Millionen vom Hungertod bedroht.

CHRONISCHE UNTERERNÄHRUNG
Wegen Unterernährung wurden viele Babys nicht größer, als sie es bei der Geburt waren. Nahrung konnte nur an diejenigen ausgegeben werden, die überhaupt noch eine Überlebenschance hatten.

HUNGERLAGER
Zehntausende von ausgemergelten Flüchtlingen wurden in Lagern bei Mek'ele und Korem untergebracht. Viele von ihnen verhungerten oder starben an Krankheiten, bevor Hilfe kam.

Äthiopien ist ein gebirgiges Land am Roten Meer. Die meiste Zeit des Jahres herrscht dort, im Nordosten von Afrika, trockenes Wüstenklima, aber im Juni beschert ein feuchter Wind aus den Tropen dem Land eine kurze Regenzeit, die in guten Jahren von Juni bis September dauert und Ernten heranreifen lässt. Aber in schlechten Jahren ist der Regen minimal oder bleibt völlig aus.

Um 1950 war der Regen reichlich und um 1960 ausreichend gefallen, aber ab 1970 verschlechterte sich die Wetterlage. 1972, 1973 und 1974 waren Dürre- und Hungerjahre. Bereits vor der großen Hungersnot in den 80er Jahren des 20. Jahrhunderts starben täglich 1 000 äthiopische Kinder an Mangelkrankheiten.

Die verhängnisvollste Dürreperiode begann 1981 und dauerte vier Jahre an. Schon 1982 herrschte Nahrungsknappheit, und 1984 zog das Ausbleiben des Regens immer größere Teile Afrikas in Mitleidenschaft. Schätzungen zufolge waren 1984 über 150 Millionen Menschen in 20 afrikanischen Ländern vom Hungertod bedroht.

In Äthiopien war die Regierung in den Bürgerkrieg verstrickt und unternahm fast nichts, um zu helfen. Die Menschen verließen ihre Dörfer und machten sich auf der verzweifelten Suche nach Nahrung auf den Marsch in die Städte. Viele von ihnen waren so geschwächt, dass sie unterwegs zusammenbrachen, und Zehntausende, die nicht in der Lage waren, den Marsch fortzusetzen, kamen in schnell errichteten Lagern in der Nähe von Mek'ele und Korem unter.

ÖDES LAND
Um 1980 zwang eine Dürreperiode Zehntausende, ihre Dörfer zu verlassen. Auf der verzweifelten Suche nach Nahrung wanderten sie Hunderte von Kilometern.

HILFELEISTUNG

Im Oktober 1984 berichtete ein Fernseh-Team der BBC erstmals über die Not der Flüchtlinge. Aus dem Bericht ging hervor, dass das Essen sogar in den Lagern nicht für alle reichte. Um Leben zu retten, mussten die Helfer entscheiden, für wen sie noch etwas tun konnten, wohl wissend, dass diejenigen, denen sie kein Essen gaben, sterben würden. Die Bilder sterbender Kinder, die die ganze Welt zu sehen bekam, lösten eine Welle der Hilfsbereitschaft aus. Große Geldbeträge wurden gespendet, aber infolge des Bürgerkriegs war es schwierig, die Hilfsgüter zu den hungernden Menschen im Innern des Landes zu schaffen.

Ab 1985 kehrte der Regen nach Äthiopien zurück, blieb aber weiterhin spärlich. Erst in den 90er Jahren konnten wieder gute Ernten eingebracht werden, aber die Menschen wissen, dass dem Land weitere Dürreperioden bevorstehen.

SPENDENAKTION
Sobald das Ausmaß der Katastrophe bekannt geworden war, strömten Spendengelder aus aller Welt ins Land. So konnten Nahrungsmittel gekauft und an die Überlebenden verteilt werden.

BRÄNDE

Selbst in Regionen, in denen nur kurze Zeit Dürre herrscht, sind Brände unausweichlich. Die Vegetation, die in der regenreichen Zeit emporgeschossen ist, trocknet aus und kann von Blitzen in Brand gesetzt werden. Auf diese Weise entstandene Brände werden oft durch Regen oder Mangel an Brennbarem gelöscht.

Feuer sind nicht immer zerstörerisch, sie können auch nützlich sein. Indem sie tote Vegetation vernichten, schaffen sie Raum für neues Wachstum, und die Saison nach einem Brand ist häufig eine Zeit rapider Regeneration. Viele Pflanzen- und Tierarten haben sich einem regelmäßigen Zyklus von Feuer und neuerlichem Wachstum angepasst, doch Menschen, die in brandgefährdeten Gegenden leben, müssen immer damit rechnen, dass ihre Häuser und ihre Ernten durch Brände vernichtet werden.

Die meisten Feuer brennen so langsam, dass Menschen und Tiere sich in Sicherheit bringen können, aber einige breiten sich sehr

BUSCHFEUER IN AUSTRALIEN
In Australien werden jedes Jahr etwa 15 000 Buschfeuer gemeldet. Damit ist es eines der am stärksten brandgefährdeten Länder der Erde.

DAS YELLOWSTONE-FEUER VON 1988
Beim größten Waldbrand des 20. Jh. in den USA fiel im Yellowstone Park in Wyoming ein Gebiet von 290 000 Hektar den Flammen zum Opfer.

ASCHERMITTWOCHS-BRÄNDE

BRÄNDE, AUSTRALIEN, 1983

LEXIKON SEITE 139, NUMMER 25

IM AUSTRALISCHEN BUSCH BRECHEN jährlich rund 15 000 Brände aus, aber im Februar 1983 war die Brandgefahr besonders groß, weil die mit dem El-Niño-Phänomen in Zusammenhang stehenden globalen Klimaveränderungen Australien einen extrem heißen und trockenen Sommer beschert hatten. Bei Temperaturen um die 40 °C trockneten Flüsse und Brunnen aus und schließlich auch die großen Stauseen, die die Bewohner des Staates Victoria mit Wasser versorgten.

Bis heute ist nicht geklärt, weshalb am 16. Februar 1983 so viele Brände gleichzeitig ausbrachen. Einige könnten von Brandstiftern gelegt worden sein; für andere wurden Funken von gerissenen Stromleitungen verantwortlich gemacht. Die Brände breiteten sich sehr schnell aus und rasten, von starken Winden angetrieben, mit Geschwindigkeiten von bis zu 170 km/h durch den trockenen Busch.

TOSENDES INFERNO
Der ausgedörrte Busch loderte so stark, dass Bäume explodierten und Häuser binnen Minuten verbrannten (unten). Die Brandbekämpfung (links) war äußerst riskant, weil das Feuer von starken Winden herumgewirbelt wurde.

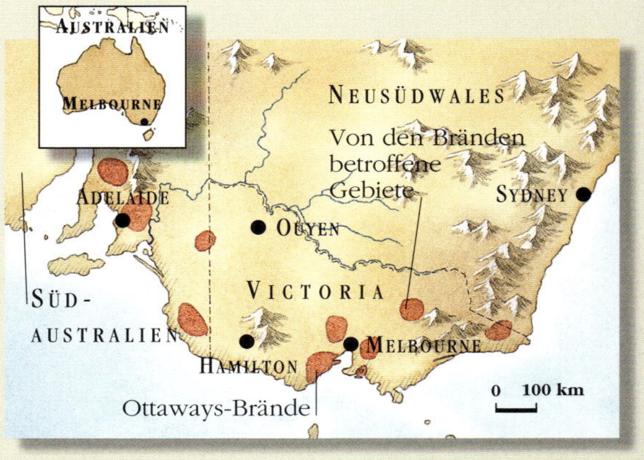

AUSTRALIEN FÄNGT FEUER
Am 16. Februar 1983 brachen im Süden Australiens gleichzeitig mehrere Buschfeuer aus. Die Brände wüteten 48 Stunden und brachten viele Farmer um ihre Existenz. 8 500 Menschen wurden obdachlos, 71 starben.

Die Öffentlichkeit wurde ständig über den Verlauf der Brände informiert, aber eine plötzliche Änderung der Windrichtung hatte tödliche Folgen. Es gelang nicht allen, sich in Sicherheit zu bringen, weil der Rauch so dicht war, dass die Menschen weder das Feuer noch die Straßen erkennen konnten.

Luftangriff
Im Kampf gegen die Brände, die im Sommer 1988 im Yellowstone Park ausbrachen und bis zum September wüteten, wurden auch Löschflugzeuge eingesetzt.

schnell aus. Zu verheerenden Bränden kommt es oft nach einer langen Dürreperiode, und gelegentlich werden sie von starken Winden noch zusätzlich angefacht. Am 8. Oktober 1871 trieben stürmische Winde einen Brand in Wisconsin, USA, über eine Fläche von mehr als 1 000 km². Neun Ortschaften brannten nieder, und in und um Peshtigo kamen 1 500 Menschen ums Leben.

RAUCHWOLKEN ÜBER SUMATRA
1997 und 1998 gerieten Brände in Indonesien außer Kontrolle, und über weiten Teilen Südostasiens hing monatelang eine dichte Rauchwolke.

KALIFORNIEN BRENNT
Brände in den Außenbezirken der kalifornischen Stadt Los Angeles wuchsen sich 1994 zu Feuerstürmen aus, die große Sachschäden anrichteten.

MENSCHLICHES EINGREIFEN

In den 1970er Jahren gelangten Biologen zu dem Schluss, dass teure Programme zur Bekämpfung von Waldbränden und Buschfeuern die meisten Lebensräume nicht erhalten können und man daher nur den Zyklus der Vernichtung und Erneuerung beobachten sollte. Deshalb ließ man zu, dass sich in Nationalparks von Blitzen entzündete Brände ungehindert ausbreiteten, solange sie keine Gefahr für Menschen und ihre Habe darstellten. Das funktionierte

VERKOHLTE RUINEN IN SYDNEY
Ein Buschfeuer, das im Dezember 1997 im australischen Staat Neusüdwales wütete, drang bis in die Außenbezirke von Sydney vor. Zwei Feuerwehrleute kamen ums Leben.

im Yellowstone National Park im Nordwesten der USA sehr gut – bis zum trockenen Sommer 1988. Als der Regen ausblieb, der die Flammen auf natürlichem Wege gelöscht hätte, riefen die Parkbehörden schließlich die Feuerwehr, aber da waren die Brände bereits außer Kontrolle geraten; sie erloschen erst, als im Herbst der erste Schnee fiel. Bis dahin waren rund 650 000 Hektar Wald dem Feuer zum Opfer gefallen.

In tropischen Regenwäldern gehören Brände nicht zum natürlichen Lebenszyklus. Als 1997 der Monsunregen ausblieb, der die absichtlich gelegten Brände in Indonesien und Malaysia auf natürlichem Wege gelöscht hätte, wüteten die Flammen monatelang, vernichteten Tausende von km² Regenwald und verpesteten weite Teile Südostasiens.

CÔTE D'AZUR

BRÄNDE, SÜDFRANKREICH, 1985

LEXIKON SEITE 134, NUMMER 111

IN DEN WALD- UND BUSCHLANDSCHAFTEN Frankreichs brechen jährlich mehrere tausend Brände aus. Ihre Zahl ist gestiegen, weil Gras und Gestrüpp, das früher von den Schafen und Ziegen abgeweidet wurde, heutzutage ungehindert wachsen kann. Vor allem im Süden Frankreichs, wo die Sommer heiß und trocken sind, ist der Boden mit staubtrockener Vegetation bedeckt, die von einem Blitz oder einem Funken von einem Lagerfeuer in Brand gesetzt werden kann.

Als am 31. Juli 1985 um 12.30 Uhr im Bergland von Estérel ein kleiner Brand ausbrach, war die Feuerwehr sofort zur Stelle, aber der böige Nordwind, den die Franzosen Mistral nennen, war an diesem Tag besonders stark und fachte die Flammen an. Die Bäume fingen Feuer, und drei Campingplätze mussten evakuiert werden.

Um 16 Uhr hatten Rauchwolken die Straße von Cannes nach Adrets unpassierbar gemacht, und auf Mandelieu regnete Asche herab. Mit Hubschraubern wurden weitere Feuerwehrleute eingeflogen, und Flugzeuge bombardierten die Flammen mit Wasser. Fünf Feuerwehrleute starben, 20 weitere erlitten schwere Brandverletzungen. Am Abend legte sich der Wind, und der Brand konnte am Stadtrand von Cannes unter Kontrolle gebracht werden.

Am gleichen Nachmittag mussten weitere 1 000 Feuerwehrleute einen rasch um sich greifenden Waldbrand bekämpfen, der die

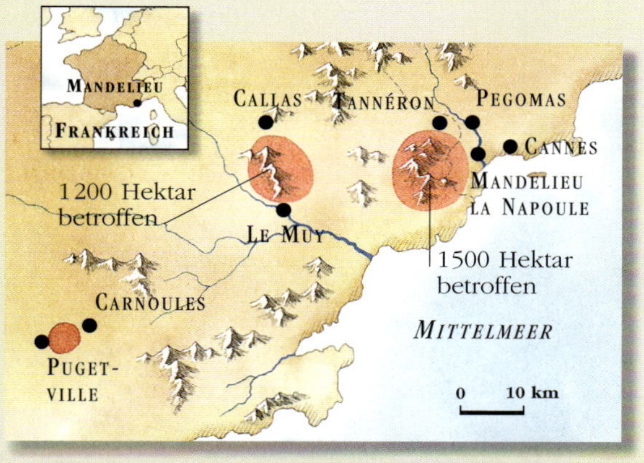

FEUERSBRUNST IN SÜDFRANKREICH
Die Brände, die am 31. Juli 1985 an der Côte d'Azur ausbrachen, verwüsteten eine Fläche von mehr als 2 700 Hektar. Tausende von Feuerwehrleuten kämpften gegen die Flammen.

Orte Callas und Le Muy bedrohte. Obwohl sich der böige Wind gegen 17 Uhr legte, gelang es den Feuerwehrleuten erst in der Morgendämmerung, den Brand zu löschen. Die Lage an der Côte d'Azur wurde noch kritischer, als gegen 20 Uhr in der Nähe von Carnoules ein weiterer Waldbrand ausbrach.

Seitdem wurden die Methoden zur Entdeckung und Bekämpfung von Wald- und Buschbränden in Frankreich erheblich verbessert.

BERG IN FLAMMEN
Der Brand, der im Bergland von Estérel ausbrach, überquerte das Massif du Tannéron (links) und verwüstete eine Fläche von 1 500 Hektar. Einheimische Feuerwehrmänner (oben) wurden von Spezialisten und Soldaten unterstützt; so konnten sie verhindern, dass die Flammen Cannes erreichten.

JANGTSEKIANG

ÜBERSCHWEMMUNG, CHINA, 1991

LEXIKON SEITE 137, NUMMER 95

IM JAHR 1991 SETZTE IN TEILEN CHINAS DER MONSUN sehr früh ein, dauerte erheblich länger als normal und brachte außergewöhnlich starke Niederschläge. Ungefähr 220 Millionen Menschen waren von Hochwasser betroffen. Die größten Verwüstungen entstanden, als der Tai Hu, ein See nahe der Mündung des Jangtsekiang, ein wichtiges Industrie- und Landwirtschaftsgebiet zwischen Schanghai und Nanking unter Wasser setzte.

SOMMERFLUTEN IN CHINA
Starke Niederschläge ließen 1991 den Jangtsekiang und andere Flüsse über die Ufer treten. In weiten Gebieten Zentralchinas wurden Häuser, Fabriken und Verkehrswege zerstört. Etwa 20 % der Sommerernte fiel den Fluten zum Opfer.

VERSTÄRKUNG DER DEICHE
Einwohner der Küstenprovinz Anhwei versuchen verzweifelt, die Deiche am Jangtsekiang zu verstärken, der im Mai 1991 über die Ufer zu treten begann.

Die Reform der chinesischen Wirtschaft, mit der 1978 begonnen wurde, bescherte den Provinzen Anhwei und Kiangsu ein rapides Wachstum. Anhwei wurde zum wichtigsten Anbaugebiet für Getreide, und Kiangsu stand an der Spitze der Industrie- und Agrarproduktion. Für Schutzmaßnahmen gegen Überschwemmungen wurde jedoch weniger Geld ausgegeben.

Die Deiche waren zwar dem Hochwasser gewachsen, das der Monsunregen gewöhnlich im Juli und August mit sich brachte, nicht aber den sintflutartigen Regenfällen des Jahres 1991. Der Regen setzte im Mai ein, zwei Monate zu früh, und war wesentlich stärker als üblich. Ein Wettersystem, das normalerweise der Südspitze Chinas starke Niederschläge brachte, verlagerte sich 300 km nach Norden. Es bescherte dem Süden Dürre und Zentralchina Wolkenbrüche, bei denen in zwei Tagen 40 cm Regen fielen.

UNTER WASSER
Im Sommer 1991 stand ein großer Teil der Provinz Kiangsu unter Wasser, darunter auch die Stadt Chiangoa (oben). Die Armee half bei der Evakuierung von Millionen von Menschen (links).

Vom Oberlauf des Jangtsekiang herabströmende Wassermassen überfluteten weite Landstriche beiderseits des Flusses.

Mitte Juli waren bereits 1780 Menschen ertrunken oder bei von starken Regenfällen ausgelösten Erdrutschen ums Leben gekommen. Am schwersten betroffen war Anhwei. Dort hatten ungefähr 80 Prozent der Einwohner unter der Überschwemmung zu leiden, und in vielen Straßen der Provinzhauptstadt Hofei stand das Wasser einen Meter hoch. In Anhwei wurde fast eine Million Häuser überflutet; 337 Menschen starben, viele von ihnen durch Stromschläge, als sie versuchten, ihre Habe aus den zerstörten Häusern zu retten.

In Kiangsu wurden 500 Bauernfamilien eine Woche lang auf einem schmalen Deich zusammengedrängt, bevor Rettung kam; 198 Menschen ertranken. Auch die Städte Wuhsi und Nanking wurden schwer beschädigt. Rund 10 Millionen Menschen mussten evakuiert werden, um das Ausbrechen von Seuchen zu verhindern.

Als das Wasser im September zurückwich, wurde ein Deichbau-Programm gestartet.

ÜBERSCHWEMMUNGEN

Flutkatastrophen haben immer wieder bewiesen, dass die natürliche Grenze zwischen Wasser und trockenem Land aus großen Flächen besteht, die weder das eine noch das andere sind. Diese Flächen können je nach Wetter, Gezeiten und vielen anderen Faktoren entweder nass oder trocken sein.

Da der Boden dieser Ebenen in der Regel sehr fruchtbar ist, sind sie zumeist dicht besiedelt und werden intensiv bewirtschaftet. Das ist einer der Hauptgründe dafür, dass Überschwemmungen oft solch katastrophale Folgen haben.

Hochwasser in Texas
Dieses Paar konnte sich mit Hund und Enkelkind in Sicherheit bringen, als 1994 der San Jacinto nach starken Regenfällen über die Ufer getreten war.

HOCHWASSER

Es ist kein Zufall, dass das Land beiderseits von zu Überschwemmungen neigenden Flüssen besonders fruchtbar ist. Der Boden wird bewässert, und wenn das Wasser dann allmählich wieder abfließt, lässt es Nährstoffe zurück. Viele alte Kulturen wie zum Beispiel die in Ägypten waren darauf angewiesen, dass die Flüsse alljährlich über die Ufer traten. In neuerer Zeit wurde unter dem Druck einer ständig wachsenden Bevölkerung versucht, den Lauf der Flüsse mit Dämmen, Deichen und Staubecken zu regulieren. Dennoch hat es sich als unmöglich erwiesen, Häuser und Felder vollständig vor Überschwemmungen zu schützen.

Überschwemmung in Indien
1983 standen die Straßen von Varanasi wieder einmal unter Wasser, weil starker Monsunregen den Ganges zum Überlaufen gebracht hatte.

MISSISSIPPI

ÜBERSCHWEMMUNG, USA, 1993

LEXIKON SEITE 129, NUMMER 97

IM SOMMER 1993 wurden an den Ufern des Mississippi und seiner Nebenflüsse Dutzende von Ortschaften und Tausende von Farmen überflutet. Der Wasserstand von Mississippi und Missouri erreichte auf einer 1 600 km langen Strecke Rekordhöhen, und Hunderte von Deichen brachen. 50 Menschen kamen ums Leben, 70 000 wurden obdachlos, und in neun Staaten im Mittleren Westen hatten weitere Hunderttausende unter den Folgen der Überschwemmung zu leiden. Rund acht Millionen Hektar Ackerland standen während der gesamten Wachstumsperiode unter Wasser, und der Gesamtschaden, den diese Katastrophe anrichtete, wurde auf 12 Milliarden Dollar geschätzt.

DIE FLUTKATASTROPHE VON 1993
Nachdem es in den USA und Kanada monatelang ungewöhnlich stark geregnet hatte, traten der Mississippi und zahlreiche kleinere Flüsse im Mittleren Westen über die Ufer und überschwemmten eine Fläche von mehr als 80 000 km².

VERKEHRSPROBLEME
Diese Brücke über den Mississippi wurde am 16. Juli 1993 gesperrt, als die Stadt Quincy in Illinois überflutet war.

In weiten Teilen Nordamerikas setzte im September 1992 ungewöhnlich starker Regen ein. Ein Richtungswechsel der Höhenwinde bewirkte, dass vom Golf von Mexiko eine endlose Folge von Tiefs heraufzog, die ihre Wolken über dem mittleren Teil der USA entluden.

Im Juni 1993 war in manchen Gebieten in nur acht Monaten bereits das Dreifache der normalen jährlichen Niederschlagsmenge gefallen. Am 20. Juni war das Wasser bereits so stark gestiegen, dass am Black River in Wisconsin ein Deich brach und 100 Häuser zerstört wurden. Im Juli fiel im Einzugsgebiet des Mississippi viermal so viel Regen wie üblich. Am 14. Juli waren schon mehr als 100 Flüsse über die Ufer getreten, und das Wasser stieg weiter. Von Reservisten der Armee unterstützt, versuchten die Anwohner, die Deiche mit mehr als 26 Millionen Sandsäcken zu erhöhen und zu verstärken. Die Deiche waren darauf ausgerichtet, das Hochwasser einige Tage zurückzuhalten. Da die Wassermassen aber monatelang gegen sie andrängten, brachen 150 von ihnen. Anwohner und Soldaten arbeiteten rund um die Uhr, um die Habe der Menschen aus den vom Wasser bedrohten Häusern zu retten und Millionen von Farmtieren in Sicherheit zu bringen.

Zu den schwersten Überschwemmungen kam es an der Mündung des Missouri in den Mississippi, wo ein riesiges Areal unter Wasser stand. Anfang August betrug der Wasserstand in St. Louis 15 m über Normal und lag damit 6 m über der Überschwemmungsgrenze. Dennoch blieb die Stadt vor dem Hochwasser verschont – sie wurde von einer Mauer geschützt, die für einen Wasserstand von 16 m über Normal ausreichte. Aber weiter flussabwärts richteten die Fluten schwere Verwüstungen an, und der Wasserstand des Mississippi blieb bis Ende August gefährlich hoch.

Viele Menschen sind überzeugt, dass das Hochwasser von 1993 nicht so verheerend gewesen wäre und nicht so lange gedauert hätte, wenn man dafür gesorgt hätte, dass das Wasser kontrolliert abfließen konnte, anstatt es mit Deichen zurückzuhalten. Andere argumentierten, dass die wirtschaftlichen Einbußen ohne Uferbefestigungen noch viel größer gewesen wären. Niemand bestritt jedoch, dass das Leben an einem von Überschwemmungen bedrohten Flusslauf immer gefährlich ist, und alle waren sich darin einig, dass dergleichen jederzeit wieder passieren kann.

Wegen Regen ausgefallen
Monatelanger Regen führte dazu, dass der Mississippi 1993 über die Ufer trat. Dieses Stadion in Davenport, Indiana, war wie viele andere durch die Fluten unbespielbar.

Kampf gegen die Fluten
Einwohner von Des Moines, Iowa, türmen Tausende von Sandsäcken auf – ein Versuch, den Wassermassen des Des Moines River Einhalt zu gebieten.

Die Lage bei St. Louis
Ein im Juli 1993 aufgenommenes Satellitenfoto zeigt (in Rot) das Ausmaß der Überschwemmung nördlich der Stadt St. Louis, wo der Missouri in den Mississippi mündet.

Rettung per Boot
Diese Einwohner von Ursa, Illinois, werden mit einem Boot in Sicherheit gebracht. Sie waren auf das Dach ihres Hauses geklettert, in dem das Wasser über 1 m hoch stand.

NORDSEE

STURMFLUT, NORDEUROPA, 1953

LEXIKON SEITE 134, NUMMER 95

EIN TEIL DES FRUCHTBARSTEN Ackerlandes in England und den Niederlanden liegt unter Meeresniveau und ist nur durch Deiche und Sanddünen vor der stürmischen Nordsee geschützt.

Als am 31. Januar 1953 ein Orkan über Großbritannien zu toben begann, wiesen die Meteorologen darauf hin, dass diesen Küstenbefestigungen eine schwere Belastungsprobe drohte. Eine ungewöhnlich hohe Springflut stand bevor, und man befürchtete, dass der tiefe Luftdruck den Meeresspiegel noch weiter anheben würde. Über das Radio wurden die Bewohner der gefährdeten Regionen aufgefordert, sich und ihre Tiere auf höher gelegenem Land in Sicherheit zu bringen, aber für die meisten Menschen auf den flachen Küstenebenen waren sichere Orte zu weit entfernt.

Als der Sturm in den frühen Morgenstunden des 1. Februar über die Nordsee fegte, brandeten gewaltige Wassermassen an die Küsten Englands, Belgiens und der Niederlande. Dort, am südlichen Ende der Nordsee, richteten sie bei einem Wasserstand von 5,5 m über Normal die größten Verwüstungen an. Um 4 Uhr morgens waren bereits Hunderte von Deichen gebrochen. Wassermassen ergossen sich bis zu 50 km weit ins Hinterland. Ganze Ortschaften wurden überflutet, und Hunderte von Menschen ertranken. In manchen Gegenden stand das Wasser bis zu 10 m hoch. Danach richteten neuerliche Sturmfluten noch weitere Schäden an.

DIE NORDSEE KOCHT ÜBER
Ein Orkan, der mit einer ungewöhnlich starken Springflut zusammentraf, löste eine schwere Sturmflut aus. In England, den Niederlanden und Belgien brachen die Deiche.

BILDER DER VERWÜSTUNG
Die schwere Sturmflut machte mehr als eine Million Niederländer obdachlos. Oude-Tonge (oben) und Vlissingen (links) waren nur zwei der vielen Orte, die in der tief liegenden Provinz Seeland überflutet wurden, als unter dem Ansturm der Wellen die Deiche brachen.

KÜSTENREGIONEN

An fast allen Meeresküsten herrscht zweimal täglich Hochwasser, weil die Bewegung des Mondes um die Erde den Meeresspiegel abwechselnd steigen und sinken lässt und damit die Gezeiten auslöst. Mit Deichen und Dämmen, die das Meer bei Flut zurückhalten, haben die Menschen Salzmarschen in Ackerland umgewandelt und sich auf durch Überschwemmungen gefährdetem Land angesiedelt. Die Vorhersagbarkeit des täglichen Hochwassers kann ein falsches Gefühl von Sicherheit bewirken, weil die Küstenbefestigungen das Meer bei schweren Stürmen oft nicht zurückhalten können.

Im Laufe der Erdgeschichte sind die Meeresspiegel infolge von Klimaschwankungen viele Male gestiegen oder gesunken. Zur Zeit führt die globale Erwärmung dazu, dass der Meeresspiegel steigt. Damit wächst die Gefahr, dass tief liegende Länder wie die Niederlande überflutet werden.

Besonders groß sind die mit dem Ansteigen des Meeresspiegels verbundenen Gefahren in Gegenden, in denen Küstenregionen ins Meer absinken. Der Grund dafür ist, dass sich große Gebiete noch immer in einem Anpassungsprozess nach der letzten Eiszeit befinden. Vor nur 18 000 Jahren lagen weite Teile Nordamerikas und Nordeuropas unter einer dicken Eisdecke. Als das Eis zurückwich, begann das Land, wieder seine frühere Form anzunehmen. In manchen Regionen im Norden hebt es sich noch immer. Dadurch geraten Regionen im Süden in Schieflage und versinken allmählich im Meer.

SCHUTZ VOR STURMFLUTEN
Das gewaltige Themse-Sperrwerk unweit der Mündung des Flusses wurde gebaut, um London vor Hochwasser und Sturmfluten zu schützen.

AUSWEGLOSE LAGE
Bei einer Überschwemmung des Badeortes Palm Beach in Florida flüchtete ein Mann auf einen Pfahl. Dort saß er fest.

LAWINEN UND ERDRUTSCHE

Extreme Klimaverhältnisse können auch in gebirgigen Regionen Kastastrophen auslösen. Zu Erdrutschen kann es kommen, wenn lange anhaltender Regen das Erdreich durchweicht und Gestein gelockert hat. Lawinengefahr besteht, wenn sich bei starkem Schneefall auf steilen Berghängen instabile Schneemassen ansammeln. Wenn Tauwetter einsetzt, werden die fragilen Bindungen zwischen den Eispartikeln lockerer und können sich bei einem lauten Geräusch, einer Windböe oder jeder anderen Erschütterung des Schnees lösen. Sobald der Schnee gelockert ist, donnert er den Hang hinunter.

DRÖHNENDER SCHNEE
Eine große Lawine donnert einen Berg in der Antarktis hinunter. Dabei erreichen die Schneemassen hohe Geschwindigkeiten und erzeugen ein dröhnendes Geräusch.

OPFER DES LAWINENKRIEGES
Im Ersten Weltkrieg lösten Artilleriefeuer in den Italienischen Alpen Lawinen aus. Hier bergen Sanitäter den gefrorenen Leichnam eines Kameraden.

Die tödlichsten Lawinen des 20. Jahrhunderts gingen während des Ersten Weltkriegs in Norditalien ab, wo in den Alpen Tausende von österreichischen und italienischen Soldaten gegeneinander kämpften. Nachdem im Dezember 1916 von einer Lawine 253 Soldaten getötet worden waren, gingen beide Seiten dazu über, Granaten auf die Hänge abzufeuern, um den Schnee zu destabilisieren. In den folgenden beiden Wintern kamen über 40000 junge Männer so ums Leben.

Wenn eine Lawine oder ein Erdrutsch auf dem Weg ins Tal schneller wird, dringt Luft unter das vordere Ende und hebt es an. Schnee oder Geröll erreichen auf diese Weise Geschwindigkeiten bis zu 320 km/h, sodass ein Entkommen unmöglich ist.

GÖMEÇ

LAWINE, TÜRKEI, 1992

— LEXIKON SEITE 135, NUMMER 117 —

DAS GEBIRGIGE TERRAIN IM NORDEN des Irak und im Osten der Türkei ist die Heimat der Kurden. Von den dichter besiedelten Gebieten beider Länder ist es relativ isoliert. Die meisten Kurden fordern dort einen unabhängigen Staat, und die türkische Regierung versucht, sie mit Waffengewalt zu unterdrücken. Doch selbst ohne die militärischen Spannungen ist das Leben in dieser Region sehr hart, vor allem im Winter. Besonders kritisch war die Lage zu Beginn des Jahres 1992. In Teilen der östlichen Türkei lag der Schnee mehr als 9 m hoch, und dort, wo sich die Schneemassen auf den steilen Berghängen abgelagert hatten, bestand akute Lawinengefahr.

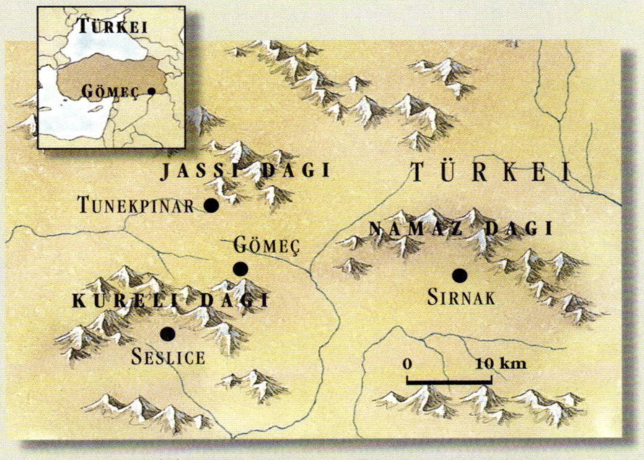

TOD IN DEN BERGEN
Die tödlichsten Lawinen der jüngsten Zeit gingen Anfang 1992 im Osten der Türkei ab. Mehrere Dörfer, darunter Gömeç, wurden verschüttet, und Hunderte von Menschen kamen ums Leben.

WINTERKATASTROPHE

Am 31. Januar, einem Freitag, gingen vom Gabar und anderen Bergen die ersten Lawinen ab. Sie begruben die Dörfer Gömeç und Tunekpinar unter sich. Am Wochenende folgten weitere Lawinen; ihnen fielen noch mehr Dörfer und ein türkischer Militärposten zum Opfer. Schwere Schneestürme machten es den Helfern unmöglich, die verschütteten Dörfer zu erreichen. Die Wetterbedingungen waren so katastrophal, dass zwei Rettungshubschrauber zweimal umkehren mussten. Erst am Sonntag hatten sich die Verhältnisse so weit gebessert, dass Ärzte vom Türkischen Halbmond Gömeç erreichen konnten. Sie stellten fest, dass das Dorf praktisch unter dem Schnee verschwunden und mehr als die Hälfte seiner 250 Einwohner entweder tot oder vermisst waren. In dem türkischen Militärposten waren 132 Soldaten ums Leben gekommen.

In der nächsten Woche stieg die Zahl der Opfer weiter an, weil die meisten Verschütteten nur tot geborgen werden konnten. Andere, die lebend ausgegraben wurden, starben an Unterkühlung, bevor sie in ein Krankenhaus gebracht werden konnten. Außerdem waren Straßen verschüttet und viele Dörfer von Nahrungslieferungen und Brennmaterial abgeschnitten. Eine noch größere Tragödie wurde von amerikanischen Soldaten verhindert, die 110 Dörfer aus der Luft mit Decken, Medikamenten und Nahrungsmitteln versorgten.

DER WEISSE TOD
In der Umgebung von Gömeç wurden Hunderte unter den Schneemassen begraben. Als die Retter das Katastrophengebiet erreicht hatten, konnten sie die meisten Lawinenopfer nur noch tot bergen.

Pleistozän

EISZEIT, GLOBAL, VOR 1,6 MILLIONEN BIS VOR 12 000 JAHREN

LEXIKON SEITE 129, NUMMER 5

WÄHREND DES PLEISTOZÄNS, das vor 1,6 Millionen Jahren begann, waren die Klimabedingungen auf der Erde äußerst instabil. In Zyklen von rund 100 000 Jahren dehnten sich die Eiskappen an den Polen mehrfach aus und zogen sich dann wieder zurück, und eine Reihe von langen Eiszeiten und kürzeren, relativ warmen Zwischeneiszeiten wechselte miteinander ab.

Die letzte dieser Eiszeiten setzte vor 114 000 Jahren ein, aber es dauerte 40 000 Jahre, bis die Eisdecken ihre größte Ausdehnung erreicht hatten. Zu jener Zeit lag die globale Durchschnittstemperatur ungefähr 5 ° C unter dem heutigen Mittel, und weite Teile Nordamerikas und des Nordens von Eurasien waren von Eis bedeckt und unbewohnbar. Trotz Temperaturschwankungen blieben die eiszeitlichen Verhältnisse über 60 000 Jahre bestehen. Vor 18 000 Jahren, als die Eisdecken ihre größte Dicke und Ausdehnung erreicht hatten, hatte das Eis so viel Wasser gebunden, dass die Ozeane rund 5 Prozent kleiner waren als heute. Vor 12 000 Jahren begannen die Eisdecken dann rasch zu schmelzen. Es kam zu Überschwemmungen, denen wesentlich mehr Arten zum Opfer fielen als dem Eis. Weite Teile Nordamerikas wurden von Schmelzwasser überflutet, und der rasch steigende Meeresspiegel setzte riesige Küstengebiete unter Wasser. Die Arten, die das Pleistozän-Eiszeitalter überlebt hatten, waren zu rascher Anpassung gezwungen.

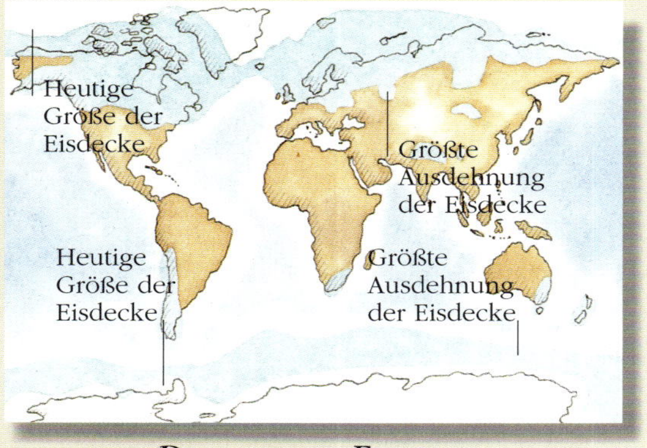

DIE LETZTE EISZEIT
Die jüngste Eiszeit begann vor 114 000 Jahren. Vor etwa 18 000 Jahren erreichten die Eisdecken ihre größte Ausdehung, und die Meeresspiegel waren um mehr als 100 m gesunken.

TIERE DER LETZTEN EISZEIT
Das Kältesteppen-Mammut (links) verschwand am Ende der letzten Eiszeit, aber viele der vor 30 000 Jahren auf die Wände der Höhle von Lascaux, Frankreich, gemalten Arten (unten) überlebten.

ARTENSTERBEN

Die Millionen von Arten, die heute auf der Erde leben, sind nur ein winziger Bruchteil der Lebensformen, die einst existierten. Konkurrenz um Lebensräume und veränderte Umweltbedingungen bewirken ständig, dass einige Arten verschwinden und andere sich weiterentwickeln. Es gab jedoch fünf Epochen, in denen im Laufe einer relativ kurzen Zeitspanne mehr als 50 Prozent aller Tier- und Pflanzenarten ausstarben. Das jüngste Artensterben ereignete sich vor 65 Millionen Jahren; damals verschwanden die Dinosaurier. Gegen Ende des Devons starben rund 70 Prozent der Tierarten aus, und gegen Ende des Perms (s. S. 101) waren es sogar über 90 Prozent.

EISZEITALTER

Viele Arten sterben im Verlauf von Epochen klimatischer Instabilität aus, die als Eiszeitalter bezeichnet werden. In den letzten fünf Milliarden Jahren hat es mindestens fünf Eiszeitalter gegeben. Zu einem Eiszeitalter kommt es, wenn die Lage der Kontinente verhindert, dass warme Meeresströmungen einen oder beide Pole erreichen, sodass sich Eis ansammeln kann. Auch leichte Variationen in der Umlaufbahn der Erde wirken sich auf das Klima aus. Die globale Durchschnittstemperatur schwankt in Zyklen von rund 100 000 Jahren um mehrere Grad, und die Eiskappen dehnen sich dementsprechend aus oder schrumpfen. Heute befinden wir uns in einer Zwischeneiszeit mit relativ warmem und stabilem Klima.

KLIRRENDE KÄLTE IN LONDON
Dieses Gemälde von einem Jahrmarkt auf der zugefrorenen Themse im Jahre 1814 ist ein Beweis dafür, dass es damals in England wesentlich kälter war als heute.

BERGGLETSCHER
Eis bildet sich nicht nur an den Polen, sondern auch in Gebirgsregionen. Zu den größten Gletschern Europas gehört der Gornergletscher in den Schweizer Alpen.

Beweise für Klimaschwankungen
Wissenschaftler bohren im Eis der Antarktis. Die Bohrkerne geben Aufschluss über den Gehalt an Kohlendioxid in der Atmosphäre zu der Zeit, in der sich das Eis bildete.

DIE KREIDE-KATASTROPHE

ARTENSTERBEN, GLOBAL, VOR 65 MILLIONEN JAHREN

LEXIKON SEITE 130, NUMMER 1

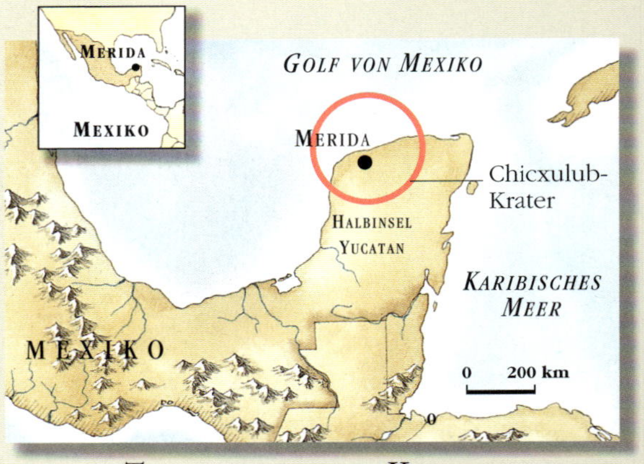

TODBRINGENDER KRATER
Geophysikalische Beweise deuten darauf hin, dass ein 200 km breiter Krater, der unter der Halbinsel Yucatan entdeckt wurde, von einem Meteoriten verursacht wurde, der vor 65 Millionen Jahren auf der Erde einschlug.

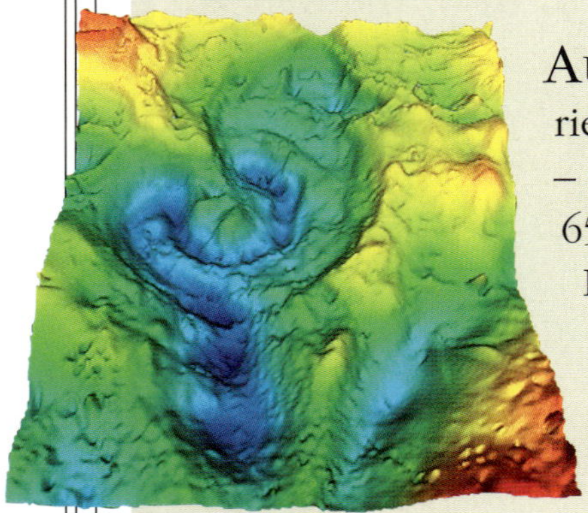

FARBVERSTÄRKTES SCANNERBILD DES CHIXCULUB-KRATERS

AUS FOSSILIENFUNDEN WISSEN WIR, dass die Dinosaurier rund 160 Millionen Jahre auf der Erde lebten, bis sie – und mit ihnen rund 70 Prozent aller weiteren Arten – vor 65 Millionen Jahren, am Ende der Kreidezeit, ausstarben. Heute liefert uns Gestein, das damals entstand, Hinweise auf mögliche Ursachen dieser globalen Katastrophe.

Vor etwa 225 Millionen Jahren übernahmen die Dinosaurier rasch die Vorherrschaft auf dem Land und ließen den Säugetieren, die rund 10 Millionen Jahre später aufkamen, nur wenig Raum zur Weiterentwicklung.

Während dieser Zeit war das Klima durchgehend wärmer und stabiler als heute. Dennoch mussten die Dinosaurier sich Veränderungen der Niederschlagsmengen, bewirkt durch die Entstehung und das Auseinanderbrechen des Superkontinents Pangaea, ebenso anpassen wie mehrfachem Artensterben und dem Aufkommen der Blütenpflanzen vor 120 Millionen Jahren. Gegen Ende der Kreide war eine Reihe von Dinosauriern, darunter die großen, pflanzenfressenden Sauropoden, bereits ausgestorben, aber viele Arten, darunter der fleischfressende *Tyrannosaurus rex*, gediehen weiter.

Um die Zeit des massenhaften Artensterbens wurde die Erde von einem Meteoriten mit 10 km Durchmesser getroffen. Sein Einschlag ließ im Golf von Mexiko einen riesigen Krater entstehen. Auf weite Teile Nordamerikas und der Karibik regnete geschmolzenes Gestein herab, und die Druckwelle löste gewaltige Brände und Tsunamis aus. Gesteine aus dieser Zeit lassen erkennen, dass über dem ganzen Planeten Staub herabregnete, der möglicherweise Überreste des pulverisierten Meteoriten enthielt. Daraufhin stellten Wissenschaftler die Theorie auf, dass dabei so viel Staub in die Atmosphäre geschleudert wurde, dass das Sonnenlicht monatelang blockiert wurde. Die daraus resultierende Kälte und Dunkelheit verhinderte das Wachstum der Grünpflanzen, die Nahrungskette zerbrach, und Millionen von Arten starben aus. Die Verfechter dieser Theorie weisen darauf hin, dass zu den überlebenden Arten die Insekten gehörten, die sich von den Kadavern der größeren Tiere ernährten; ebenso überlebten Säugetiere und Vögel, die sich von den Insekten ernährten; und Grünpflanzen, die Samen produzierten, die noch keimfähig waren, als die Sonne wieder zum Vorschein kam. Andere Wissenschaftler bestreiten jedoch, dass der Meteoriten-Einschlag die globale Katastrophe ausgelöst haben könnte. Sie machen andere Ereignisse, zum Beispiel heftige Lavaausbrüche in Indien, sinkende Meeresspiegel und eine einschneidende Klimaveränderung für dieses Artensterben verantwortlich.

OPFER DES ARTENSTERBENS
Eine Gruppe von Weichtieren, die Ammoniten (rechts), starb ebenso aus wie alle Dinsaurier-Arten, darunter Edmontosaurus *(unten). Wir wissen noch nicht, ob sich die Katastrophe blitzschnell ereignete oder im Verlauf von Jahrtausenden.*

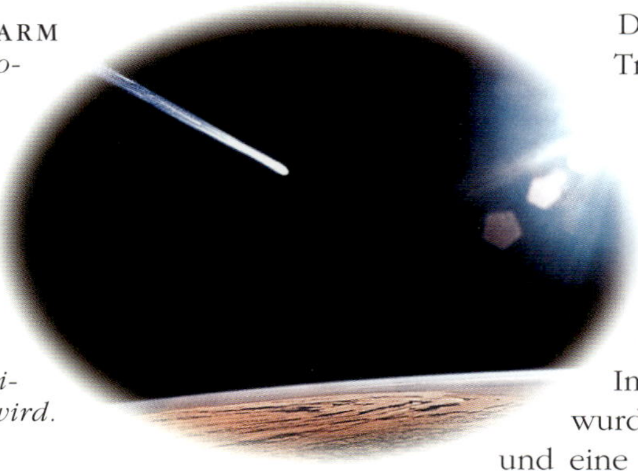

KOMETENALARM
Kometen sind riesige Brocken aus schmutzigem Eis, die auf einer elliptischen Bahn die Sonne umkreisen. Der Halleysche Komet ist alle 76 Jahre zu sehen, wenn er das Zentrum des Sonnensystems durchquert und ein Teil seiner Materie vom Sonnenwind in einen riesigen Schweif verwandelt wird.

BEDROHUNG AUS DEM WELTALL

Manche Wissenschaftler glauben, dass Ereignisse außerhalb unseres Planeten die Ursache von vielen der größten Katastrophen auf der Erde sind. Infolge der Rotation der Galaxis gelangt das Sonnensystem in Regionen mit einer höheren Dichte an interstellarem Staub und Gasen. Beim Passieren dieser interstellaren Wolken könnte ein Teil der Sonnenstrahlen blockiert werden und die Gefahr wachsen, dass kosmische Trümmer auf der Erde landen. Zur Zeit befindet sich das Sonnensystem in einem klaren Teil der Galaxis, aber interplanetare Trümmer regnen ständig auf die Erde herab.

Der größte Teil dieser Trümmer verglüht in der Atmosphäre und verwandelt sich in Sternschnuppen. Aber 1908 explodierte ein Meteorit von 60 m Durchmesser über dem Tunguska, einem Fluss in Sibirien. Im Umkreis von 50 km wurden Bäume entwurzelt, und eine Feuersäule schoss 20 km hoch in die Luft. Die Geologen haben auf der Erde mindestens 150 Einschlagkrater entdeckt. Einige Wissenschaftler haben zwölf von ihnen mit den drei größten Ökokatastrophen in Verbindung gebracht: dem Artensterben in der Kreide (s. S. 98), am Ende der Trias (vor 210 Millionen Jahren) und im Devon (vor 367 Millionen Jahren). In all diesen Fällen müsste der einschlagende Meteorit mit einem Durchmesser von mindestens 3 km einen etwa zehnmal so großen Krater geschlagen haben, wobei verdampftes Gestein und andere Trümmer mit 50-facher Schallgeschwindigkeit emporgeschleudert werden. Der auf diese Weise in die Atmosphäre gelangte Staub hätte die Sonneneinstrahlung blockieren können; Dunkelheit, Kälte und globale Stürme wären die Folge gewesen. Doch längst nicht alle Wissenschaftler glauben, dass der Einschlag eines Meteoriten globale Auswirkungen hat.

METEORIT
Der 34 Tonnen schwere Ahnighito-Meteorit (rechts) ist einer der größten intakten Meteoriten auf der Erde. Der Meteorit, der den Meteor Crater in Arizona (unten) schlug, war größer, zerbrach aber beim Aufprall.

Berge aus Lava

Der Dekhan-Trapp ist aus gewaltigen Lavaströmen entstanden, die sich vor etwa 65 Millionen Jahren in Westindien über eine Fläche von 500 000 km² ergossen.

AUS DEM ERDINNERN

Nicht nur Meteoriten-Einschläge haben Katastrophen ausgelöst, sondern auch Vorgänge im Erdinnern. In Abständen von Zehntausenden von Jahren schießen Säulen aus extrem heißem, geschmolzenem Gestein mit solcher Gewalt im Erdmantel empor, dass sie die Kruste durchbrechen. Beweise für gewaltige Eruptionen gibt es in Indien, Sibirien, Afrika, Nord- und Südamerika.

Als vor 65 Millionen Jahren in Indien das Gestein aus der Erde schoss, das den Dekhan-Trapp bildete, ergossen sich bei jeder Eruption rund 1 000 km^3 Lava über eine Fläche von 10 000 km^2.

Die größte vergleichbare Eruption in historischer Zeit begann 1783 in Island und dauerte ein Jahr. Dabei wurden nur 15 km^3 Lava herausgeschleudert, aber den ausströmenden Gasen fielen 75 Prozent des Viehbestands zum Opfer. Bei viel größeren Eruptionen in vorgeschichtlicher Zeit bewirkten die freigesetzten Gase eine vorübergehende Änderung der Zusammensetzung der Erdatmosphäre und des Klimas auf der gesamten Erde.

Auch Bewegungen innerhalb des Erdmantels beeinflussen das Klima, weil sie Verschiebungen der Kontinente mit sich bringen. Zu Eiszeitaltern kommt es, wenn Kontinente den warmen Meeresströmungen den Weg zu den Polen versperren. Wenn die Kontinente kollidieren, werden Gebirge aufgefaltet; auch dadurch ändert sich das Klima.

LAVAFONTÄNEN IN ISLAND
Die Lavamassen, die in Island immer wieder aus Spalten heraussprudeln, sind ein bloßes Tröpfeln im Vergleich zu den gewaltigen Ausbrüchen in prähistorischer Zeit.

DIE PERM-KATASTROPHE

ARTENSTERBEN, GLOBAL, VOR 250 MILLIONEN JAHREN

LEXIKON SEITE 138, NUMMER 1

ZUM GRÖSSTEN Artensterben in der Geschichte der Erde kam es vor etwa 250 Millionen Jahren, am Ende des Perms. Zu jener Zeit bewirkten Bewegungen der Erdkruste, dass sich die Kontinente um ein großes, seichtes Meer herum zu einer einzigen, großen Landmasse vereinigten. In den Ozeanen lebten viele Fische und Unmengen von wirbellosen Tieren wie Trilobiten, Korallen und Seelilien. Auch auf dem Land gab es ein artenreiches und komplexes Ökosystem mit Reptilien, Amphibien, Insekten und Pflanzen. Das größte Tier jener Zeit war *Moschops*, ein säugetierähnliches Reptil mit einer Länge bis zu 5 m, das ebenso wie andere Pflanzenfresser von zahlreichen Fleisch fressenden Reptilien gejagt wurde.

Zu Beginn des Perms herrschten Eiszeitverhältnisse, aber da sich die Kontinente in den Tropen vereinigten, stiegen die Temperaturen rapide an. Zur Zeit des Artensterbens bewirkten Krustenbewegungen, dass die Kontinente und das sie umgebende seichte Meer sich nach oben wölbten und austrockneten. Dies führte gleichzeitig dazu, dass sich die Ozeanbecken vertieften. Als die Meeresspiegel sanken, gingen viele Lebensräume verloren, und die Kontinente lagen hoch und trocken. Auch kam es in Sibirien zu einer Reihe von gewaltigen Vulkanausbrüchen; sie bedeckten eine Fläche von 1,6 Millionen km^2 mit einer bis zu 3 700 m dicken Schicht aus extrem heißer Lava, die nicht nur alles Leben erstickt, sondern auch gewaltige Brände ausgelöst und unvorstellbare Mengen von Metallen, Gasen und anderer Materie aus dem Erdmantel in die Atmosphäre emporgeschleudert haben muss.

TOD IM MEER
Als gegen Ende des Perms der Sauerstoffgehalt des Wassers rapide abnahm, starben rund 90 Prozent der wirbellosen Meeresbewohner aus.

Wissenschaftler vermuten, dass das bei Vulkanausbrüchen freigesetzte Kohlendioxid in Verbindung mit Bewegungen der Erdkruste die Zusammensetzung der Atmosphäre veränderte und den Sauerstoffgehalt der Meere erheblich reduzierte. Die verbrannten und verrottenden Kadaver von Millionen von Lebewesen hätten die Umwelt noch weiter verschmutzt. Es ist durchaus möglich, dass es mehrere Wellen des Artensterbens gegeben hat und die Erde Zehntausende von Jahren lang praktisch unbewohnbar war.

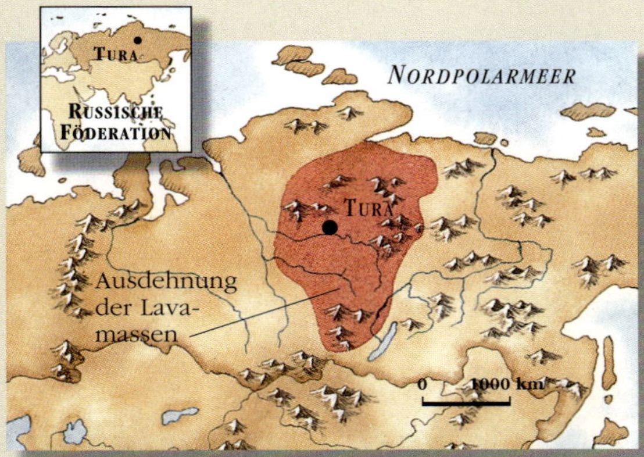

LAVASTRÖME IN SIBIRIEN
Die Sibirische Tafel ist aus riesigen Lavamassen entstanden, die gegen Ende des Perms aus dem Erdinnern hervorbrachen und sich über eine Fläche von rund 1,5 Millionen km^2 ergossen.

Lediglich vier Prozent der Arten überlebten die Katastrophe, von der Land- und Meerestiere gleichermaßen betroffen waren. Auch die Zahl der Insekten nahm erheblich ab. Von den größeren Landtieren überlebten einige wenige wohl deshalb, weil sie die glutheißen Sommer in ihren Bauen schlafend verbrachten. Danach blieb das Klima warm; das kam den kaltblütigen Reptilien zugute und begünstigte ihre Weiterentwicklung zu Dinosauriern.

ÜBERLEBENDE DES ARTENSTERBENS
Dieses 2 m lange Skelett stammt von einer der größten Arten, die überlebt haben, dem Fleisch fressenden Panzerlurch Eryops. *Auch* Lystrosaurus *überlebte; er gehörte zu den säugetierähnlichen Reptilien.*

EISZEIT ODER TREIBHAUS?

Klimaschwankungen sind für Dürre, Überschwemmungen und Eiszeiten und damit für einige der größten Katastrophen in der Geschichte der Menschheit verantwortlich. Aber in den letzten Jahrtausenden ist das Klima relativ stabil geblieben, und die Schwankungen der globalen Durchschnittstemperatur betrugen weniger als 1 °C. Sicher ist, dass diese Periode der Stabilität enden wird, aber niemand weiß wann. In den letzten anderthalb Millionen Jahren hat es mehrere Eiszeiten gegeben, in denen die Durchschnittstemperatur etwa 5 °C niedriger war und erheblich stärker schwankte, als sie es gegenwärtig tut. Diese instabilen Eiszeiten wurden von kürzeren Epochen unterbrochen, in denen – wie zur Zeit – ein relativ warmes und stabiles Klima herrschte. Diese Warmzeiten dauerten durchschnittlich 10 000 Jahre.

Das lässt vermuten, dass das Klima auf der Erde in weniger als tausend Jahren erneut instabil und kälter werden wird. Aber es ist durchaus möglich, dass dieses Klimaschema durch menschliche Aktivitäten schon jetzt erheblich gestört worden ist.

VERÄNDERTE ATMOSPHÄRE

Seit Beginn der Industriellen Revolution vor rund 200 Jahren ist durch die Verbrennung von Kohle, Öl und Gas der Kohlendioxidgehalt der Atmosphäre gestiegen. Kohlendioxid ist ein normaler und wichtiger Bestandteil der Atmosphäre, der von Pflanzen absorbiert und von Tieren freigesetzt wird. Sein Vorhandensein in der Luft trägt dazu bei, die Sonnenenergie in den unteren Schichten der Atmosphäre zu halten, und ver-

EXTREME TROCKENHEIT
Trockenheit bedeutet Feuer. Brandrodungen und Umweltverschmutzung tragen zu einer Vermehrung des Kohlendioxids in der Atmosphäre bei.

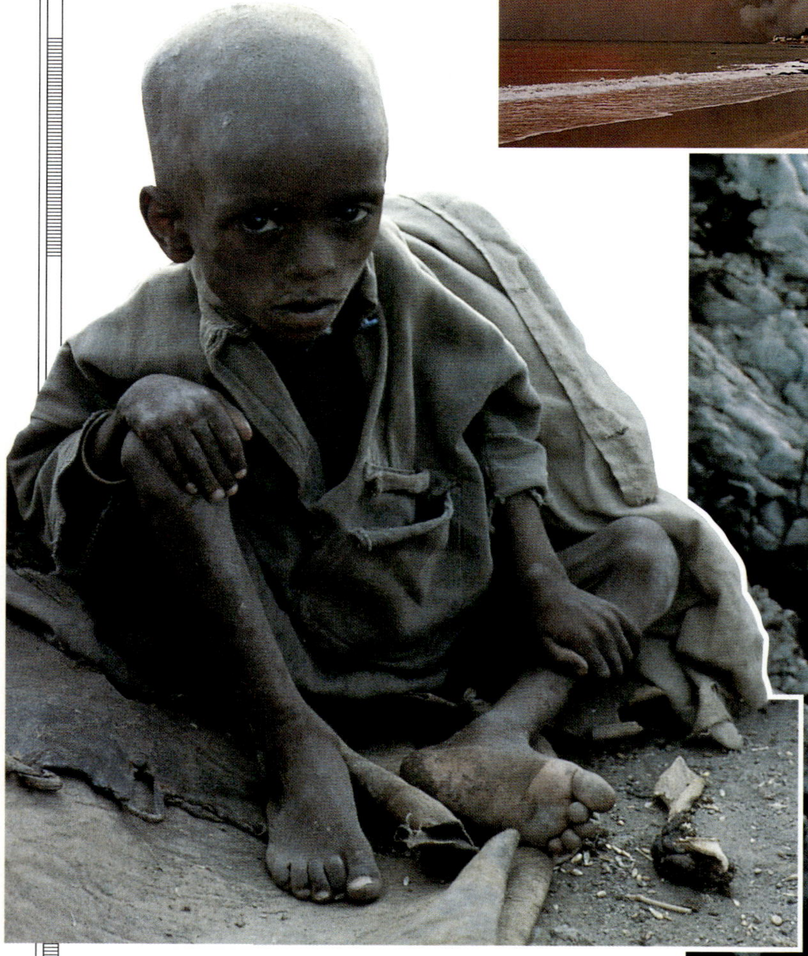

WARTEN AUF REGEN
In den 80er und zu Beginn der 90er Jahre des vorigen Jahrhunderts brachte das Ausbleiben von Regen Millionen von Afrikanern dem Verhungern nahe. Die Züchtung dürreresistenter Getreidesorten soll weiteren Hungersnöten vorbeugen.

EL-NIÑO-FLUTEN
Einige Wissenschaftler glauben, dass die Zunahme des Kohlendioxidgehalts die durch El Niño bewirkten Klimaschwankungen verstärkt und dem Westen von Nord- und Südamerika mehr Regen und Überschwemmungen bringt.

hindert so, dass sich die Erde in eine in Eis erstarrte Ödnis verwandelt. Doch in nur 20 Jahren, von 1970 bis 1990, hat die Menge des Kohlendioxids in der Atmosphäre um 10 Prozent zugenommen. Wie sich das auf das Klima der Erde auswirken wird, lässt sich schwer vorhersagen, aber viele Experten rechnen mit einem Anstieg der gobalen Durchschnittstemperatur um 1,5 bis 4,5 °C.

Schon ein Temperaturanstieg von 1,5 °C würde bewirken, dass große Teile der polaren Eiskappen und viele Gletscher schmelzen und die Meeresspiegel steigen. Tief liegende Küstengebiete, vor allem in Bangladesch, China und den Niederlanden, wären noch stärker als bisher von Sturmfluten bedroht. Koralleninseln wie die Malediven und die Cookinseln würden spurlos verschwinden.

DIE MEERESSTRÖMUNGEN

Untersuchungen der rapiden Klimaschwankungen während der letzten Eiszeit lassen vermuten, dass sie von riesigen Eisbergen ausgelöst wurden, die sich von der Eisdecke über Kanada ablösten und in den Atlantik drifteten. Als die Eisberge schmolzen, stoppten sie die Zirkulation der Meeresströmungen in diesem Ozean, weil sie das Wasser des Nordatlantiks abkühlten und weniger dicht werden ließen als das aus den Tropen kommende warme Wasser des Golfstroms. Einige Wissenschaftler befürchten, dass der Golfstrom, wenn die globale Erwärmung genügend Eis an den Polen hat schmelzen lassen, abermals blockiert werden könnte. Das würde ihrer Ansicht nach dazu führen, dass die Temperaturen in Nordwesteuropa, das vom Golfstrom gewärmt wird, plötzlich um mehr als 5 °C sinken.

Wann das passieren wird, weiß niemand zu sagen, denn in der Geschichte der Erde haben noch nie solche Bedingungen geherrscht wie heute: Die globale Durchschnittstemperatur steigt, der Kohlendioxidgehalt der Luft ist hoch und steigt weiter. Ein Ansteigen des Meeresspiegels könnte außerdem eine verstärkte Vulkantätigkeit und damit auch eine weitere Verschmutzung der Atmosphäre auslösen.

SCHRUMPFENDE EISKAPPEN
Eisklippen stürzen in die Disenchantment Bay in Alaska. Die globale Erwärmung lässt die Eiskappen der Pole schrumpfen. Dadurch steigen die Meeresspiegel an.

URALTER METEORITEN-KRATER
Bisher sind wir von den Verwüstungen verschont geblieben, die der Einschlag eines großen Meteoriten mit sich bringt. Der 100 km breite Manicouagan-Krater ist gegen Ende der Trias vor 210 Millionen Jahren entstanden.

DER KAMPF UMS DASEIN

WIR MENSCHEN BILDEN UNS EIN, die Krone der Schöpfung zu sein, aber wie alle Lebewesen müssen auch wir ums Überleben kämpfen. Die größte Bedrohung stellen dabei die Milliarden von winzigen Geschöpfen dar, von denen wir umgeben sind. Insekten und unzählige Mikroorganismen, die unsere Nahrung verzehren, verderben und vergiften, haben große Hungersnöte ausgelöst, aber noch todbringender sind die Mikroben, die unsere Körper direkt angreifen. Epidemien haben ganze Völker dezimiert und Gesellschaftsordnungen zerbrechen lassen. In der Antike wurden die griechische und die römische Kultur durch Seuchen schwer erschüttert. Das Reich der Mongolen brach zusammen, nachdem im 14. Jahrhundert die Pest in Asien und Europa gewütet hatte, und die rasche Kolonisierung von Nord- und Südamerika durch die Europäer war nur durch die Infektionskrankheiten möglich, die sie mitbrachten. In den letzten 150 Jahren haben wir sehr viel über die Ursachen von Seuchen gelernt, aber die Ausbreitung von AIDS beweist, dass wir vor ihnen keineswegs sicher sind.

① DIE AMERIKANISCHE TRAGÖDIE
Zwischen 1492 und 1900 starben bis zu 90 Prozent der Indianer Nord- und Südamerikas an Infektionskrankheiten, die die Spanier und andere Europäer eingeschleppt hatten.

DIE KARTOFFEL-HUNGERSNOT ②
Um 1840 verhungerte in Irland mehr als eine Million Menschen, weil ein Pilz in drei aufeinander folgenden Jahren die gesamte Kartoffelernte vernichtete.

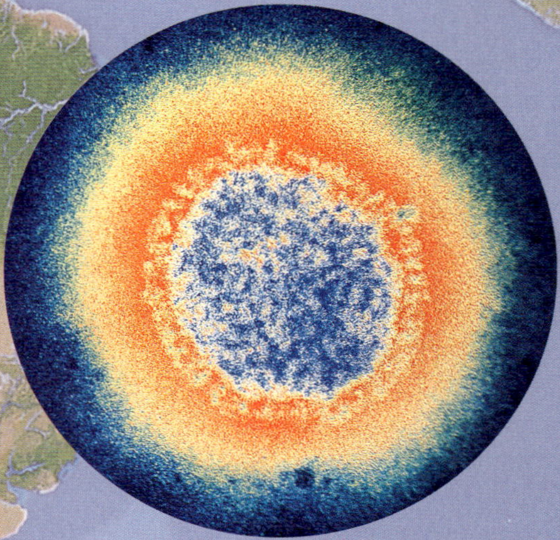

GRIPPE-VIRUS
Grippe-Viren wie das Virus der Pekinggrippe von 1993, hier in 160 000-facher Vergrößerung, werden beim Husten oder Niesen von Infizierten durch Wassertröpfchen übertragen.

TOD DURCH VERSEUCHTES WASSER
In den 90er Jahren lebten die Menschen, die vor dem Krieg in Ruanda geflüchtet waren, unter erbärmlichen Verhältnissen und waren gezwungen, das mit ihren Ausscheidungen verseuchte Wasser zu trinken – eine Brutstätte für viele Krankheitserreger, von denen der Cholera-Bazillus *Vibrio cholerae* der gefährlichste ist.

③ **Die Spanische Grippe**
Die bisher tödlichste Grippe-Pandemie brach 1918 aus und griff auf die Schützengräben in Flandern über. Bis Juni 1919 waren ihr mehr als 22 Millionen Menschen auf der ganzen Welt zum Opfer gefallen, trotz des Versuchs, der Ausbreitung der Krankheit durch das Tragen von Schutzmasken Einhalt zu gebieten.

Pest-Amulett
In Pestzeiten wurden Behälter wie dieser mit aromatischen Kräutern gefüllt. Sie sollten ihre Träger vor der Krankheit schützen, von der man früher glaubte, dass sie durch schlechte Luft übertragen würde.

⑥ **Cholera**
Im Jahre 1824 brach in Nordwestindien die Cholera aus. Bis 1834 hatte sich die Krankheit über die ganze Welt ausgebreitet und Millionen von Opfern gefordert.

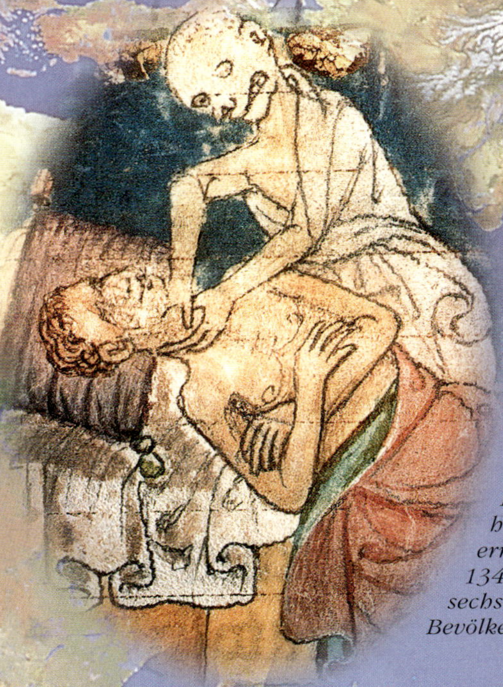

⑤ **Der Schwarze Tod**
Die Pest, die im 14. Jahrhundert in Asien wütete, erreichte Europa im Jahre 1346, wo ihr in weniger als sechs Jahren fast ein Drittel der Bevölkerung erlag.

④ **AIDS**
Seit AIDS in den 80er Jahren diagnostiziert wurde, wurden Milliarden von Dollar in die Erforschung von Behandlungsmethoden investiert. Ungeachtet dieser Bemühungen nimmt die Zahl der Erkrankten immer noch in einem bestürzenden Ausmaß zu.

Rattenplage
Ratten halten sich gern in der Nähe menschlicher Behausungen auf, weil sie sich von denselben Dingen ernähren wie wir. Die auf den Ratten lebenden Flöhe können Krankheiten wie die Pest übertragen. Obwohl die Krankheit heute mit Antibiotika behandelt werden kann, breitet sie sich so schnell aus, dass sie ohne rechtzeitige Behandlung noch immer zum Tod führen kann.

KRANKHEITEN

DAS LEBEN DER MENSCHEN ist ständig von unsichtbaren Feinden bedroht: Mikroorganismen, die mit uns um Nahrung konkurrieren und unsere Körper befallen. Erst im Laufe der letzten 150 Jahre wurden die Ursachen von Seuchen und Pflanzenkrankheiten erkannt, doch dieses Wissen bietet keinen absoluten Schutz vor den winzigen, aber tödlichen Organismen, die uns umgeben, und auch dem zerstörerischen Werk größerer Schädlinge.

UNSERE FEINDE

Gefährliche Raubtiere, vor denen sich unsere Vorfahren fürchteten, sind heute bedrohte Arten, die wir vor dem Aussterben zu bewahren versuchen. Aber niemand bedauert das Aussterben der Pocken. Die Ausrottung der Krankheit und die Eindämmung ihres Erregers im Jahre 1979 gelten als beachtliche Leistung. Vor einem Rudel Wölfe können wir uns leichter schützen als vor einem Insektenschwarm, und noch schwieriger ist es, den Horden von unsichtbaren Viren, Bakterien, Pilzen und anderen Mikroorganismen zu entkommen, von denen wir umgeben sind.

Es ist eine der fundamentalen Tatsachen des Lebens, dass alle Lebewesen miteinander um die Ressourcen der Erde konkurrieren müssen. Wir glauben, am oberen Ende der Nahrungskette zu stehen, aber in Wirklichkeit gibt es unzählige andere Lebewesen, denen wir als Wirt dienen. Die Entwicklung des Ackerbaus versetzte uns in die Lage, mehr Nahrung zu erzeugen, aber nach wie vor müssen wir um unseren Anteil an dieser Nahrung mit pflanzenfressenden Insekten und Mikroorganismen ebenso konkurrieren wie mit größeren Geschöpfen wie Ratten und Mäusen.

Die Bakterien, die Lepra und Tuberkulose auslösen, sind nahe mit Bodenbakterien verwandt, und diese Krankheiten waren vermutlich die ersten, unter denen unsere Vorfahren litten, als sie damit begannen, die Erde zu bestellen. Außerdem haben die Menschen rund 300 Krankheiten mit denen von domestizierten Tieren gemeinsam. Man nimmt an, dass viele der Infektionskrankheiten, die Epidemien ausgelöst haben, von domestizierten Tieren ausgegangen sind. So ist zum Beispiel das Virus, das Pocken bei Menschen auslöst, nahe mit dem Kuhpocken-Virus verwandt.

Seit Jahrhunderten kämpft menschlicher Erfindungsgeist gegen die Geißeln der Menschheit an. Das führte zur Entwicklung von Kondomen, Moskitonetzen, Klärwerken, Hygienegesetzen, Pasteurisierung, Antibiotika, Impfstoffen, Pestiziden und vielen anderen Versuchen, unseren unzähligen winzigen Konkurrenten einen Schritt voraus zu sein. Aber es wird uns nie gelingen, mehr als nur einen vorübergehenden Vorsprung zu erringen. Ihre Zahl ist weitaus größer und sie vermehren sich wesentlich schneller. So können sie mit verblüffendem Tempo neue Waffen und Abwehrmechanismen entwickeln, und deshalb stellen sie, wenn sie die Oberhand gewinnen, und sei es auch nur für kurze Zeit, eine schwere Bedrohung für die gesamte Menschheit dar.

KRANKHEITSÜBERTRÄGER
Weibliche Anopheles-Mücken infizieren Menschen beim Saugen ihres Blutes mit Malaria. Auch andere Mücken übertragen Krankheiten, zum Beispiel Gelbfieber und Rifttal-Fieber.

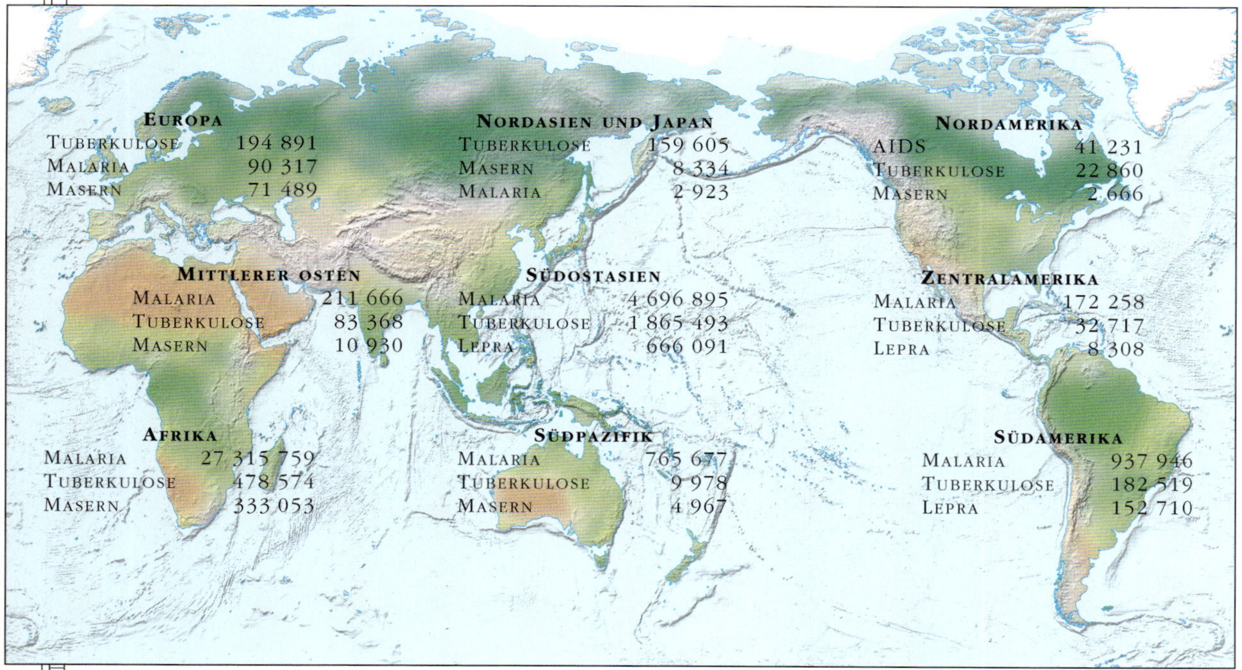

INFEKTIONSKRANKHEITEN
Zur Zeit sterben jährlich etwa 17 Millionen Menschen an Infektionskrankheiten. Diese Karte zeigt die in den 90er Jahren am häufigsten aufgetretenen Krankheiten und nennt die durchschnittliche Zahl der pro Jahr gemeldeten Fälle.

HEUSCHRECKENSCHWÄRME IN AFRIKA
Im Jahr 1992 wurden weite Teile Afrikas kahl gefressen – man sprach von der „größte Heuschreckenplage der Geschichte".

Die rote Gefahr
Heute erkranken vor allem Kinder an Masern. Symptome sind Schüttelfrost, Fieber und ein roter Hautausschlag. Als die Krankheit in die Neue Welt eingeschleppt wurde, fielen ihr Millionen zum Opfer.

NAHRUNGSRÄUBER

In manchen Teilen der Welt ist Nahrung reichlich vorhanden, aber insgesamt gesehen wird es immer schwieriger, genügend Nahrung für die ständig wachsende Weltbevölkerung zu erzeugen. Heute werden Gebiete bewirtschaftet, die einst Regenwald, Sumpfland oder Wüste waren. Die Folge davon ist, dass viele Tierarten ausgestorben oder gefährdet sind und die Schädlinge sich rapide vermehrt haben. Schädlinge vernichten alljährlich rund 35 Prozent der Feldfrüchte und nach der Ernte weitere 10 bis 20 Prozent der gelagerten Nahrungsmittel. Das Vorhandensein von größeren Schädlingen wie Ratten fällt sofort auf, aber weitaus schwerere Schäden richten Insekten und Mikroorganismen wie Pilze an.

Insekten sind, wenn sie genug zu fressen finden, regelrechte Brutmaschinen. Die gefährlichsten Arten können Notzeiten überleben und sich dann, wenn wieder reichlich Nahrung vorhanden ist, rapide vermehren. Eine einzige Blattlaus kann in einem Jahr 600 Milliarden Nachkommen hervorbringen.

Die Erzeugung von ausreichend Nahrung für die Weltbevölkerung ist nur mit dem Einsatz von Pestiziden möglich, aber jedes Pestizid bietet nur vorübergehenden Schutz. Da sich die Schädlinge so rasch vermehren, können sie ebenso rasch gegen giftige Chemikalien resistent werden. DDT, das erste der vielbenutzten Insektizide, wurde um 1940 entwickelt, aber bereits 1947 gab es DDT-resistente Stuben-

DER KARTOFFELKÄFER
Der in den USA heimische Kartoffelkäfer hat sich über weite Teile Europas und Asiens ausgebreitet. Das gegen Insektizide überaus resistente Tier vernichtet Kartoffel- und Tomatenpflanzen, indem es die Blätter frisst.

TODBRINGENDE RATTEN
Ratten fallen über unsere Nahrungsvorräte her und infizieren sie zudem mit Viren und Bakterien. Für eine Pest-Epidemie in Indien 1994 waren vermutlich Hausratten verantwortlich.

Kampf gegen Heuschrecken
Heuschreckenschwärme werden von Flugzeugen aus mit Pestiziden besprüht, aber die gewaltige Größe solcher Schwärme macht die Bekämpfung schwierig.

fliegen, zuerst in Italien und dann auch in vielen anderen Ländern. Wenig später waren auch Mücken und Läuse resistent, aber viele andere, nicht schädliche Arten waren gefährdet, weil sie sich nicht so schnell anpassen konnten. Vor allem Greifvögel litten unter dem Insektizid, weil sie sich sehr langsam vermehren; während die Chemikalie verwendet wurde, gingen die Bestände stark zurück. Aber auf die Insekten hatte DDT keine dauerhaften Auswirkungen, und sie bleiben eine Bedrohung.

PFLANZENKRANKHEITEN

Insekten sind für einen beträchtlichen Teil der Ernteschäden direkt verantwortlich, richten aber vermutlich indirekt noch größere Schäden an, indem sie die Mikroorganismen übertragen, die Pflanzen infizieren und krank machen. Weltweit sind etwa 800 Pflanzenkrankheiten identifiziert worden. Einige von ihnen werden von Bakterien oder Viren hervorgerufen, aber in den meisten Fällen sind Pilze die Erreger.

Einige Pilze haben sich darauf spezialisiert, in bestimmte Pflanzenarten einzudringen und als Parasiten in ihnen zu leben. Wie die meisten Pilze vermehren auch sie sich durch Milliarden von Sporen, die vom Wind verbreitet werden. Der Pilz *Phytophthora infectans*, der Kartoffelpflanzen befällt, war für den Tod von Millionen von Menschen in ganz Europa verantwortlich (s. rechts).

Andere Pilze töten auf direktere Art, indem sie Stoffe erzeugen, die die von ihnen befallenen Pflanzen vergiften. Im Ersten Weltkrieg starben etwa 70 000 deutsche Soldaten nach dem Verzehr von Brot aus Roggen, das vom Mutterkornpilz befallen war.

KARTOFFEL-HUNGERSNOT

KRAUTFÄULE, IRLAND, 1845-1848

LEXIKON SEITE 134, NUMMER 65

DIE KARTOFFEL GELANGTE IM 16. JAHRHUNDERT durch die Spanier nach Europa. Die Pflanzen gediehen prächtig in der europäischen Erde, da diese keine der Mikroorganismen enthielt, die die Kartoffel in ihrer Heimat Peru befallen hatte. Im 19. Jahrhundert war die Kartoffel Grundnahrungsmittel in ganz Europa.

Um 1840 tauchte die Krautfäule in den Vereinigten Staaten auf und 1845 hatte sie auf Europa übergegriffen. Die Sporen von *Phytophthora infectans* hatten vermutlich auf Handelsschiffen den Ozean überquert; danach wurden sie vom Wind von einem Feld aufs nächste befördert.

Der ungewöhnlich nasse Sommer 1845 lieferte dem Pilz ideale Wachstumsbedingungen. Praktisch über Nacht verwandelte er gesunde Kartoffelpflanzen in eine Masse aus stinkendem schwarzem Schleim. Bis zum Ende des Sommers hatte er sich über ganz Europa verbreitet und die Ernten vernichtet. Die Gefahr einer Hungersnot wuchs, weil auch die nächsten beiden Sommer feucht waren und die Kartoffelernte ausfiel. Im Winter 1847/48 waren Millionen von Menschen in ganz Europa vom Hungertod bedroht; in Irland war es fast die gesamte Bevölkerung. Die Menschen aßen Gras, Abfälle und Sägemehl, und der quälende Hunger führte zu Aufständen und Plünderungen. Typhus und Ruhr griffen um sich und rafften Tausende der bereits geschwächten Menschen dahin, von denen viele so arm waren, dass sie weder Essen noch Heizmaterial kaufen konnten.

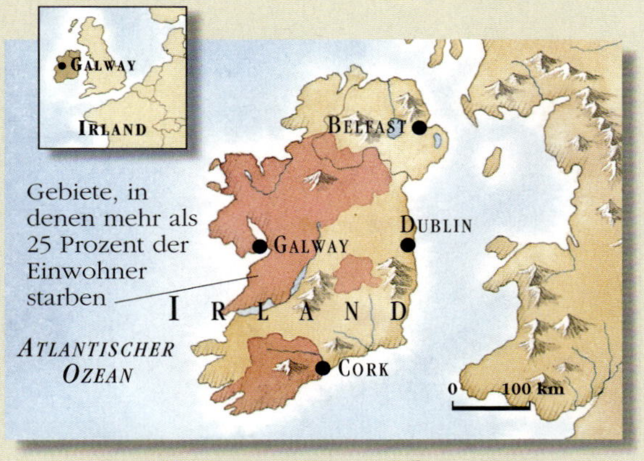

Die Entvölkerung Irlands
Als 1845 die Krautfäule ausbrach, hatte Irland neun Millionen Einwohner. Anderthalb Millionen Menschen fielen der ausbrechenden Hungersnot zum Opfer, weitere 1,6 Millionen wanderten aus.

Aufstände in Galway
Halbverhungerte Einwohner der westirischen Stadt Galway stürmen ein Lebensmittelgeschäft. Mehr als eine Million Menschen starben während der Hungsnot.

Vertreibungen
Viele Bauern waren vom Hunger so geschwächt, dass sie ihr Pachtland nicht mehr bearbeiten konnten und von den englischen Grundbesitzern vertrieben wurden. Das löste Rufe nach einem irischen Freistaat aus, der 1922 gegründet wurde.

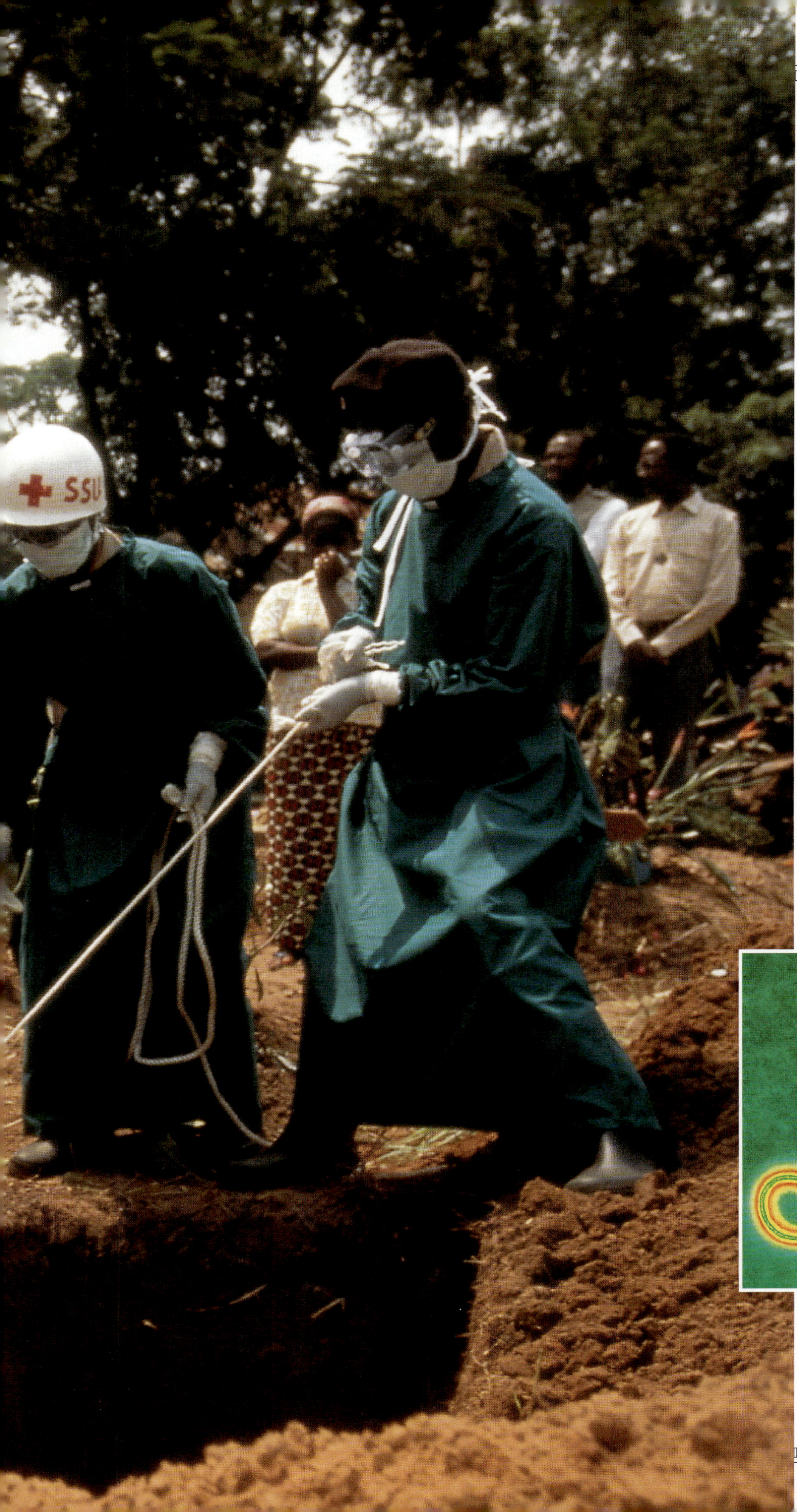

KRANKHEITEN

Die Auswirkungen von Infektionskrankheiten auf die Menschheit sind weitaus schwer wiegender als die Verwüstungen, die Vulkane, Erdbeben, Stürme oder Überschwemmungen anrichten. Einem Ausbruch der Pest, dem so genannten Schwarzen Tod, fiel im Mittelalter rund ein Drittel der Bevölkerung Europas und Asiens zum Opfer (s. S. 112). Nach der Ankunft der Europäer in Mittelamerika starben über 90 Prozent der Eingeborenen an Infektionskrankheiten (s. S. 114).

Erst 1865 fand der französische Wissenschaftler Louis Pasteur heraus, dass Infektionskrankheiten von nur unter dem Mikroskop erkennbaren lebenden Organismen verursacht werden. Seither konnten zahlreiche Bakterien, Viren und andere Mikroben als Erreger bestimmter Krankheiten idenzifiziert werden, und die Arbeit muss weitergehen, weil sich die Mikroben weiterentwickeln und neue Erregerstämme hervorbringen. Das AIDS-Virus HIV wurde erst 1984 entdeckt (s. S. 121). Außerdem ist es der Forschung gelungen, Mikroben mit Krankheiten in Verbindung zu bringen, bei denen man zuvor nicht an Infektionen gedacht hatte. Magengeschwüre und Schädigungen der Herzarterien können auf bakterielle Infektionen zurückzuführen sein und verschiedene Krebsformen und einige Nervenkrankheiten auf Virusinfektionen.

Nur ein winziger Bruchteil der Mikroorganismen, die uns umgeben, ist schädlich, aber diejenigen, die Krankheiten auslösen, repräsentieren fast das gesamte Spektrum der Kleinstlebewesen und bedienen sich verschiedener

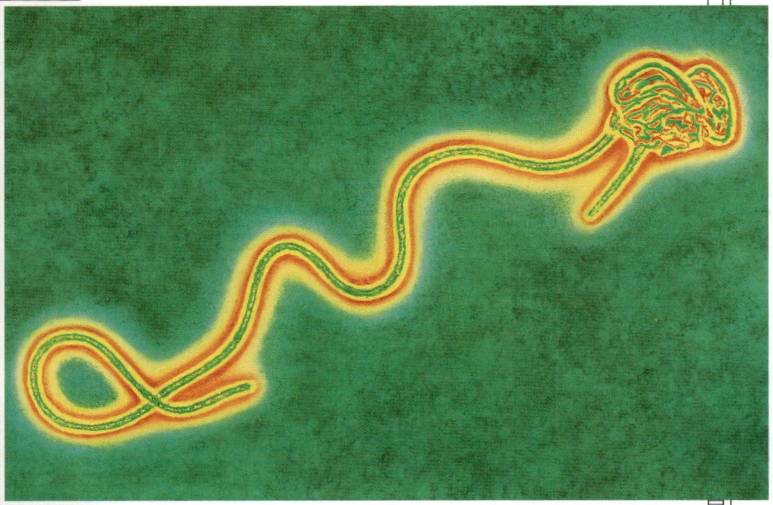

Tod durch Ebola

Das Ebola-Virus (oben, in 13 500-facher Vergrößerung) löst schwere innere Blutungen aus. Infizierte können binnen einer Woche sterben. Da die Krankheit überaus ansteckend ist, muss Schutzkleidung getragen werden (links).

Der Schwarze Tod

Pest-Pandemie, Europa, Asien und Nordafrika, 1346–1352

Lexikon Seite 135, Nummer 26

Die Beulenpest, eine Krankheit, deren Erreger das Bakterium *Yersinia pestis* ist, grassiert normalerweise nur bei wild lebenden Nagetieren und den von ihrem Blut lebenden Flöhen, aber 1331 infizierten sich Ratten mit dieser Krankheit, und ihre Flöhe befielen Menschen, die in der chinesischen Provinz Hopeh lebten. 1332 wütete die Seuche in ganz Nordchina und breitete sich über Asien westwärts aus. 1346 hatte sie das Schwarze Meer erreicht; von dort aus wurde sie von genuesischen Handelsschiffen, die im Hafen von Kafa lagen, nach Europa befördert.

Das grosse Sterben
Die Pest brach in China aus und erreichte 1346 Europa, wo sie sich sehr schnell ausbreitete. Auch in Nordafrika und im Mittleren Osten wütete die Seuche.

Die Menschen des Mittelalters waren mit Infektionskrankheiten und vorzeitigem Tod vertraut, aber so etwas wie diese Seuche hatten sie noch nie erlebt. Sie raffte Alte und Junge, Kranke und Gesunde gleichermaßen dahin. Das erste Anzeichen einer Infektion waren Schwellungen (Beulen) in der Leiste und den Achselhöhlen. Die Krankheit zerstörte auch die Blutgefäße; wegen der dabei auftretetenden Verfärbung wurde sie der „Schwarze Tod" genannt. In Aufzeichnungen aus dieser Zeit ist auch von dem „unerträglichen Gestank" der Kranken die Rede und von „all dem Zeug, das aus ihren Körpern hervorquoll". Die Kranken fielen entweder ins Delirium oder ins Koma. Fast alle starben nur wenige Tage nach dem Erscheinen der Beulen, aber gelegentlich platzten die Beulen auf. Das Gift konnte entweichen, und es bestand eine Chance auf Genesung. In vielen Fällen kam noch die Lungenpest hinzu, bei der die Menschen Blut husteten und die fast immer tödlich war. Berichten zufolge starben die Menschen schon wenige Stunden nach den ersten Krankheitsanzeichen.

Da der Erreger *Yersinia pestis* so schnell tötet und nicht weiterleben kann, wenn der Wirt tot ist, dauerte der Schwarze Tod nicht lange. Bis zum Ende des 17. Jahrhunderts flackerte die Pest in Europa noch mehrfach auf, und ein Ausbruch der Seuche in Hongkong im Jahre 1894 forderte in Asien rund 10 Millionen Opfer.

Der Triumph des Todes
Noch mehr als ein Jahrhundert nach dem Schwarzen Tod spielte die Figur des Todes in der europäischen Kunst eine große Rolle.

Pest-Prävention in Indien
Bei einem Ausbruch der Pest 1994 wurden die Bewohner der indischen Stadt Surat angewiesen, sämtlichen Müll sofort zu verbrennen, damit die Ratten nichts zu fressen fanden.

Träger. Malaria, die tödlichste Infektionskrankheit der Welt, wird durch sehr komplexe einzellige Blutparasiten ausgelöst, die durch Mücken übertragen werden.

Bakterien sind wesentlich einfacher gebaute und kleinere Einzeller, und ihre Wirkung auf den menschlichen Körper ist von Art zu Art verschieden. So vermehrt sich zum Beispiel der Pest-Erreger *Yersinia pestis* so schnell, dass er das Immunsystem überwältigen und binnen Tagen oder sogar Stunden nach der Infektion töten kann. *Mycobacterium tuberculosis* dagegen ist ein langsam wachsender Organismus mit einer wachsartigen Umhüllung, die ihn vor dem Immunsystem schützt. Nur wenige mit dem Tuberkelbazillus infizierte Menschen sterben sofort, aber Herde können jahrelang im Körper ruhend überdauern und virulent werden, sobald der Körper geschwächt ist.

Viren sind noch kleiner als Bakterien und bestehen aus einer kleinen Anzahl von Genen, umgeben von einer Eiweißhülle, die es ihnen ermöglicht, an bestimmte Zellen anzudocken und ihre Gene hineinzubefördern, die dann die biochemischen Vorgänge in der Zelle verändern. Manche Viren verbinden sich mit den Genen der Wirtszelle und lösen abnormes Zellwachstum aus. Die meisten Viren veranlassen die Zelle, viele Kopien des Virus herzustellen, die dann in weitere Zellen eindringen.

Zecken als Krankheitsüberträger
Der Holzbock, hier fast 50-fach vergrößert, überträgt ein Bakterium, das beim Menschen die Lyme-Borreliose auslöst. Zu den Spätfolgen gehören Arthritis und Herz- und Gehirnschäden.

EPIDEMIEN

Bei einer Epidemie breitet sich eine Infektionskrankheit sehr rasch aus und befällt zahlreiche Menschen einer Region. Die Gesunden können ebenso sterben wie bereits Geschwächte.

In der Regel ist der menschliche Körper vor Krankheiten gut geschützt, weil Antikörper in seinem Immunsystem fremde Mikroorganismen erkennen und vernichten. Wenn jedoch ein neuer und virulenter Krankheitserreger auftritt oder das Immunsystem geschwächt ist, ist er einer Ansteckung hilflos ausgeliefert. Zu Epidemien kommt es vor allem dann, wenn ein Erreger, der bisher eine andere Art befallen hatte, mutiert und jetzt auch Menschen befällt, oder sich so verändert, dass ihn das Immunsystem nicht mehr bekämpfen kann. Grippe-Epidemien brechen alle paar Jahre aus, weil das für sie verantwortliche Virus, das Schweine und Geflügel ebenso befällt wie Menschen, sich in jedem Wirt verändert und danach vom Immunsystem der anderen Arten nicht mehr erkannt wird. So konnte die von einem ganz neuen Virusstamm hervorgerufene Spanische Grippe rund 22 Millionen Menschen töten (s. S. 118).

MIKROBENJÄGER
Robert Koch (1843-1910) entdeckte den Tuberkelbazillus und den Erreger der Cholera.

ATTACKIERTE BLUTZELLEN
Malaria-Erreger dringen in rote Blutzellen ein und vermehren sich in ihnen. Die Zellen zerfallen und die Plasmodien können sich ausbreiten.

AMERIKANISCHE TRAGÖDIE

KRANKHEITEN DER ALTEN WELT, AMERIKA, 1492-1900

LEXIKON SEITE 130, NUMMER 5

LANGE ZEIT WAREN die Historiker überzeugt, dass vor dem Eintreffen von Kolumbus 1492 in Nord-, Süd- und Mittelamerika nur 8 bis 12 Millionen Menschen lebten. Neuere Schätzungen gehen von 25 bis 30 Millionen Menschen allein im Reich der Azteken aus. 80 Jahre nach der Landung von Kolumbus waren es nur noch 3 Millionen. Nur sehr wenige Azteken waren im Kampf gegen die Spanier gefallen – die meisten unterlagen im Kampf gegen Krankheitserreger.

VERSPRECHUNGEN
Um an das Gold der an Pocken erkrankten Ureinwohner Mittel- und Südamerikas zu kommen, behaupteten die Spanier, sie litten an einer Krankheit, die mit Gold kuriert werden könnte.

Rund 11 000 Jahre lang hatte es zwischen den Bewohnern der Alten und der Neuen Welt praktisch keinerlei Kontakte gegeben. In dieser Zeit waren die Menschen in Amerika von Masern, Pocken und anderen Infektionskrankheiten verschont geblieben, von denen man heute annimmt, dass ihre Erreger ursprünglich nur in domestizierten Tieren lebten und erst später auf den Menschen übergriffen. Im Gegensatz zu den Bewohnern der Alten Welt hatten die Menschen der Neuen Welt kaum Tiere gehalten; sie lebten fast ausschließlich von der Jagd und vom Ackerbau. Deshalb besaßen sie keinerlei Abwehrmechanismen gegen die Krankheiten, die die Eroberer und Siedler mitbrachten.

Die Rolle, die Infektionskrankheiten in der amerikanischen Geschichte spielten, kann gar nicht hoch genug eingeschätzt werden. 1521 errang der spanische General Hernán Cortés einen spektakulären Sieg über die Azteken und eroberte ihre Hauptstadt Tenochtitlán. Dass seine winzige Streitmacht 1,5 Millionen Menschen überwältigen konnte, war nur möglich, weil eine Pocken-Epidemie fast alle Führer der Azteken und die Hälfte ihrer Krieger getötet hatte. Da nur die Azteken erkrankten, glaubten beide Seiten an göttliche Vergeltung.

Zu einer ähnlichen Tragödie kam es, als 90 Jahre später die ersten englischen und französischen Siedler in Nordamerika eintrafen. Die Zahl der Eingeborenen schrumpfte zwischen 1492 und 1900 von 100 Millionen auf weniger als 10 Millionen.

DIE POCKEN IN DER NEUEN WELT
Spanische Truppen brachten 1518 die Pocken nach Hispaniola und trugen die Krankheit dann weiter nach Mexiko, wo sie sich wie ein Steppenbrand ausbreitete.

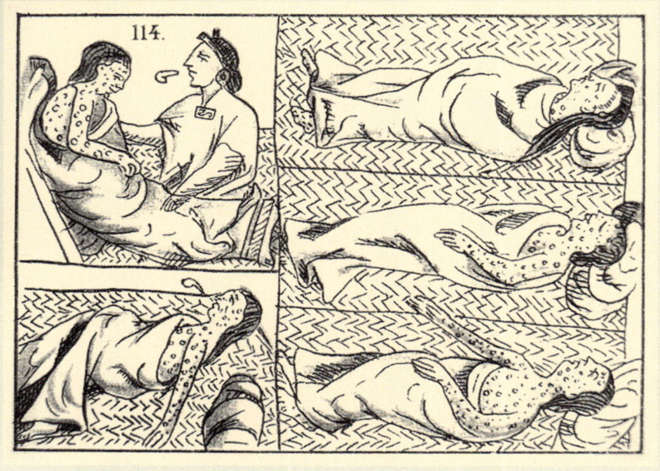

ZUR VERZWEIFLUNG GETRIEBEN
Eingeschleppte Infektionskrankheiten dezimierten die Azteken und ermöglichten es den Spaniern, die Überlebenden zu unterwerfen (oben). Zeitgenössische Darstellungen von Pockenkranken (rechts) zeigen die Qualen der Kranken.

TÖDLICHE INJEKTION

Die weibliche Anopheles-Mücke überträgt die Malaria auf Menschen, indem sie mit ihrem Rüssel die Haut durchsticht und Plasmodien ins Blut injiziert.

Auch nicht-virulente Mikroorganismen wie der Tuberkelbazillus können eine Epidemie auslösen, wenn sie eine Bevölkerungsgruppe befallen, die wegen schlechter Wohn- und Hygieneverhältnisse und Unterernährung besonders geschwächt ist.

Seit die Menschen dazu übergegangen sind, in größeren Gemeinwesen zusammenzuleben, sind immer wieder Epidemien ausgebrochen.

Cholera und Krieg
Bürgerkriegsflüchtlinge aus Ruanda suchten Zuflucht in Lagern. Viele von ihnen fielen einer durch die katastrophalen hygienischen Verhältnisse ausgelösten Cholera-Epidemie zum Opfer.

Das Risiko rasch um sich greifender Infektionen stieg, als Dörfer zu Kleinstädten und dann zu Großstädten heranwuchsen. Händler, Soldaten und Entdeckungsreisende verbreiteten die Erreger von Stadt zu Stadt und von Land zu Land. Im Jahr 166 n. Chr. erkrankten römische Soldaten in Syrien an einer unbekannten Krankheit und brachten den Erreger mit nach Hause. Von Italien aus verbreitete sich die Seuche über ganz Europa, wo ihr rund ein Drittel der Bevölkerung zum Opfer fiel.

Sauberes Wasser
Filterapparate waren im 19. Jh. weit verbreitet. Der Engländer John Snow hatte bewiesen, dass Cholera-Bazillen in verschmutztem Wasser leben.

Epidemien haben viele Heere besiegt und Kulturen vernichtet. Gewöhnlich macht man für den Zusammenbruch von Napoleons Heer 1812 den russischen Winter verantwortlich, aber die Hauptursache war vermutlich verschmutztes Wasser, das die Soldaten getrunken hatten. Von 50 000 Männern starben rund 38 000 an Typhus oder Ruhr.

Cholera

Die zweite Pandemie, global, 1826-1834

LEXIKON SEITE 136, NUMMER 21

Die ursprüngliche Heimat von *Vibrio cholerae*, dem Erreger der Cholera, ist das Ganges-Delta im Nordosten von Indien. Die Bewohner der Dörfer in dieser Region erkrankten gelegentlich, aber zum Massenkiller wurde die Cholera erst, als die Krankheit 1817 in Kalkutta ausbrach. Die Aufnahme kleiner Mengen von *Vibrio cholerae* führt selten zur Erkrankung, weil die Bakterien von der Magensäure abgetötet werden, aber in höherer Konzentration können sie in den Darmtrakt gelangen und sich dort rapide vermehren. In Kalkutta wurden Milliarden von Cholera-Bakterien mit dem Kot der Erkrankten ausgeschieden. Damit waren die Voraussetzungen für eine Verbreitung der Krankheit gegeben, und binnen 5 Jahren hatte sie in Südostasien, auf der Arabischen Halbinsel und in Ostafrika Fuß gefasst. 1826 brach die Krankheit in Kalkutta erneut aus. Diesmal befiel sie ganz Indien, Afghanistan, Persien und Russland. 1830 erreichte sie Moskau, wo rund die Hälfte der Infizierten starb. In Panik geratene Moskowiter flüchteten nach Westen und brachten die Krankheit nach Mitteleuropa. Im Sommer 1831 fielen ihr in Ungarn mindestens 100 000 Menschen zum Opfer. Moslemische Pilger schleppten die Krankheit im Mittleren Osten und in Nordafrika ein. 1832 wütete die Cholera in Mittel- und Nordeuropa. In Stockholm und in Paris starben jeweils rund 10 000 Menschen und weitere 7 000 in London. Es kam zu Aufständen. Ende 1832 gelangte die Cholera durch europäische Emigranten nach Amerika, wo allein in New York 50 000 Menschen starben. Im Laufe des 19. Jahrhunderts fielen Millionen von Menschen der Cholera zum Opfer, die rasch zur meist gefürchteten Krankheit wurde, weil sie so schnell und auf so qualvolle Weise zum Tode führte. In den industrialisierten Ländern wurde seither viel Geld für die Reinerhaltung des Wassers ausgegeben, aber Regionen mit verschmutztem Wasser sind nach wie vor durch die Cholera gefährdet.

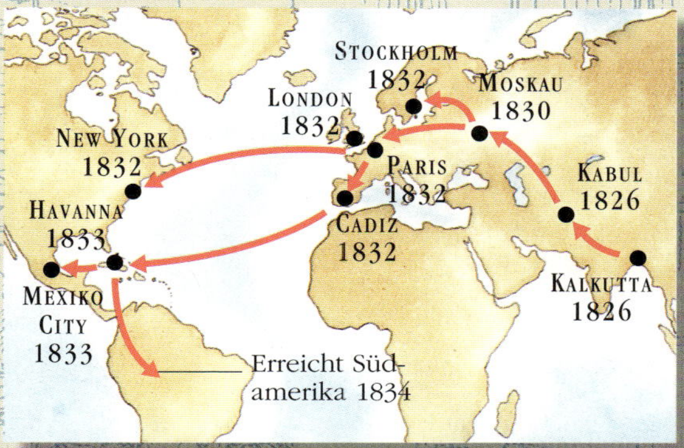

Geissel des 19. Jahrhunderts
Die Cholera-Pandemie, die 1826 ausbrach, war die erste, die die ganze Welt heimsuchte. Die Krankheit wird durch verseuchtes Wasser, Bettwäsche, Obst und Fliegen übertragen.

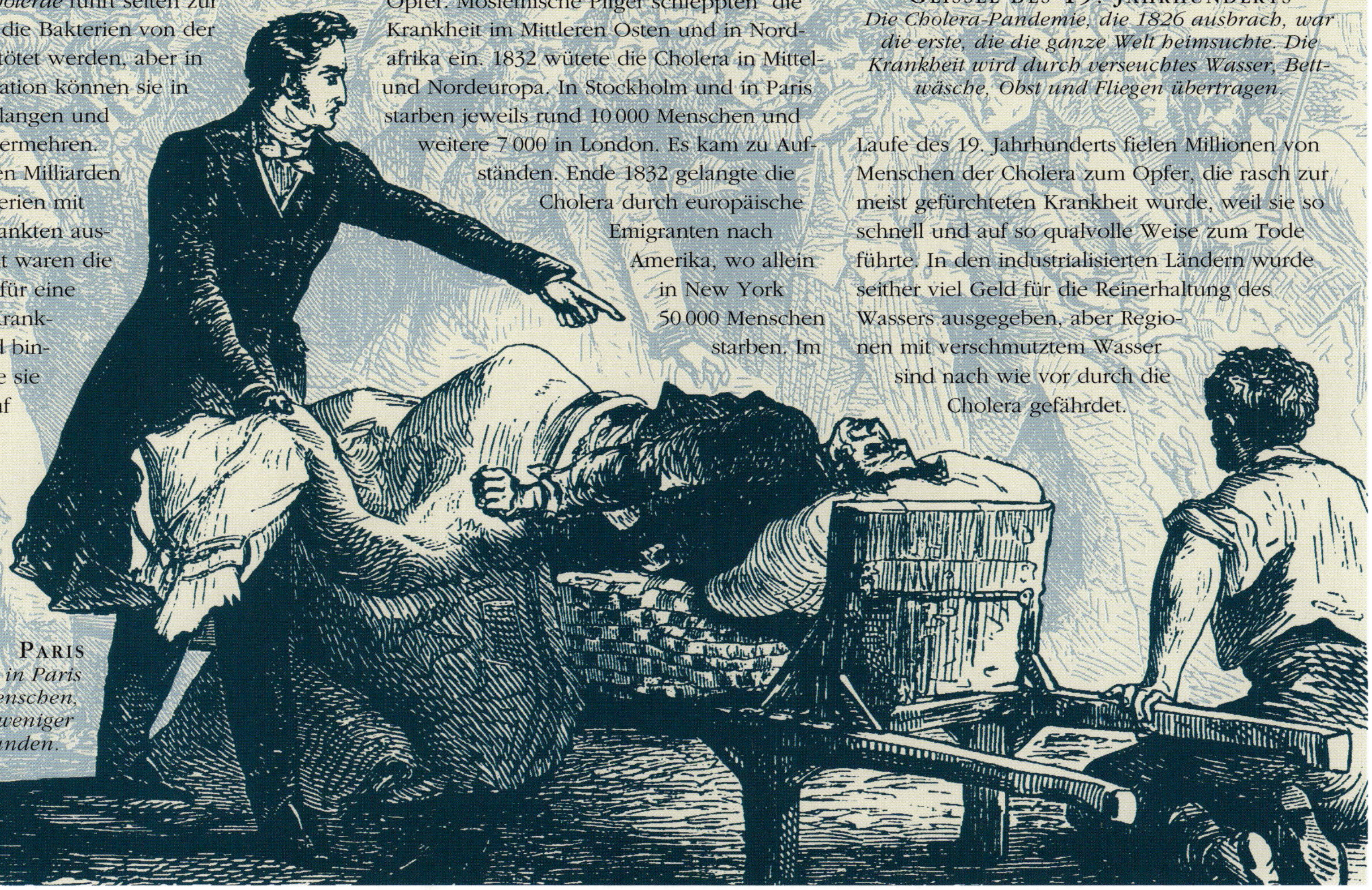

Cholera in Paris
1832 starben in Paris rund 10 000 Menschen, viele innerhalb weniger Stunden.

SPANISCHE GRIPPE

GRIPPE-PANDEMIE, GLOBAL, 1918-1919

LEXIKON SEITE 134, NUMMER 84

KURZ VOR ENDE DES ERSTEN WELTKRIEGS, im Herbst 1918, erkrankten Soldaten an einem neuen Typ der Grippe. Die Krankheit war so ansteckend, dass sie ganze Einheiten gleichzeitig befiel. Die meisten Soldaten genasen, aber in vielen Fällen kamen tödliche Komplikationen hinzu. Nach dem Waffenstillstand im November kehrten die Soldaten in ihre Heimatländer zurück und verbreiteten das Virus über den ganzen Erdball. Über 22 Millionen Menschen starben.

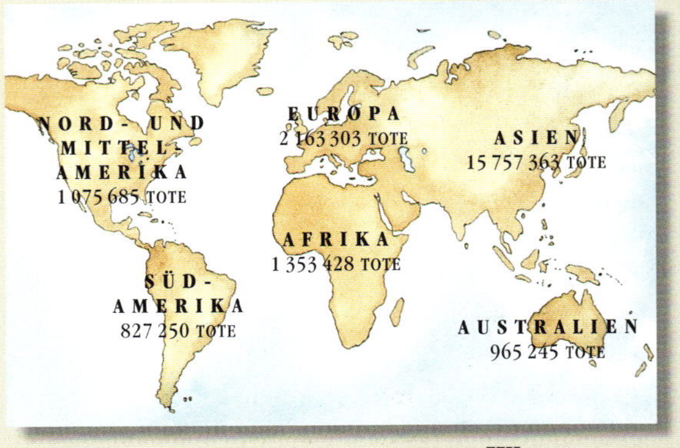

OPFER AUF DER GANZEN WELT
Mehr als 22 Millionen Menschen erlagen 1918 und 1919 einem besonders bösartigen Typ des Grippe-Virus. In den Englisch sprechenden Ländern wurde die Krankheit „Spanish Flu" genannt, in Deutschland „Blitzkatarrh".

IDEALE BEDINGUNGEN
Nachdem die Grippe im Herbst 1918 in Europa ausgebrochen war, griff sie in den feuchten Schützengräben und Unterständen rasch um sich.

GRIPPE IN AMERIKA
Im Frühjahr 1918 brach in den USA eine Grippe-Epidemie aus. Unter den Erkrankten waren zahlreiche Soldaten, und man vermutet, dass nach Europa entsandte Einheiten das Virus in die Schützengräben einschleppten.

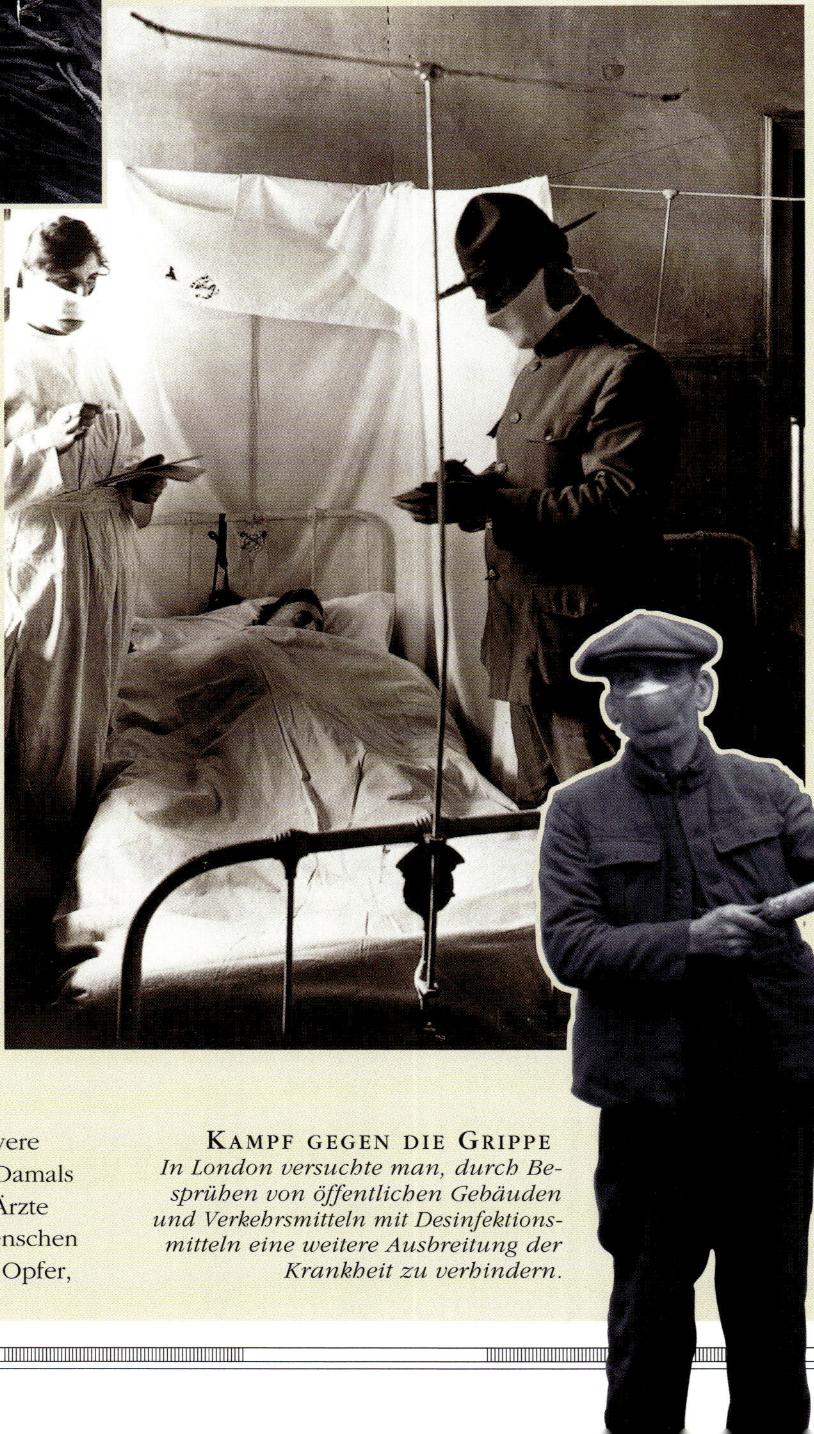

KAMPF GEGEN DIE GRIPPE
In London versuchte man, durch Besprühen von öffentlichen Gebäuden und Verkehrsmitteln mit Desinfektionsmitteln eine weitere Ausbreitung der Krankheit zu verhindern.

Der Erste Weltkrieg war mörderisch und zudem brachten die heimkehrenden Soldaten den Tod mit. In nur wenigen Monaten starben 1918 und 1919 mehr Menschen an der Grippe, als in den vier Kriegsjahren in ganz Europa umgekommen waren.

Die Spanische Grippe war keine normale Infektionskrankheit, bei der nur für Alte und Geschwächte Lebensgefahr besteht; mehr als 80 Prozent derjenigen, die an der Krankheit starben, waren zwischen 17 und 40 Jahre alt. Der plötzliche Tod so vieler Menschen im arbeitsfähigen Alter, von denen viele auch Eltern waren, war nicht nur eine Tragödie, sondern auch ein schwerer wirtschaftlicher Schlag für eine Gesellschaft, die auf den Schlachtfeldern Europas viele ihrer jungen Männer verloren hatte.

Das Grippe-Virus von 1918 war besonders gefährlich, weil es die Lungen angriff und seine Opfer für schwere bakterielle Infektionen anfällig machte. Damals gab es noch keine Antibiotika, und die Ärzte konnten nur hilflos zusehen, wie die Menschen litten und starben. Es gibt Berichte über Opfer, die so schwer erkrankt waren, dass sie auf der Straße tot umfielen oder Verkehrsunfälle verursachten. Als die Spanische Grippe auf einem Konvoi von Kriegsschiffen vor der Küste Irlands ausbrach, wurden die Besatzungen so krank, dass sie die Schiffe nicht mehr auf Kurs halten konnten. Zwei Schiffe kollidierten und sanken mit 431 Menschen an Bord.

Die Zeitungen priesen die seltsamsten Rezepte an, darunter das Inhalieren von Eukalyptus, Schwefel und Knoblauch. Andere Grippekranke badeten kochend heiß oder tranken Alkohol, um ins Schwitzen zu geraten, weil Schwitzen als Anzeichen der Genesung galt.

Die Spanische Grippe verschwand erst, als fast der gesamte Rest der Weltbevölkerung gegen diesen Virus-Typ immun geworden war. Aber wenig später entwickelten sich neue Typen, und seither hat es zahlreiche weitere Grippe-Epidemien gegeben. Niemand weiß, ob und wann wieder ein Typ auftreten wird, der so virulent ist wie der, der zwischen 1918 und 1919 zuschlug.

DIE GRENZEN DER MEDIZIN

Seit Jahrhunderten lassen Eltern ihre Kinder immunisieren, indem sie sie einer Infektionskrankheit aussetzen, solange sie noch klein sind. Als die Pocken noch grassierten, wurden Kinder mit dem Schorfgewebe von jemandem geimpft, der an einer leichten Form der Krankheit litt. In der Regel erkrankten sie gleichfalls leicht und erwarben lebenslange Immunität. Heute werden fast ausschließlich Impfstoffe verwendet, die Immunität bewirken, ohne die Krankheit hervorzurufen. Aber bei Krankheiten wie der Grippe sind Impfungen nur von geringem Nutzen, weil die Erreger imstande sind, die Abwehrmechanismen des Immunsystems zu umgehen.

Die Entwicklung der Antibiotika in den 40er Jahren des letzten Jahrhunderts war bei der Behandlung von Infektionskrankheiten ein riesiger Schritt nach vorn. Die meisten Antibiotika können bakterielle Infektionen heilen, ohne dem Patienten zu schaden. Aber einige dieser Medikamente, wie zum Beispiel Mefloquin, das bei der Behandlung von Malaria eingesetzt wird, haben starke Nebenwirkungen. Medikamente gegen Virusinfektionen sind wesentlich schwerer zu entwickeln, weil Viren sich mit Hilfe der biochemischen Vorgänge in unseren Zellen vermehren. Deshalb können Medikamente, die die Vermehrung der Viren unterbinden, auch negative Folgen für den Patienten haben. Ein weiteres Problem besteht darin, dass die Krankheitserreger Resistenzen entwickeln können.

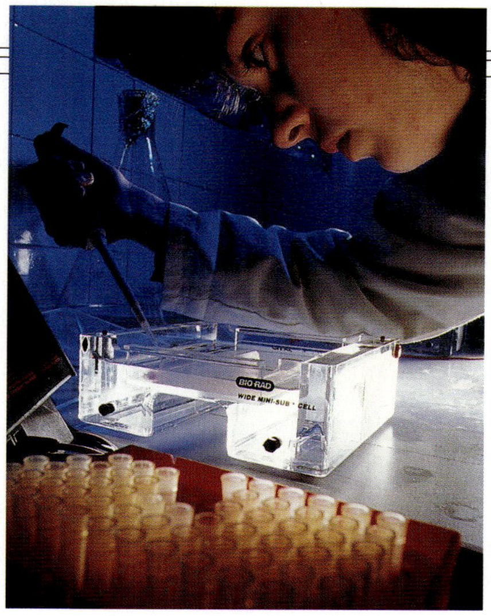

MIKROBENFORSCHUNG
Wissenschaftler erforschen Krankheitsübertragung, indem sie Erreger im Laboratorium züchten und untersuchen.

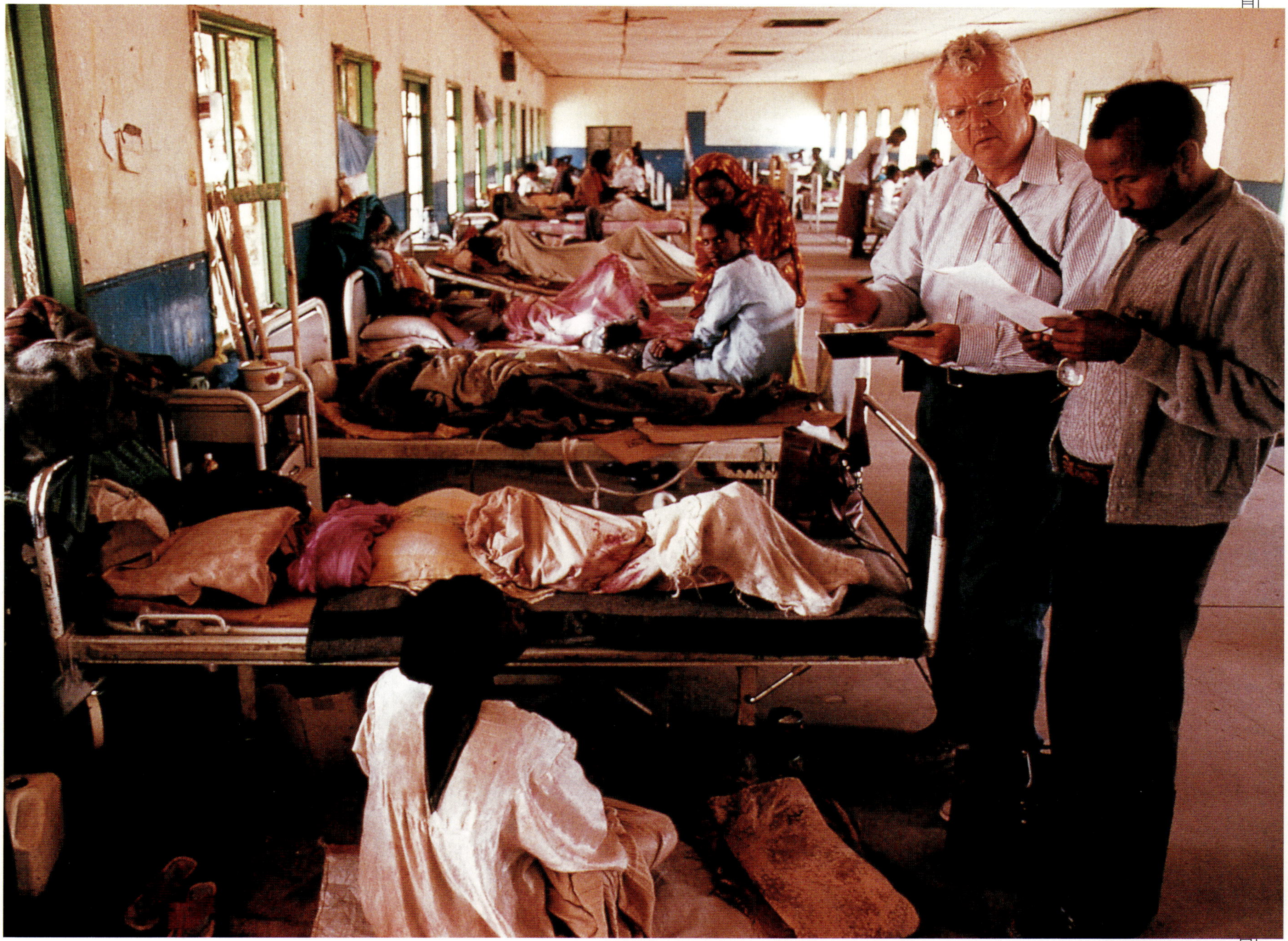

MEDIZIN IN DER PRAXIS
Das größte Hemmnis in der Medizin ist das Geld. Krankenhäuser wie dieses in Hergeisa in Somalia sind zu arm, um alle Menschen in ihrem Umkreis mit Medikamenten und Impfstoffen zu versorgen.

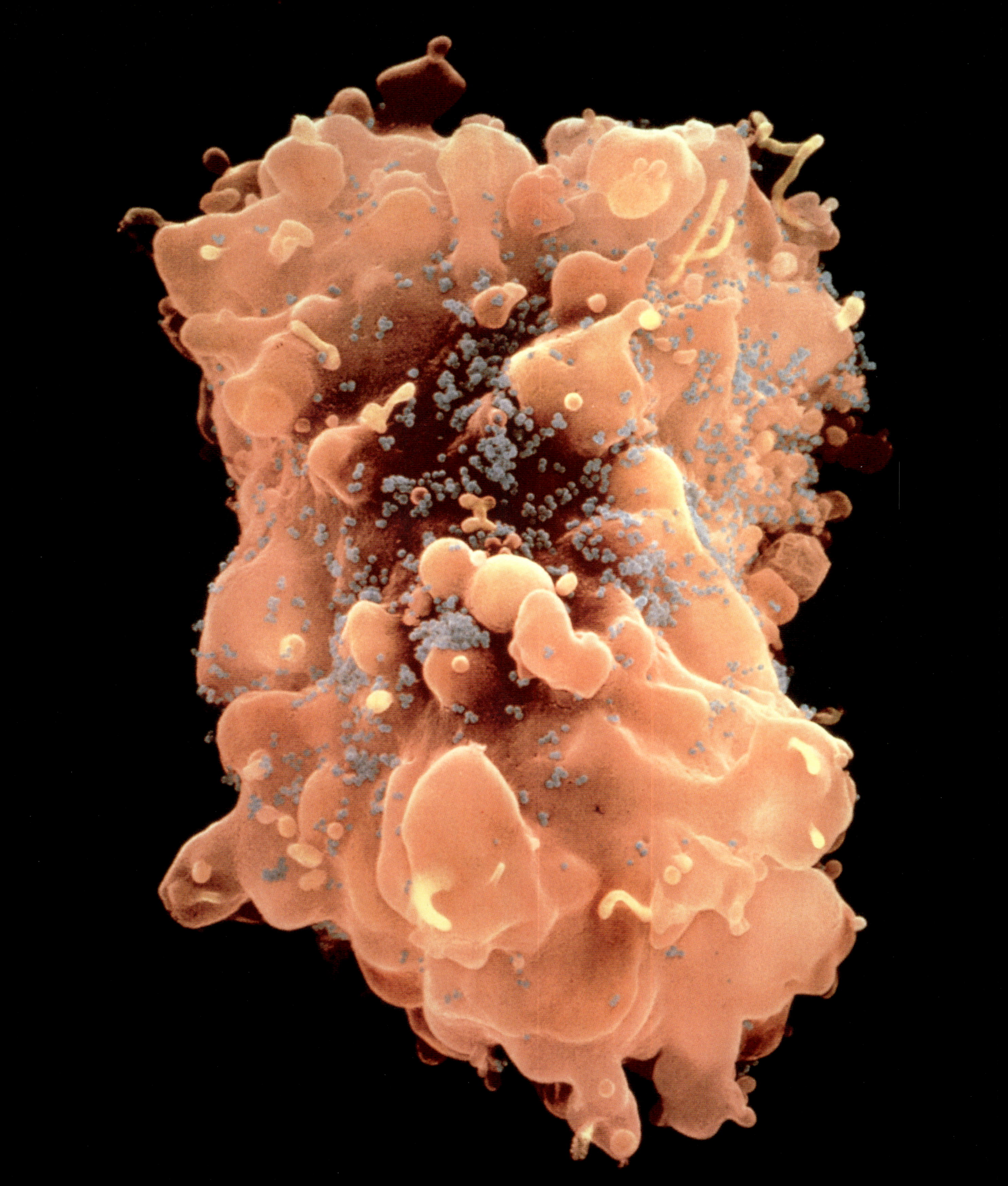

AIDS

EPIDEMIE, GLOBAL, 1959 BIS HEUTE

LEXIKON SEITE 133, NUMMER 25

DIE WELTWEITE VERBREITUNG DER IMMUNSCHWÄCHE-KRANKHEIT AIDS (Acquired ImmunoDeficiency Syndrom) hat eine Menschheit in Angst und Schrecken versetzt, die mit ihrer modernen Medizin alle epidemischen Krankheiten besiegt glaubte. 1998 waren rund 33 Millionen Menschen mit dem AIDS-Virus HIV infiziert und 2,5 Millionen starben an dieser Krankheit. Das Virus wird durch Körperflüssigkeiten wie Sperma, Blut und Muttermilch übertragen. Es tötet langsam, indem es das Immunsystem zerstört. Inzwischen gibt es Medikamente gegen AIDS, aber sie können das Fortschreiten der Krankheit nur verlangsamen.

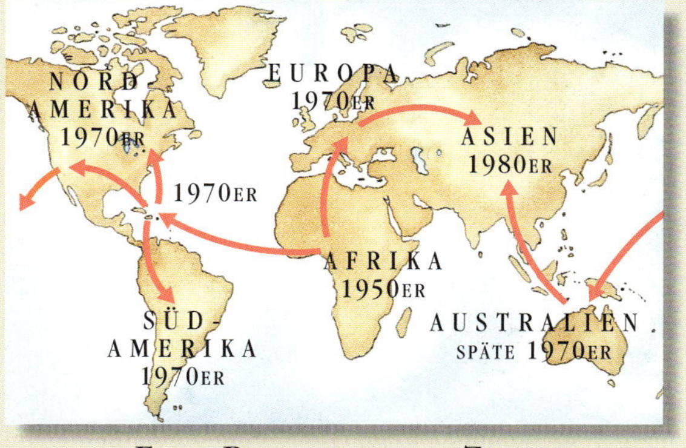

EINE PEST UNSERER ZEIT
Hinweise auf ein dem HIV ähnliches Virus in den 50er Jahren in Afrika haben viele Wissenschaftler überzeugt, dass AIDS dort aufgekommen ist. Die Karte zeigt, wie es sich von Afrika aus über die ganze Welt ausgebreitet haben könnte.

Der erste Artikel über AIDS erschien 1981 in einer medizinischen Zeitschrift in den USA, aber Ärzte in New York und Kalifornien hatten bereits in den 70er Jahren Symptome beschrieben, die heute mit der Krankheit in Zusammenhang gebracht werden. Sie hatten festgestellt, dass eine wachsende Zahl von jungen Männern unter Infektionen litt, die vorher nur bei sehr alten Leuten aufgetreten waren oder bei Menschen, deren Immunsystem durch Medikamente schwer geschädigt war. Nachdem AIDS diagnostiziert worden war, dauerte es weitere zwei Jahre, bis das für diese Krankheit verantwortliche Virus entdeckt wurde; weil es die Zellen des Immunsystems angreift, erhielt es den Namen Human Immunodeficiency Virus (HIV). Bald stellte sich heraus, dass HIV auf allen Kontinenten vorhanden war.

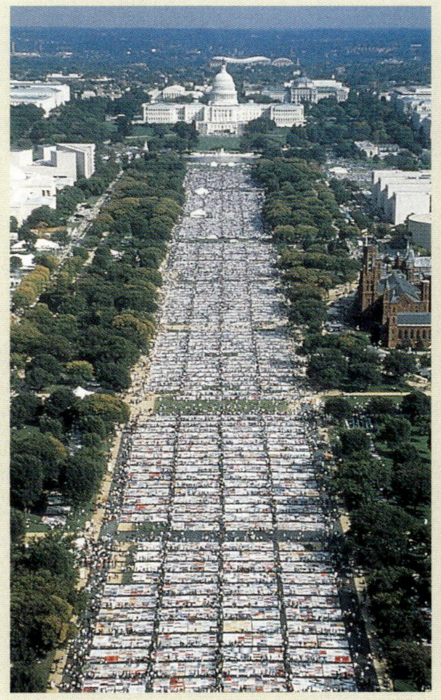

TOTENGEDENKEN
Diese Gedenkstätte wurde 1986 von den Freunden und Angehörigen der Menschen angelegt, die an AIDS gestorben waren.

SCHLEICHENDER TOD

Wenn sich Menschen mit HIV infizieren, leiden sie unter Symptomen, die denen einer leichten Grippe ähneln, erholen sich dann aber rasch, weil ihr Immunsystem die Viren vernichtet. Aber es kann HIV nicht restlos abtöten, weil die Viren sehr schnell mutieren und immer neue Formen bilden. In der Regel dauert der Kampf zwischen dem Immunsystem und den Viren sechs bis zehn Jahre. Dann ist das Immunsystem ermattet und der Körper allen möglichen Infektionen ausgeliefert. Da bei HIV-Infizierten über einen so langen Zeitraum hinweg keine AIDS-Symptome auftreten, lässt sich die Ausbreitung der Krankheit nur schwer verfolgen und noch schwerer verhindern. Viele Infizierte wissen nicht, dass sie die Krankheit in sich tragen, und stecken dann ihre Sexualpartner an.

In den 80er Jahren wurde ein eindeutiger Zusammenhang zwischen AIDS und Menschen nachgewiesen, die viele Sexualpartner hatten oder sich Drogen spritzten. Das löste eine Welle heftiger moralischer Entrüstung aus; die Folge davon war, dass der intensive Kampf gegen die Krankheit erst mit zehnjähriger Verspätung begann. In der Zwischenzeit hatte sie sich weiter ausgebreitet und war zu einer globalen Seuche geworden, für die es bis heute kein Heilmittel gibt.

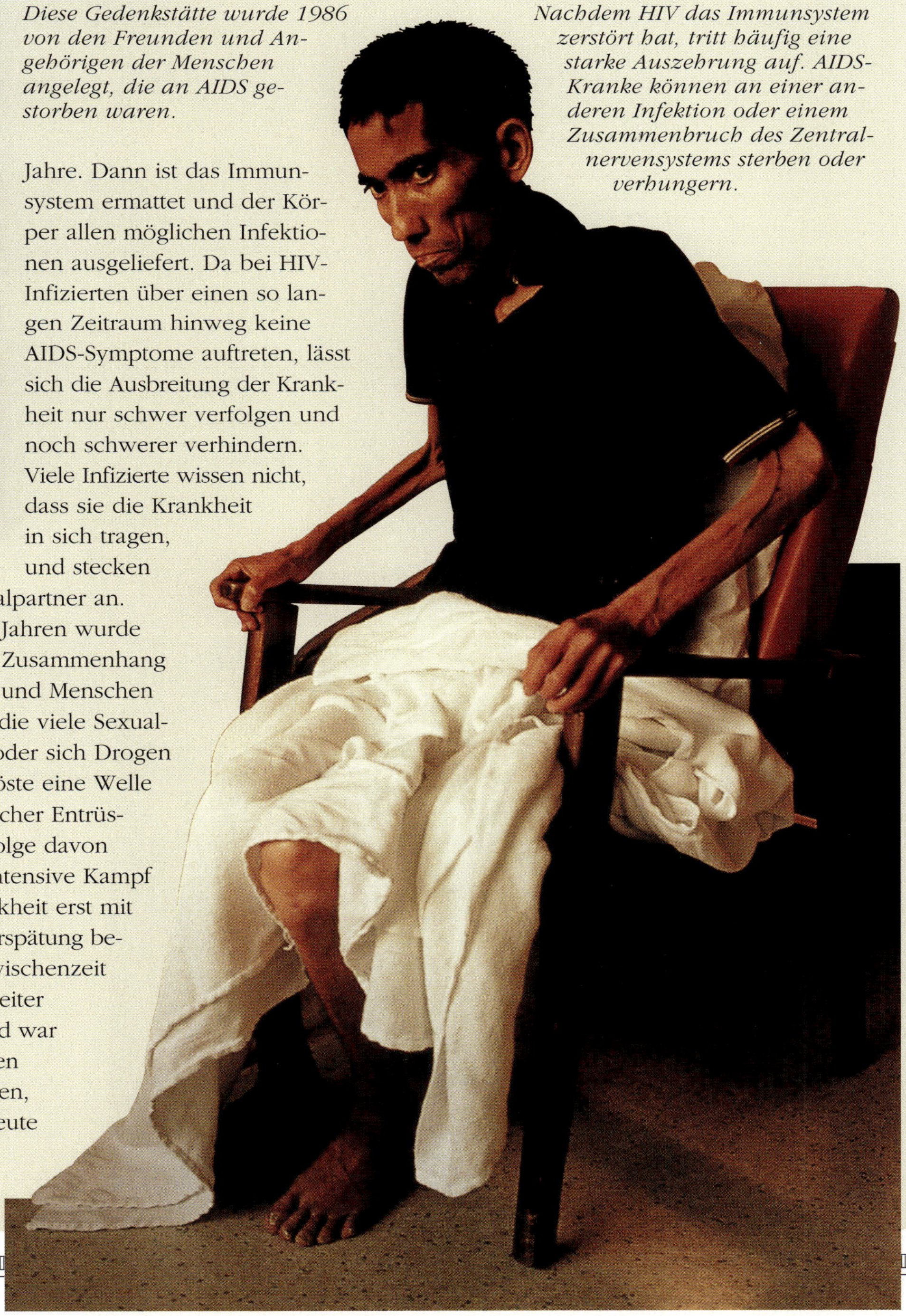

DAS ENDSTADIUM
Nachdem HIV das Immunsystem zerstört hat, tritt häufig eine starke Auszehrung auf. AIDS-Kranke können an einer anderen Infektion oder einem Zusammenbruch des Zentralnervensystems sterben oder verhungern.

ATTACKIERTE T-ZELLE
Eine Blutzelle des Immunsystems, T-Zelle genannt und hier in 40 000-facher Vergrößerung abgebildet, ist von HIV befallen (blau). HIV zerstört T-Zellen und schwächt so das Immunsystem.

NEUE GEFAHREN

Kurz nachdem es in den 80er Jahren gelungen war, das AIDS-Virus HIV zu isolieren, gab es Gerüchte, dass es in Labors des Militärs gezüchtet und versehentlich – oder auch absichtlich – freigesetzt worden war. Es schien dazu geschaffen zu sein, Tod und Elend zu verbreiten. Die lange Inkubationszeit bedeutete, dass die Opfer die Krankheit jahrelang übertragen konnten, ohne zu wissen, dass sie infiziert waren. Dass das gesamte Arsenal der modernen Medizin gegen HIV nichts ausrichten konnte, war für viele ein weiterer Beweis dafür, dass es nicht zufällig entstanden sein konnte. Aber die Geschichte zeigt, dass neue Krankheiten jederzeit ausbrechen können.

Es liegt in der Natur des Menschen, neue Wege zur Nutzung und Ausbeutung seiner Umwelt zu erkunden, aber dadurch machen wir uns anfällig für neue Krankheiten. Es lässt sich unmöglich vorhersagen, wann oder ob wir Mikroben eine neue Chance bieten, uns zu attackieren. So gaben zum Beispiel Klimaanlagen einem vorher harmlosen Bakterium die Möglichkeit, menschliche Lungen zu befallen.

Veränderungen in der Erzeugung von Nahrungsmitteln und im Umgang mit ihnen haben die Gefahr der Übertragung von Infektionskrankheiten vergrößert. Bei der industriellen Nahrungsmittelproduktion können die in manchen Rohstoffen enthaltenen Krankheitserreger in das Produkt gelangen und dann vielleicht in großen Mengen in alle Welt verschifft werden.

Besonders fatale Folgen hatte die Beimengung der Gehirne und sonstiger Schlachtabfälle von anderen Tieren in das Futter von Rindern – den Rinderwahnsinn BSE (Bovine spongiforme Enzephalopathie). BSE ist eine Hirnerkrankung, die durch ein Prion, ein ansteckendes Eiweißpartikel, übertragen wird.

Untersuchungen deuten darauf hin, dass der Verzehr von mit BSE infiziertem Rindfleisch beim Menschen eine neue Variante der Creutzfeld-Jakob-Krankheit auslösen kann. Zwar wurden bisher nur wenige Fälle dieser degenerativen Hirnerkrankung diagnostiziert, aber da die Erreger viele Jahre im Körper schlummern können, lässt sich nicht sagen, wie viele Menschen infiziert sind. Die Pocken und andere todbringende Krankheiten haben sich ausgebreitet, nachdem Erreger, die ursprünglich nur Tiere befallen hatten, auf den Menschen übergriffen. Viele der tödlichsten neuen

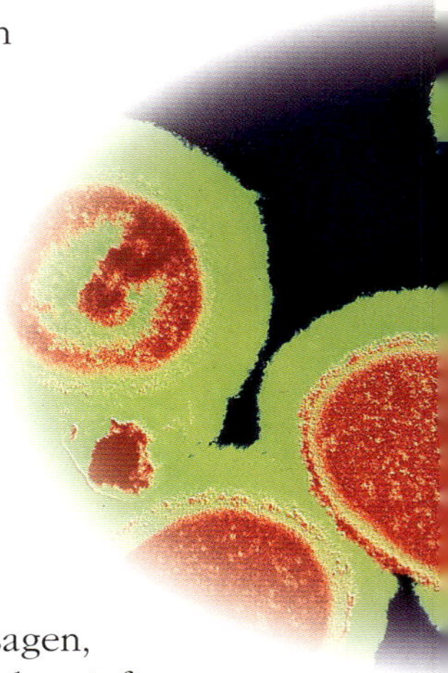

EINE NEUE SEUCHE IN AFRIKA
Die Leichen der Menschen, die an Ebola gestorben waren, mussten mit aller Vorsicht beseitigt werden. Das auslösende Virus hatte bei mehr als 80 Prozent der Erkrankten zum Tode geführt.

PEST IN INDIEN
Ein Ausbruch der Pest in Indien 1994 löste weltweite Betroffenheit aus. Aber nur wenige Menschen starben, weil die Krankheit heute mit Antibiotika behandelt werden kann.

NEUE GRIPPE
In Hongkong wurden 1997 Millionen von Hühnern getötet, weil man sie für die Wirte eines neuen Stamms des Grippe-Virus hielt.

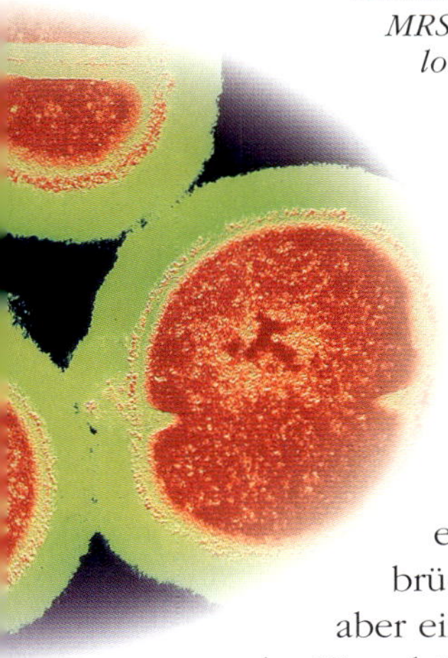

RESISTENTE BAKTERIEN
MRSA-Stämme von Staphylokokken (hier in 15 000-facher Vergrößerung) sind gegen die meisten Antibiotika resistent.

Infektionskrankheiten werden ebenfalls von Erregern hervorgerufen, unter denen in erster Linie Tiere leiden. Bisher hat es nur sporadische Ausbrüche von Ebola gegeben, aber eine zufällige Mutation des Virus könnte die Krankheit noch wesentlich ansteckender machen.

DIE GEFAHR VON MUTATIONEN

Die Ärzte befürchten vor allem, dass sich die Infektionsstrukturen bei einer bestimmten Gruppe von Viren verändern könnten. Sie werden Hantaviren genannt, nach dem Fluss Hantaan in Korea, weil dort während des Koreakriegs 1950 bis 1953 mehrere Tausend UN-Soldaten erkrankten, von denen 400 starben. Zu den Symptomen gehörten Fieber, innere Blutungen und Nierenversagen. Als das Virus 1976 endlich entdeckt wurde, stellte man fest, dass es bei den wild lebenden Nagetieren in dieser Region grassierte. Seither wurden Hantaviren bei Nagetieren überall auf der Erde gefunden, und man vermutet, dass sie für bisher unidentifizierte neue Krankheiten verantwortlich sind, an denen Tausende von Menschen starben. Bisher sind Hantavirus-Erkrankungen jedoch nur sporadisch aufgetreten, weil sich nur Menschen infizieren können, die mit wilden Nagetieren oder ihrem Kot in Berührung kommen. Aber eine Mutation könnte einen Stamm hervorbringen, der von Mensch zu Mensch ebenso leicht übertragbar ist wie unter Nagetieren. Die Folge könnte die weltweite Ausbreitung einer Krankheit sein, gegen die wir keinerlei Abwehrmechanismen besitzen.

WAHNSINNIGE KUH
Man vermutet, dass britische Rinder 1985 erstmals an BSE erkrankten. 2000 wurden die ersten BSE-Fälle in Deutschland nachgewiesen.

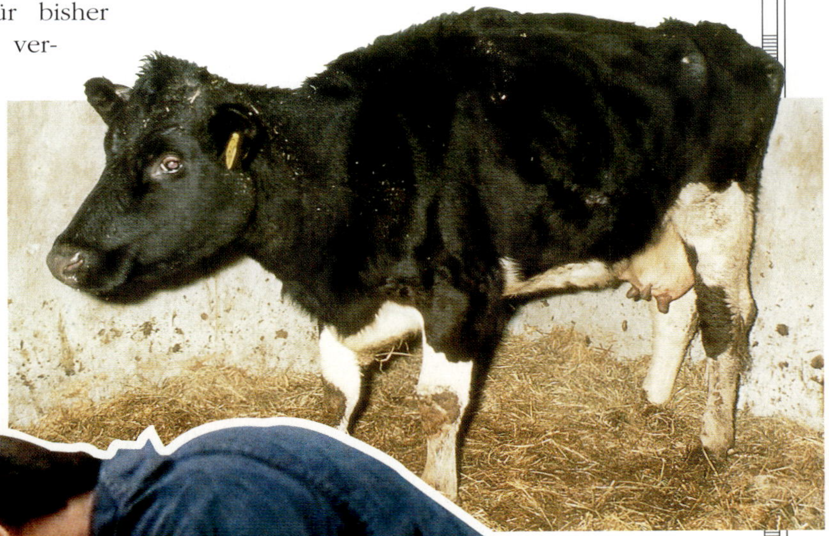

TEIL ZWEI

LEXIKON

„Nichts ist frei von der Gefahr der Veränderung; die Erde, die Himmel und die ganze Welt sind ihr unterworfen.“

SIR WALTER RALEIGH (1552-1618)

NATURKATASTROPHEN SIND WESENTLICH LEICHTER ZU VERSTEHEN, wenn man eine Landkarte vor sich hat, denn bei der Art von Katastrophen, die sich in einer bestimmten Region ereignen, spielen Geographie und Geologie dieser Region eine wichtige Rolle. Das Muster der Erdbeben und Vulkanausbrüche auf der Erdoberfläche liefert wichtige Hinweise auf Vorgänge im Erdinnern: auf das Driften der Kontinente wie auch das Wachsen und Schrumpfen der Ozeane. Das Kartieren von Stürmen gibt Aufschluss über die Zirkulation der Luft in der Atmosphäre und des Wassers in den Meeren. Welche Folgen eine Katastrophe hat, wird auch von der Humangeographie einer Region bestimmt. In reicheren Regionen kosten Katastrophen wesentlich mehr Geld, in ärmeren dagegen wesentlich mehr Menschenleben.

EIN STURM BEDROHT DIE USA
Dieses von einem Computer erzeugte Perspektivbild von Hurrikan Andrew zeigt das Ausmaß des tropischen Wirbelsturms, der im August 1992 im Südosten der USA Schäden in Höhe von 27 Milliarden Dollar anrichtete.

HINWEISE ZUM GEBRAUCH DES

LEXIKONS

AUF DEN FOLGENDEN SEITEN (128-139) finden Sie acht Lexikonkarten, auf denen mehr als 500 Katastrophenorte markiert sind. Jede Katastrophe ist mit einer Nummer versehen, die einem Artikel in den Erläuterungen auf den Seiten 140-153 entspricht, und einem Symbol für die Art der Katastrophe. Die Karte unten zeigt die auf den Lexikonkarten dargestellten Regionen mit der entsprechenden Seitenzahl. Die Erläuterungen sind nach Regionen und chronologisch geordnet. Jeder Artikel trägt eine Nummer, die Sie auf der jeweiligen Karte wiederfinden können; ein Koordinatensystem mit Buchstaben und Zahlen erleichtert das Auffinden. Es folgen die Art der Katastrophe und das Jahr oder der Zeitraum ihres Eintretens sowie genauere Angaben über den Ort. Wo nötig, wird der historische Name einer Stadt oder eines Landes angegeben, mit dem heutigen in Klammern. Die Kurzbeschreibung liefert detaillierte Informationen zu jeder Katastrophe und enthält (wo möglich) Angaben über das Ausmaß der Sachschäden und die Zahl der Toten.

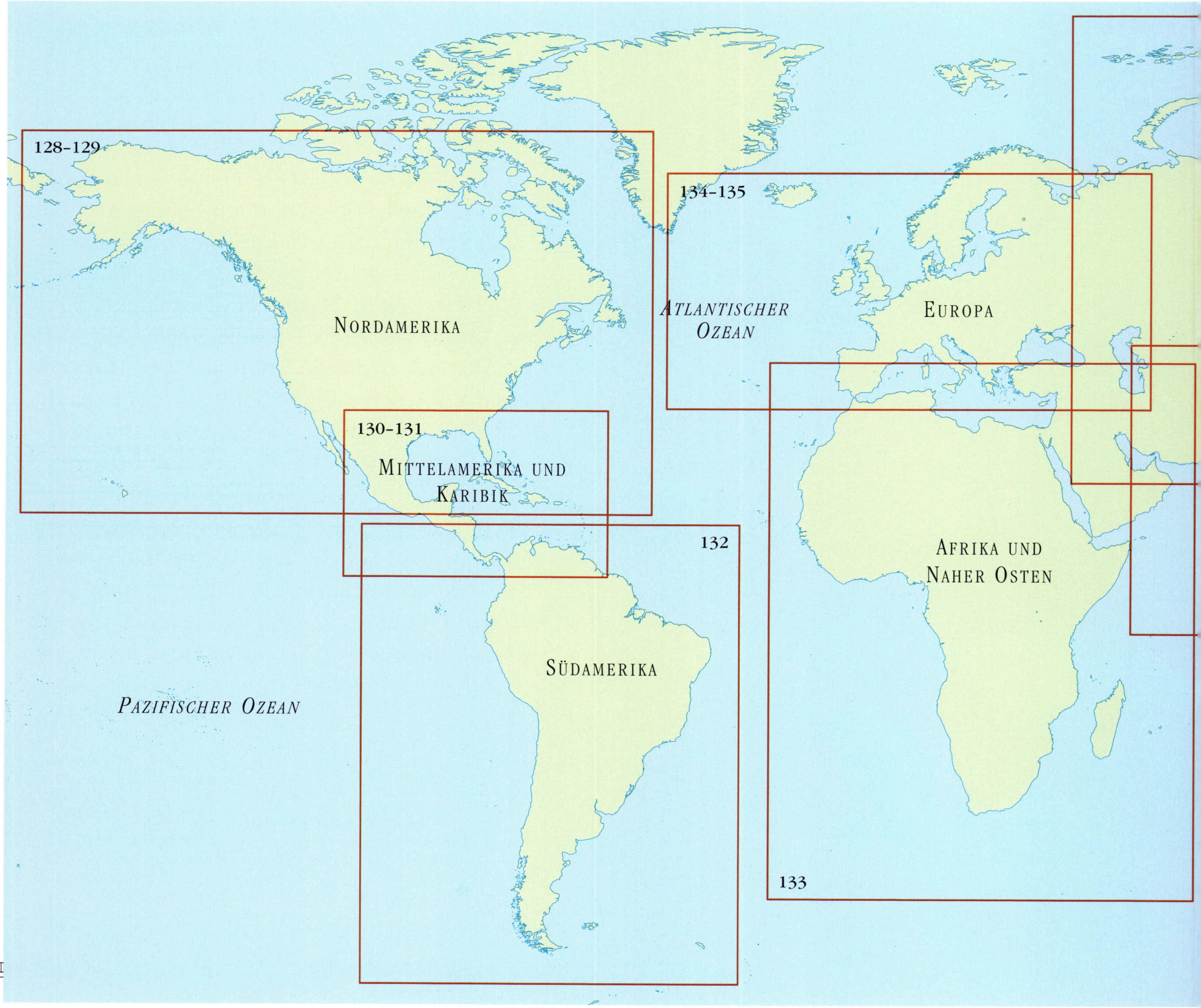

DER KARTENTEIL

Die Weltkarte unten zeigt die Regionen der acht Lexikonkarten dieses Buches. Jeder Kasten verweist auf eine ein- oder doppelseitige Karte. Das Register unten rechts auf dieser Seite nennt die Überschriften der Karten und die Seiten, auf denen sie und die dazugehörigen Erläuterungen zu finden sind. Jede Karte enthält folgende Informationen:

- Die Orte der Katastrophen.
- Eine kurze Einführung mit Hinweisen auf die wichtigsten tektonischen und klimatischen Verhältnisse der betreffenden Region und das Vorkommen von Krankheiten.

- Eine kleine Übersichtskarte in Globusform.
- Eine Liste farbiger Symbole für die verschiedenen Arten der Naturkatastrophen.
- Dreieckige Hinweiszeichen an den Rändern der Karte, die auf die angrenzenden Seiten des Kartenteils verweisen.

DER ERLÄUTERUNGSTEIL

Für jede auf den Karten eingezeichnete Katastrophe gibt es einen Abschnitt mit Erläuterungen. Die Tabelle unten gibt an, auf welchen Seiten sie jeweils zu finden sind. Auch die Katastrophen, über die im ersten Teil dieses Buches ausführlich berichtet wurde, sind auf den Karten eingezeichnet, in den Erläuterungen aber lediglich mit einem Verweis auf den ausführlichen Bericht im ersten Teil aufgeführt. Für alle anderen Naturkatastrophen enthalten die Erläuterungen folgende Informationen:

- Koordinaten des Katastrophenortes auf der entsprechenden Karte.
- Name des Ortes, an dem sich die Katastrophe ereignete, oder, bei Vulkanausbrüchen, der Namen des Vulkans.
- Art der Katastrophe und Jahr oder Zeitraum ihres Eintretens.
- Geographische Angaben über den Katastrophenort.
- Bericht über den Ablauf der Katastrophe, das Ausmaß der Sachschäden und die Zahl der Toten.

REGISTER DER KARTEN UND ERLÄUTERUNGEN

NORDAMERIKA

Nordamerika gehört zu den Kontinenten, die von der klimatischen Instabilität der Eiszeitalter am stärksten betroffen waren. Noch vor 18 000 Jahren lag mehr als die Hälfte des Landes unter einer dicken Eisdecke. Als das Eis schmolz und der Meeresspiegel stieg, wurde die Landbrücke, die Alaska und Sibirien verband, überflutet und die auf dem Kontinent lebenden Menschen bis zum Eintreffen der Europäer vom Rest der Weltbevölkerung abgeschnitten. Die Europäer schleppten pathogene Mikroorganismen in die Neue Welt ein; sie lösten Epidemien aus, an denen bis zu 90 Prozent der Eingeborenen starben. Heute herrschen gelegentlich extreme Witterungsbedingungen, und manche Teile der USA werden von heftigen Tornados heimgesucht. Der größte Teil des Kontinents ist geologisch stabil, nur an der Westküste gibt es Erdbeben und Vulkanausbrüche.

Amundsen-golf
Victoria Island
King William Island
Golf von Boothia
Baffinland
Baffin-meer
GRÖNLAND
Prince Charles Island
Davisstraße
Polarkreis
Großer Bärensee
Foxe Basin
Cumberland Sound
Southampton Island
Mackenzie
Iqaluit
Rankin Inlet
Yellowknife
Coats Island
Großer Sklavensee
Mansel Island
Hudsonstraße
Halbinsel Ungava
Hudson-bai
Ungava Bay
Labrador-see
Churchill
ROCKY MOUNTAINS
KANADA
Belcher Island
James Bay
Labrador
Edmonton
Winnipeg-see
Labrador City
Calgary
Regina
Winnipeg
St.-Lorenz-Golf
Vancouver
Thunder Bay
Neufundland
Seattle
Missouri
Oberer See
Quebec
Portland
Minneapolis
Huron-see
Ottawa
St.-Lorenz-Strom
Pierre
Michigan-see
Toronto
Ontario-see
Neuschottland
Snake River
VEREINIGTE STAATEN
Chicago
Detroit
Erie-see
Boston
Great Basin
Salt Lake City
New York
Denver
Kansas City
St. Louis
Appalachen
Washington
San Francisco
Sierra Nevada
Arkansas
Mississippi
ATLANTISCHER OZEAN
Albuquerque
Red River
Los Angeles
Charleston
San Diego
Dallas
Houston
Tallahassee
Rio Grande
New Orleans
Tampa
Golf von Kalifornien
Miami
BAHAMAS
MEXIKO
Golf von Mexiko
Wendekreis des Krebses
Havanna
KUBA
Mexiko
130

VEREINIGTE STAATEN VON AMERIKA
El Paso
Ciudad Juárez
Rio Grande
Colorado
Red River
Mississippi
Houston
New Orleans
Mississippidelta
Chihuahua
Bolsón de Mapimí
Sierra Madre Occidental
Sierra Madre Oriental
Brownsville
Matamoros
Monterrey
Torreón
Culiacán
Golf von Mexiko
Wendekreis des Krebses
MEXIKO
Tampico
Aguascalientes
León
Guadalajara
Puerto Vallarta
Morelia
Mexiko
Yucatánstraße
Mérida
Golf von Campeche
Halbinsel Yucatán
Villahermosa
Belize
Belmopan
BELIZE
Islas de la Bahia
Golf von Honduras
Acapulco
Sierra Madre Del Sur
Golf von Tehuantepec
GUATEMALA
San Pedro Sula
HONDURAS
Guatemala
Tegucigalpa
San Salvador
EL SALVADOR
NICARAGUA
Managua
Bluefields
Nicaragua
PAZIFISCHER OZEAN
COSTA RICA
San José
SYMBOLE
Vulkan
Erdbeben
Tsunami
trop. Wirbelsturm
Tornado
Sturm/Gewitter
Dürre
Brand
Überschwemmung
Erdrutsch/Lawine
Kälteeinbruch
Weltraumattacke
Schädlingsbefall
Krankheit
Landhöhe (in Metern)
6000
4000
2000
1000
200
Meeresspiegel
0 100 200 km
129

Mittelamerika und die Karibik

Die größte Katastrophe, die Mittelamerika unseres Wissens je betroffen hat, war der Einschlag eines Meteoriten mit vermutlich mehr als 15 km Durchmesser vor 65 Millionen Jahren. Er hinterließ dort, wo sich heute die Halbinsel Yucatan befindet, einen fast 200 km breiten Krater und löste gewaltige Tsunamis aus. Der Staub und die Gase, die emporgeschleudert wurden, könnten eine weltweite Klimaveränderung und das Aussterben zahlreicher Arten, darunter der Dinosaurier, bewirkt haben. Heute gibt es in dieser Region viele Erdbeben und mehrere aktive Subduktionsvulkane. Der schwerste Ausbruch ereignete sich 1902 auf der Insel Martinique, wo 30000 Menschen starben. Die Region ist tropischen Wirbelstürmen ausgesetzt, die sich sowohl über dem Atlantik als auch über dem Ostpazifik bilden können und teilweise schwere Katastrophen auf Inseln und in Küstengebieten verursachen.

SÜDAMERIKA

An der geologisch instabilen Westküste Südamerikas sind Erdbeben und Vulkanausbrüche häufig. Der schwerste Vulkanausbruch des 20. Jahrhunderts ereignete sich 1985 in Kolumbien. Heiße Gase und Asche aus dem Nevado del Ruiz ließen einen Teil des Gipfelgletschers schmelzen, und Millionen von Tonnen Schlamm wälzten sich durch Flusstäler und begruben 22000 Menschen unter sich. Seebeben wie das vor der Küste von Chile 1960 lösen Tsunamis aus, die an alle Küsten des Pazifiks branden. Südamerika leidet auch unter dem El-Niño-Phänomen. In einem El-Niño-Jahr kommt es in normalerweise trockenen Regionen zu sintflutartigen Regenfällen und Überschwemmungen. Im 16. Jahrhundert schleppten Europäer u.a. die Malaria und andere Epidemien ein.

AFRIKA UND MITTLERER OSTEN

Seit der letzten Eiszeit ist Nordafrika zunehmend trockener geworden; in manchen Gegenden gab es extrem starke Schwankungen der jährlichen Regenmenge. Infolge von Dürreperioden verhungerten seit den 70er Jahren Millionen von Menschen. An der Nordküste Afrikas gibt es häufig Erdbeben, und im Bereich des Ostafrikanischen Grabensystems brechen Vulkane regelmäßig, aber nichtheftig aus.

Europa

In Teilen Europas gibt es seit Tausenden von Jahren geschriebene Geschichte, und die antike Mythologie erzählt von zahlreichen Katastrophen. Indem sie Beweise für frühe Naturkatastrophen fanden, haben Archäologen und Geologen den Sagen vom Untergang von Atlantis und der Sintflut neue Grundlagen verliehen. Klimaschwankungen führten zu Überschwemmungen und Dürrejahren, in denen die Ernten vernichtet wurden und Hungersnöte ausbrachen. Mehrfach wurde der Kontinent von Epidemien heimgesucht. Die meisten Opfer forderte die Pest, aber auch an Masern, Tuberkulose, Typhus, Cholera und Syphilis starben unzählige Menschen. Geologisch instabil ist der Mittelmeerraum; dort kommt es oft zu Erdbeben und Vulkanausbrüchen. Das Gleiche gilt für die Kaukasusregion. Die Gebirgsketten Mittel- und Südosteuropas sind im Winter tief verschneit, und es gehen häufig Lawinen ab. Die schwersten Stürme toben im Nordwesten des Kontinents.

Symbole

- Vulkan
- Erdbeben
- Tsunami
- trop. Wirbelsturm
- Tornado
- Sturm/Gewitter
- Dürre
- Brand
- Überschwemmung
- Erdrutsch/Lawine
- Kälteeinbruch
- Weltraumattacke
- Schädlingsbefall
- Krankheit

Landhöhe (in Metern)

- 6000
- 4000
- 2000
- 1000
- 200
- Meeresspiegel

I
J
K
L
M
N
O
P
1
2
3
4
5
6
7
8
9
Kemi
Weißes Meer
Archangelsk
Nördliche Dwina
Trondheim
Bottnischer Meerbusen
Vaasa
Onegasee
ORWEGEN
FINNLAND
Ladogasee
SCHWEDEN
Turku
Oslo
Uppsala
Helsinki
St. Petersburg
Stockholm
Tallinn
RUSSISCHE
Vänersee
Vättersee
ESTLAND
Peipussee
Kristiansand
Göteborg
Gotland
Ålborg
Riga
Nordeuropäische Ebene
FÖDERATION
LETTLAND
Wolga
Moskau
DÄANEMARK
LITAUEN
Kopenhagen
Ostsee
RUSSISCHE FÖRDERATION (KALININGRAD)
Wilna
Danzig
Minsk
Weichsel
Hamburg
Aktyubinsk
Elbe
WEISSRUSSLAND
IEDERLANDE
Berlin
Warschau
Woronesch
Saratow
POLEN
DEUTSCHLAND
Rhein
Frankfurt am Main
Krakau
Kiew
Prag
UKRAINE
Don
TSCHECHIEN
Karpaten
Dnjepr
Wolgograd
SLOWAKEI
Straßburg
München
Wien
Bratislava
MOLDAWIEN
HWEIZ
ÖSTERREICH
Budapest
Odessa
Rostow am Don
Bern
Alpen
UNGARN
RUMÄNIEN
Asowsches Meer
SLOWENIEN
Temesvar
Mailand
KROATIEN
Venedig
BOSNIEN-HERZEGOWINA
Belgrad
Kaspisches Meer
ITALIEN
JUGOSLAWIEN
Bukarest
Schwarzes Meer
SAN MARINO
Sarajevo
Donau
Kaukasus
Korsika
Adriat. Meer
BULGARIEN
Warna
Rom
Skopje
Sofia
GEORGIEN
Tiflis
ALBANIEN
MAZEDONIEN
Istanbul
Neapel
Tirana
rdinien
Tyrrhenisches Meer
GRIECHENLAND
Bursa
Ankara
Jerewan
ASERBAIDSCHAN
ARMENIEN
Baku
TÜRKEI
Ägäisches Meer
ASERBAIDSCHAN
Ionisches Meer
meer
Palermo
Athen
Konya
IRAN
Tunis
Sizilien
Nikosia
SYRIEN
IRAK
MALTA
Kreta
ZYPERN
TUNESIEN
138
136
133

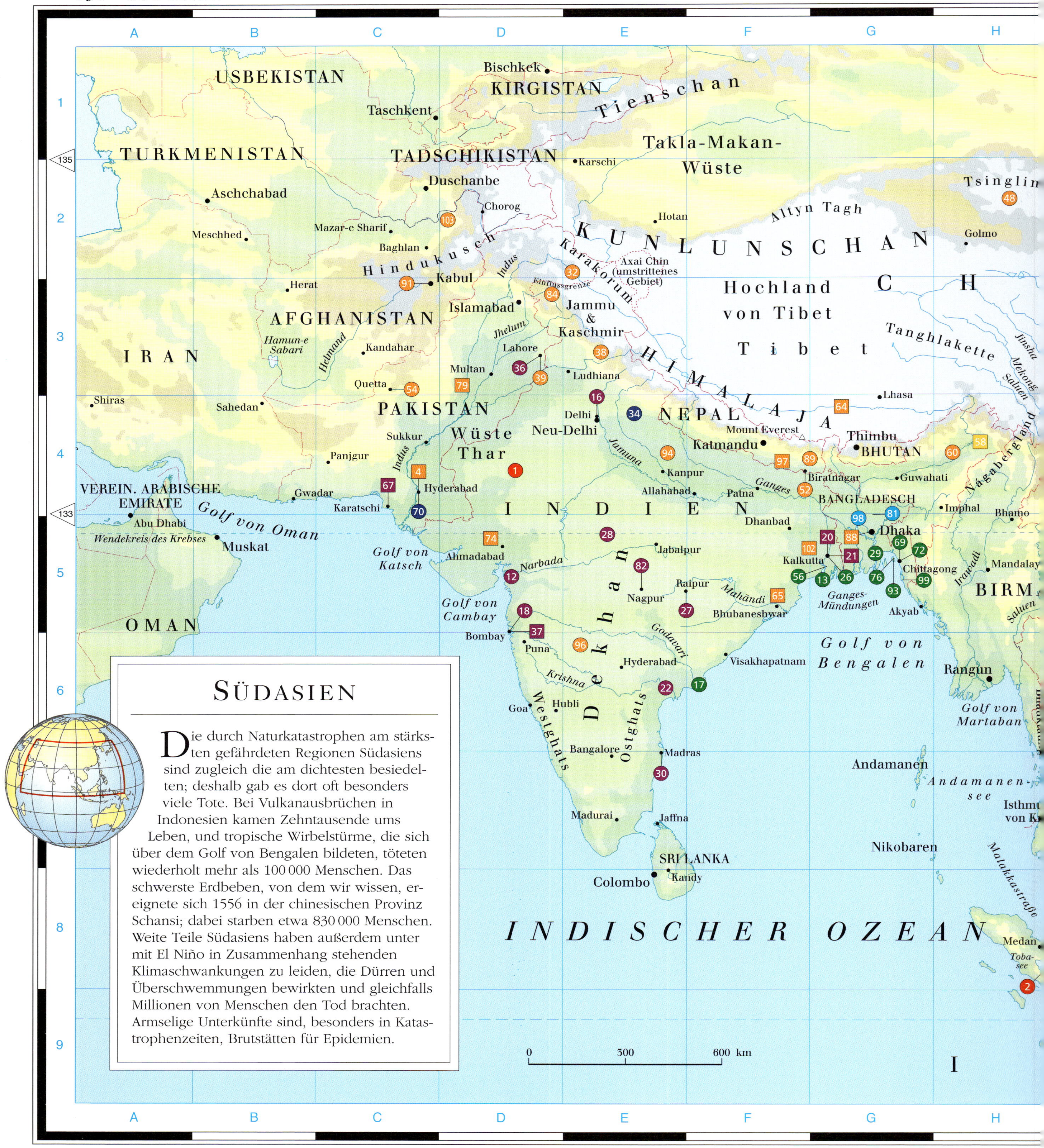

SÜDASIEN

Die durch Naturkatastrophen am stärksten gefährdeten Regionen Südasiens sind zugleich die am dichtesten besiedelten; deshalb gab es dort oft besonders viele Tote. Bei Vulkanausbrüchen in Indonesien kamen Zehntausende ums Leben, und tropische Wirbelstürme, die sich über dem Golf von Bengalen bildeten, töteten wiederholt mehr als 100 000 Menschen. Das schwerste Erdbeben, von dem wir wissen, ereignete sich 1556 in der chinesischen Provinz Schansi; dabei starben etwa 830 000 Menschen. Weite Teile Südasiens haben außerdem unter mit El Niño in Zusammenhang stehenden Klimaschwankungen zu leiden, die Dürren und Überschwemmungen bewirkten und gleichfalls Millionen von Menschen den Tod brachten. Armselige Unterkünfte sind, besonders in Katastrophenzeiten, Brutstätten für Epidemien.

SYMBOLE
Vulkan
Erdbeben
Tsunami
trop. Wirbelsturm
Tornado
Sturm/Gewitter
Dürre
Brand
Überschwemmung
Erdrutsch/Lawine
Kälteeinbruch
Weltraumattacke
Schädlingsbefall
Krankheit
Landhöhe (in Metern)
6000
4000
2000
1000
200
Meeresspiegel
I
J
K
L
M
N
O
P
1
2
3
4
5
6
7
8
9
138
139
Innere Mongolei
GOBI
Paotow
Peking
Pohai-Golf
Taiyüan
Hwangho (Gelber Fluss)
Koko Nor
Sining
Lantschou
Tschengtschou
Sian
Tsinan
Lieanyungkang
Halbinsel Schantung
Darien
Korea-Bucht
Schenjang
Wladiwostok
Kalmi-Kette
NORD-KOREA
Pjöngjang
Seoul
SÜD-KOREA
Pusan
Japanisches Meer
Gelbes Meer
Cheju
Koreastraße
Kiuschu
Shikoku
Hungtse Hu
Tsinglingschan
Tschengtu
Tai Hu
Schanghai
Hangtschou
Wuhan
Dongting Hu
Poyang Hu
Jangtsekiang
Nanchang
Changteh
Nanlinggebirge
Kweiyang
Wujischan
Futsing
OSTCHINESISCHES MEER
Riukiuinseln
Formosastraße
Taipeh
TAIWAN
Wendekreis des Krebses
Roter Fluss
Nanning
Kanton
Hong Kong
Tonkin
VIETNAM
Hanoi
Golf von Tonkin
Haiku
Hainan
LAOS
Vientiane
THAILAND
Khorat-plateau
Mekong
Chain des Dangrek
Annam
Da Nang
VIETNAM
Bangkok
KAMBODSCHA
Phnom Penh
Ho Chi Minh
Mekong-Delta
Golf von Thailand
SÜDCHINESISCHES MEER
Luzon
Manila
PHILIPPINENSEE
PAZIFISCHER OZEAN
Palawan
PHILIPPINEN
Sulusee
Mindanao
Davao
PALAU
Bandar Seri Begawan
Sabah
BRUNEI
Celebessee
MALAYSIA
Halbinsel Malakka
Kuala Lumpur
Singapur
SINGAPUR
Sarawak
Irangebirge
Schwanergebirge
BORNEO
Sumatra
Molukkensee
Äquator
INDONESIEN
Celebes
Irian Jaya
104
8
86
51
7
3
6
9
46
50
33
55
31
59
83
24
42
49
95
66
63
47
77
5
53
23
41
78
80
101
40
44
61
57
68
71
90
25
92
10
14
43
73
45
35
11
15
19
75
62
100
87
85

Nordasien und Japan

Eine Reihe von gewaltigen Vulkanausbrüchen, die sich vor 250 Millionen Jahren auf dem Gebiet des heutigen Sibirien ereigneten, könnte für die größte Naturkatastrophe in der Geschichte der Erde verantwortlich sein. Damals starben gut 90 Prozent aller Tier- und Pflanzenarten aus. Heute ist Sibirien geologisch stabil, aber die Ostküste Asiens ist ein Teil des immer wieder von Erdbeben und Vulkanausbrüchen erschütterten »pazifischen Feuerrings«. Die Küstenregionen werden außerdem von Tsunamis heimgesucht, die von tektonischen Aktivitäten in anderen Teilen des Pazifiks ausgelöst werden. Geologisch besonders instabil ist das dicht besiedelte Japan, das neben den schweren Erdbeben auch mit tropischen Wirbelstürmen zu kämpfen hat.

SÜDPAZIFIK

Der südpazifische Raum leidet gelegentlich unter Dürreperioden im Zusammenhang mit El-Niño-Klimaschwankungen. Weite Teile der Region sind geologisch instabil und werden auch von tropischen Wirbelstürmen heimgesucht, die sich über dem Pazifik bilden. Neuseeland und viele der nördlich von Australien gelegenen Inseln sind um Vulkane herum entstanden, die zu den aktivsten der Welt gehören. Das Bett des Lake Taupo auf der Nordinsel von Neuseeland ist ein bei einem Vulkanausbruch vor fast 2000 Jahren ins Gestein gesprengter Krater; damals wurde fast das gesamte Leben auf der Insel unter Asche erstickt. Australien ist geologisch stabiler, doch gelegentlich gibt es auch dort Erdbeben.

ERLÄUTERUNGEN

Die Artikel in diesem Lexikon entsprechen den markierten Orten auf den Karten (Seiten 132-139). Sie sind mit Hilfe der angegebenen Koordinaten leicht zu finden. Die Seitenzahl der Karte ist unter der Überschrift des jeweiligen Abschnitts angegeben.

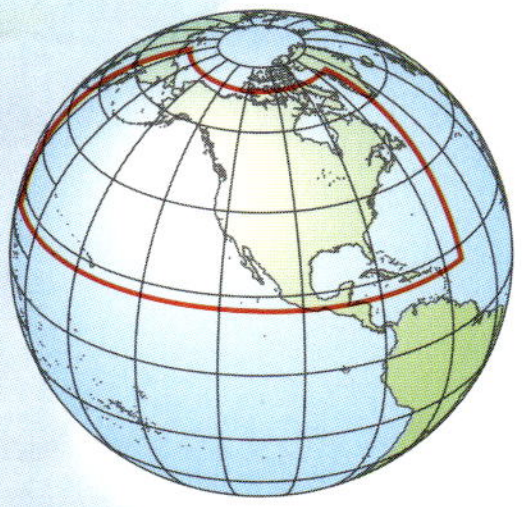

NORDAMERIKA

Die Karten zu diesen Erläuterungen finden Sie auf den Seiten 128–129.

1 N4 LAC COUTURE
WELTRAUMATTACKE, VOR 425 MIO. JAHREN
Quebec, Kanada
Beim Einschlag eines Meteoriten bildete sich ein 10 km breiter Krater, der sich mit Wasser füllte. So entstand der Lac Couture. Das Ereignis könnte zum Aussterben zahlreicher Arten von Meeresbewohnern, darunter Armfüßern und Trilobiten, beigetragen haben, das um diese Zeit eintrat.

2 N5 QUEBEC
WELTRAUMATTACKE, VOR 210 MIO. JAHREN
Manicouagan Crater, Kanada
Für das Artensterben am Ende der Trias, dem viele Land- und Meeresbewohner zum Opfer fielen, war vermutlich ein Meteoriteneinschlag mitverantwortlich, der einen 100 km breiten Kratersee entstehen ließ.

3 N7 CHESAPEAKE BAY
WELTRAUMATTACKE, VOR 35 MIO. JAHREN
Maryland/Delaware, USA
Beim Einschlag eines Meteoriten wurden kosmische Trümmer über den Südosten der USA verstreut; außerdem entstand ein riesiger Krater auf dem Grund der Chesapeake Bay. Man vermutet, dass der Katastrophe einige der großen Vogel- und Säugetierarten zum Opfer fielen, die im Eozän lebten.

4 J6 YELLOWSTONE
VULKAN, VOR 2 MILLIONEN JAHREN
Wyoming, USA
Dieser Ausbruch war 250-mal so heftig wie der des Pinatubo im Jahre 1991. Er wirkte sich auf das Klima der gesamten Erde aus und könnte der Auslöser für das Eiszeitalter des Pleistozäns gewesen sein.

5 L6 DES MOINES
KÄLTEEINBRUCH, VON VOR 112 000 BIS 12 000 JAHREN
Iowa, USA
Siehe Seite 96

6 J6 SPOKANE
ÜBERSCHWEMMUNG, ETWA 8000 V. CHR.
Scabland, Washington, USA
Als der den Lake Missoula aufstauende Eisdamm brach, wurden ungeheure Wassermassen freigesetzt, die sich über Montana und das Scabland von Washington ergossen.

7 M8 APALACHEE BAY
TROPISCHER WIRBELSTURM, 1528
Golf von Mexiko, USA
Die Flotte der spanischen Narvaez-Expedition ging unter. Von den 400 Matrosen und Soldaten an Bord überlebten nur 20.

8 P5 BELLE ISLE
STURM, 1711
Labrador, Kanada
Auf dem Weg nach Quebec geriet eine aus 61 Schiffen bestehende englische Flotte in einen schweren Sturm. Acht Transportschiffe zerschellten an der steinigen Küste von Belle Isle, und alle 1 342 Soldaten und ihre Familien ertranken.

9 M8 FLORIDASTRASSE
TROPISCHER WIRBELSTURM, 1715
Vor Miami, Florida, USA
Von 11 spanischen Schiffen, die – mit 14 Millionen Gold- und Silbermünzen, Edelsteinen und Goldbarren beladen – auf dem Weg von Havanna nach Spanien waren, gingen 10 unter und rissen rund 100 Mann Besatzung mit.

10 O5 NEUFUNDLAND
TROPISCHER WIRBELSTURM, 1775
Kanada
Der Sturm bildete sich über dem warmen Wasser des Mittelatlantiks und fegte dann nach Norden. Vor der Küste von Neufundland kenterten Hunderte von Fischerbooten, und ihre Besatzungen ertranken. Insgesamt kamen 4 000 Menschen ums Leben.

11 M8 CHARLESTON
TORNADO, 1811
South Carolina, USA
Bei einem der schlimmsten Tornados in der Geschichte der USA wurden weite Teile der Stadt zerstört, und über 500 Menschen starben.

12 L7 NEW MADRID
ERDBEBEN, 1811-1812
Missouri, USA
Obwohl mehr als 1 600 km von der nächsten Plattengrenze entfernt, wurde das Gebiet von drei heftigen Beben erschüttert. Nur wenige Menschen kamen ums Leben, aber starke Landverschiebungen bewirkten, dass der Mississippi seinen Lauf änderte und New Madrid in den Fluten unterging.

13 L8 MOBILE
TROPISCHER WIRBELSTURM, 1819
Alabama, USA
Der kleine, aber sehr starke Hurrikan zerstörte zahlreiche Gebäude in der Stadt und ihrer Umgebung. In der Bucht versanken mehrere Schiffe. Über 200 Menschen starben.

14 M8 SIMONS ISLAND
TROPISCHER WIRBELSTURM, 1824
Georgia, USA
Eine Sturmflut ließ Gebäude einstürzen und setzte die Plantagen der Insel unter Wasser. Fast alle der 93 Toten waren Sklaven, die auf den Feldern gearbeitet hatten.

15 M9 KEY WEST
TROPISCHER WIRBELSTURM, 1835
Florida Keys, USA
Viele kleine Dörfer wurden völlig zerstört, und mehrere Schiffe zerschellten an den Klippen von Cape Canaveral. Das Gebiet war so dünn besiedelt, dass die genaue Zahl der Toten nicht bekannt ist, aber sie wird auf etwa 100 geschätzt.

16 L8 NATCHEZ
TORNADO, 1840
Mississippi, USA
Beim bis dahin verheerendsten Tornado in den USA kamen 300 Menschen ums Leben, 100 weitere wurden verletzt. Der Sachschaden wurde auf 1 Million Dollar geschätzt.

17 M8 ST. JO
TROPISCHER WIRBELSTURM, 1841
Nahe Apalachicola, Florida, USA
Diese rasch emporgeschossene Stadt und ihre 4 000 Einwohner fielen den Fluten zum Opfer, die über die Nehrung branderten, auf der sie stand. Prediger hatten seit langem mit göttlicher Vergeltung gedroht und den Untergang dieses „Sündenpfuhls" vorhergesagt.

18 L8 DERNIÈRES ISLAND
TROPISCHER WIRBELSTURM, 1856
Louisiana, USA
Die Insel wurde vollständig überflutet, und 137 Menschen starben. Überlebende schwammen zur Star, einem Dampfschiff, das in der Bucht vor Anker lag und das einzige Anzeichen dafür war, dass es an dieser Stelle einmal eine Insel gegeben hatte.

19 N6 BOSTON
TROPISCHER WIRBELSTURM, 1869
Massachusetts, USA
Der Sturm richtete an der gesamten Ostküste schwere Verwüstungen an, aber Massachusetts war am stärksten betroffen. Zahlreiche vor Anker liegende Schiffe sanken, rund 50 Menschen kamen ums Leben.

20 L6 PESHTIGO
BRAND, 1871
Wisconsin, USA
Von stürmischen Winden aufgepeitschte Holzfäller-Feuer wuchsen sich zum bisher größten Waldbrand in den USA aus. Die Stadt Peshtigo und fast alle ihre Einwohner fielen den Flammen zum Opfer. Der Brand wütete auf einer Fläche von 1,7 Millionen Hektar und kostete 1500 Menschen das Leben.

21 L8 BATON ROUGE
ÜBERSCHWEMMUNG, 1874
Louisiana, USA
Beim ersten Hochwasser des Mississippi, über das es genaue Aufzeichnungen gibt, ließen Frühjahrsregen und Schneeschmelze die Deiche brechen. Zehntausende von Hektar von überwiegend landwirtschaftlich genutztem Land standen unter Wasser, und etwa 250 Menschen ertranken.

22 L7 MARSHFIELD
TORNADOS, 1880
Missouri, USA
Eine Serie von 24 Tornados zerstörte die Stadt und richtete von Arkansas bis Wisconsin schwere Schäden an, deren Summe sich auf etwa 2 Millionen Dollar belief. Mehr als 100 Menschen starben.

23 I6 MOUNT RAINIER
VULKAN, 1882
Cascade Mountains, USA
Der Ausbruch löste gewaltige Lahars aus, die große Gebiete unter sich begruben. Unter den Vulkanen der Cascade Mountains ist der Mount Rainier der potenziell gefährlichste; man rechnet damit, dass er bald wieder ausbrechen wird, und es besteht die Gefahr, dass sich Hunderte von Tonnen Schlamm durch Täler und über Ortschaften bis zum Puget Sound ergießen.

24 M8 DAVISBORO
TORNADO, 1884
Georgia, USA
Die Stadt wurde vollständig zerstört und 800 Menschen starben, als an einem einzigen Tag mehr als 60 Tornados über die Südstaaten hinwegrasten.

25 M8 CHARLESTON
ERDBEBEN, 1886
South Carolina, USA
Bei dem Erdbeben mit der größten Reichweite in den USA wurden zahlreiche Gebäude der Stadt schwer beschädigt und 100 Menschen kamen ums Leben. Die Erschütterungen wurden in New York im Norden, in Alabama im Süden und in Nebraska im Westen wahrgenommen.

26 N7 NEW YORK CITY
STURM (BLIZZARD), 1888
New York, USA
Nach einer Vorhersage von „schönem und kälterem" Wetter legte der Blizzard die Stadt völlig lahm. Telegraphenleitungen rissen, Gas- und Waserrohre brachen, und 400 Menschen erfroren.

27 M7 JOHNSTOWN
ÜBERSCHWEMMUNG, 1889
Pennsylvania, USA
Der Damm, der den Conemaugh River aufstaute – damals der größte Erddamm der Welt –, brach nach starken Regenfällen, und eine 40 Meter hohe Wasserwand ergoss sich in das Tal. Johnstown und eine Reihe anderer Orte wurden weggespült. Die Zahl der Toten wurde auf 7 000 geschätzt.

28 L8 NEW ORLEANS
ÜBERSCHWEMMUNG, 1890
Louisiana, USA
Mindestens 100 Menschen ertranken und 50 000 wurden obdachlos, als nach heftigem Regen und Schneeschmelze die Deiche des Mississippi brachen.

29 M6 OIL CITY
ÜBERSCHWEMMUNG, 1892
Pennsylvania, USA
Die Stadt wurde überschwemmt, und auf der Wasseroberfläche bildete sich eine dicke Schicht Öl aus geborstenen Leitungen. Das Öl fing Feuer und bildete einen lodernden Fluss, der sich durch die Stadt wälzte. Sämtliche Gebäude brannten bis zur Wasserlinie ab. Viele Menschen kämpften im Wasser ums Überleben, aber 130 starben.

30 M8 CHARLESTON
TROPISCHER WIRBELSTURM 1893
South Carolina, USA
An den Küsten von Georgia und South Carolina richtete der Hurrikan erhebliche Schäden an. Dutzende von Inseln wurden überflutet, und mehr als 1 000 Menschen kamen ums Leben. Die Schadenssumme wurde auf 10 Millionen Dollar geschätzt.

31 M8 PORT EADS, NEW ORLEANS
TROPISCHER WIRBELSTURM, 1893
Louisiana, USA
Eine 4 Meter hohe Flutwelle ergoss sich über die Stadt. Sie traf die Einwohner völlig unvorbereitet, und 2 000 Menschen ertranken. Danach richtete der Hurrikan im Südosten der USA weitere schwere Schäden an.

32 L7 ST. LOUIS
TORNADO, 1896
Missouri, USA
Ein dicht besiedelter Stadtteil von St. Louis wurde binnen 20 Minuten von einem Tornado zerstört. Es gab 306 Tote und etwa 2 500 Verletzte.

33 L8 GALVESTON
TROPISCHER WIRBELSTURM, 1900
Texas, USA
Siehe Seite 70

34 J5 FRANK
ERDRUTSCH, 1903
Alberta, Kanada
Vom Mount Turtle löste sich eine riesige Gesteinsmasse und donnerte ins Tal. Der Ort wurde zermalmt, und 70 seiner Bewohner starben.

35 M7 GAINESVILLE
TORNADO, 1903
Georgia, USA
Mehr als 200 Menschen starben und fast 100 wurden verletzt, als der Tornado durch die Stadt raste. Eine Baumwollspinnerei stürzte über 750 Arbeitern zusammen; Dutzende von ihnen wurden von den Trümmern erschlagen.

36 I6 HEPPNER
GEWITTER (ÜBERSCHWEMMUNG), 1903
Oregon, USA
Ein plötzlicher Wolkenbruch in den Blue Mountains führte dazu, dass der Willow Creek zum reißenden Strom wurde. Nur eine Stunde später war ein Drittel der Stadt hinweggerissen worden, und etwa 325 Menschen waren tot.

37 M9 FLORIDA KEYS
TROPISCHER WIRBELSTURM, 1906
Florida, USA
Während der Bauarbeiten für eine Straßen- und Eisenbahnverbindung zu den Florida Keys erreichte ein Hurrikan die Inseln. Das Bauwerk überstand den Sturm, aber 124 Arbeiter, die auf Sandy Key lebten, ertranken, als der Sturm ihre Hausboote zerschmetterte.

38 I7 SAN FRANCISCO
ERDBEBEN, 1906
Kalifornien, USA
Siehe Seite 36-37

39 L8 BAY CITY
TROPISCHER WIRBELSTURM, 1909
Texas, USA
Der Hurrikan richtete in zahlreichen Orten an der Küste von Texas Schäden an, darunter auch in Galveston, Velasco und Bay City. Insgesamt kamen 41 Menschen ums Leben.

40 M8 WARRINGTON
TROPISCHER WIRBELSTURM, 1909
Florida, USA
Die Stadt wurde von einem Hurrikan zerstört, der über vier Südstaaten hinwegzog. New Orleans wurde überflutet, nachdem Deiche an der Mündung des Mississippi gebrochen waren. Rund 350 Menschen starben, der angerichtete Sachschaden wurden auf 5 Millionen Dollar geschätzt.

41 I6 WELLINGTON
LAWINE, 1910
Cascade Mountains, USA
Von den Bergen gingen Tonnen von Schnee ab; sie begruben den Bahnhof des Ortes unter sich und stürzten drei Personenwagons in eine 45 Meter tiefe Schlucht. Das Lawinenunglück forderte 100 Menschenleben und gilt als das schwerste in der Geschichte der USA.

42 F4 KATMAI
VULKAN, 1912
Alaska, USA
Der Ausbruch wurde von einer Explosion begleitet, die noch in 1500 km Entfernung zu hören war. Bei weiteren Explosionen wurde eine Aschewolke herausgeschleudert, die so dicht war, dass es in weiten Teilen Alaskas bis zu 60 Stunden lang stockfinster war. Auf dem Meer lag eine dicke Bimssteinschicht, auf der man hätte laufen können.

43 M7 DAYTON
ÜBERSCHWEMMUNG, 1913
Ohio, USA
Anhaltender Regen ließ in drei Staaten die Flüsse über die Ufer treten. Viele Orte wurden überflutet, darunter Dayton, wo das Wasser bis zu 4 Meter hoch stand. Dabei starben mehr als 500 Menschen und Hunderte wurden vermisst. Die Summe der Sachschäden betrug über 47 Millionen Dollar.

44 L8 GALVESTON
TROPISCHER WIRBELSTURM, 1915
Texas, USA
Ein nach dem verheerenden Hurrikan von 1900 errichteter Seedeich konnte einer 6 Meter hohen Sturmflut nicht standhalten. Die in der Stadt angerichteten Schäden beliefen sich auf mehr als 50 Millionen Dollar, und 275 Einwohner starben; viele von ihnen hatten die Sturmwarnung ignoriert.

45 M6 MATHESON
BRAND, 1916
Nord-Ontario, Kanada
Der Ort Matheson und 184 seiner Einwohner fielen einem verheerenden Waldbrand zum Opfer.

46 N7 NEW YORK CITY
KRANKHEIT (KINDERLÄHMUNG), 1916
New York, USA
In New York City erkrankten während der Epidemie von 1916 etwa 9000 Menschen, überwiegend Kinder, und 2500 von ihnen starben. Die Krankheit breitete sich über den gesamten Osten und Mittleren Westen der USA aus. Von den 27000 Erkrankten starben 6000.

47 L6 CLOQUET
BRAND, 1918
Minnesota, USA
Nach einem ungewöhnlich trockenen Sommer gerieten riesige Flächen von Gestrüpp in Brand. 26 Ortschaften waren vom Feuer eingeschlossen. Mehr als 800 Menschen fielen den Flammen zum Opfer, die Schadenssumme wurde auf 175 Millionen Dollar geschätzt.

48 K8 CORPUS CHRISTI
TROPISCHER WIRBELSTURM, 1919
Texas, USA
Die Stadt wurde von dem Hurrikan so verwüstet, dass es mehrere Tage dauerte, bis die Leichen aller 284 Opfer geborgen worden waren. In der Floridastraße verschwand der Dampfer Valbanera mitsamt 488 Passagieren und Besatzungsmitgliedern.

49 K7 PUEBLO
GEWITTER (ÜBERSCHWEMMUNG), 1921
Colorado, USA
Heftiger Regen ließ den Arkansas River über die Ufer treten. Die Stadt und ihre Umgebung wurden überflutet. Viele Menschen wurden von den Wassermassen überrascht, und 120 ertranken in den Fluten.

50 K8 SAN ANTONIO
ÜBERSCHWEMMUNG, 1921
Texas, USA
Bei dem, wie die Texaner behaupten, heftigsten Regen in der Geschichte der USA traten neun Flüsse über die Ufer. San Antonio stand binnen Minuten unter Wasser, und 51 Menschen ertranken.

51 I7 BERKELEY
BRAND, 1923
Kalifornien, USA
Stürmische Winde verwandelten einen Grasbrand am Stadtrand von Berkely in ein Inferno. Ein Großteil der Stadt wurde von den Flammen zerstört, und mindestens 24 Menschen verbrannten in ihren Häusern. Freiwillige kämpften mit Wassereimern gegen das Feuer, weil die städtischen Wasserwerke für einen Brand dieses Ausmaßes nicht genügend Hydranten aufgestellt hatten.

52 M7 FLORENCE
TORNADOS, 1924
South Carolina, USA
Der Ort wurde von einem der 22 Tornados verwüstet, die durch sieben Staaten rasten, erhebliche Schäden anrichteten und 115 Menschen das Leben kosteten.

53 L7 ANNAPOLIS
DREISTAATEN-TORNADO, 1925
Missouri, USA
Siehe Seite 59

54 N7 LAKE DENMARK
GEWITTER (BLITZSCHLAG), 1926
Bei Dover, New Jersey, USA
Während eines heftigen Gewitters schlug ein Blitz in ein Munitionslager der Marine ein. Die umliegenden Ortschaften flogen in die Luft, und es regnete Granaten und Gewehrkugeln. 30 Menschen starben, 400 weitere wurden schwer verletzt.

55 M8 MIAMI
TROPISCHER WIRBELSTURM, 1926
Florida, USA
Miami, eine in einem Spekulationsrausch rasch emporgeschossene Stadt, wurde bei einem der verheerendsten Hurrikane des Jahrhunderts fast vollständig zerstört. Allein in Miami starben 115 Menschen, und der Sachschaden wurde auf 76 Millionen Dollar geschätzt. Insgesamt kamen in Florida 450 Menschen ums Leben, und die Schäden beliefen sich auf über 100 Millionen Dollar.

56 L7 CAIRO
ÜBERSCHWEMMUNG (MISSISSIPPI), 1927
Illinois, USA
Bei der bisher größten Flutkatastrophe an diesem Fluss brachen zahlreiche Deiche, und rund 7 Millionen Hektar Acker- und Weideland standen unter Wasser. Etwa 300 Menschen ertranken, der Sachschaden belief sich auf 300 Millionen Dollar.

57 L7 POPLAR BLUFF
TORNADOS, 1927
Missouri, USA
Die Stadt wurde schwer beschädigt und 92 Menschen starben, als eine Serie von 36 Tornados in sechs Staaten Verwüstungen anrichtete. Insgesamt kamen 142 Menschen ums Leben, die Schadenssumme wurde auf 8 Millionen Dollar geschätzt.

58 M8 LAKE OKEECHOBEE
TROPISCHER WIRBELSTURM, 1928
Florida, USA
Der Hurrikan richtete in Florida und an der gesamten Ostküste der USA schwere Schäden an. Die den See umgebenden Erddeiche brachen, und mehr als 2500 Menschen ertranken.

59 P6 BURIN
TSUNAMI, 1929
Burin Peninsula, Kanada
Der von einem starken Erdbeben ausgelöste Tsunami ergoss sich über die Halbinsel. 27 Menschen ertranken.

60 M8 MARION
TORNADOS, 1932
Alabama, USA
Etwa ein Dutzend Tornados raste durch den „Tornado-Gürtel" und richtete in sieben Staaten große Verwüstungen an. Marion war der erste betroffene Ort. Mehr als 8000 Menschen wurden obdachlos, 268 kamen ums Leben.

61 I7 LONG BEACH
ERDBEBEN, 1933
Kalifornien, USA
Ein Beben der Stärke 6,3 ließ zahlreiche schlecht gebaute Häuser einstürzen, löste eine Panik aus und brachte 120 Menschen den Tod.

62 I7 GLENDALE
GEWITTER (ÜBERSCHWEMMUNG), 1934
Kalifornien, USA
Sintflutartiger Regen ließ den Verdugo Creek so stark anschwellen, dass er ins La-Canada-Tal überschwappte. Die Wassermassen rissen Felsbrocken, Schlamm und Trümmer mit sich, die in Glendale 500 Häuser beschädigten und 40 Menschen töteten.

63 K7 DODGE CITY
DÜRRE („STAUBSCHÜSSEL"), 1935
Kansas, USA
Siehe Seite 81

64 M8 MATECUMBE KEY
LABOUR DAY HURRIKAN, 1935
Florida Keys, USA
Die gesamte Region erlitt schwere Schäden, und die 30 Jahre zuvor erbaute Straßen- und Eisenbahnverbindung zu den Florida Keys wurde zerstört. Mehr als 400 Menschen starben, darunter 121 Pioniere, die eine neue Straße bauen sollten.

65 P5 NEUFUNDLAND
TROPISCHER WIRBELSTURM, 1935
Kanada
Dem Hurrikan, der sieben Tage zuvor die Westindischen Inseln heimgesucht hatte, fielen auf Neufundland Dutzende von Menschen zum Opfer. In den Häfen der Insel wurden ganze Flotten von Fischerbooten vernichtet.

66 L7 TUPELO
TORNADO, 1936
Mississippi, USA
Der Tornado schlug eine 400 Meter breite Schneise durch ein Wohngebiet von Tupelo. 216 Menschen starben und 700 wurden verletzt.

67 N7 LONG ISLAND
TROPISCHER WIRBELSTURM, 1938
New York, USA
Auf Long Island wurden 14000 Wohngebäude zerstört. Etwa 500 Menschen kamen ums Leben, weitere 100 wurden vermisst. Die Schäden, die der Hurrikan an der gesamten Ostküste anrichtete, wurden auf 400 Millionen Dollar geschätzt.

68 I5 COURTENAY
ERDBEBEN, 1946
Vancouver Island, Kanada
Das Beben der Stärke 7,3, das noch in Oregon zu spüren war, richtete auf der gesamten Insel erhebliche Schäden an. In dem durch das Beben ausgelösten Tsunami kenterte ein kleines Boot, sein Insasse ertrank.

69 E5 UNIMAK ISLAND
ERDBEBEN/TSUNAMI, 1946
Aleuten, Alaska, USA
Ein Seebeben im Nordpazifik erschütterte die Insel und ließ ihren Leuchtturm einstürzen; dabei kamen seine fünf Wärter ums Leben. Der durch das Beben ausgelöste Tsunami überflutete die Stadt Hilo auf den Hawaii-Inseln: dort starben 165 Menschen.

70 K7 WOODWARD
TORNADO, 1947
Oklahoma, USA
Der Tornado legte das Stadtzentrum in Trümmer; dabei kamen 95 Einwohner ums Leben. Der angerichtete Sachschaden wurde auf über 6 Millionen Dollar geschätzt.

71 I5 VANCOUVER
ÜBERSCHWEMMUNG, 1948
British Columbia, Kanada
Der von Schmelzwasser stark angeschwollene Columbia River trat über die Ufer. Auch die amerikanischen Staaten Washington und Oregon wurden überflutet, und mindestens 15 Menschen starben.

72 M6 FLINT
TORNADOS, 1953
Michigan, USA
Acht Tornados schlugen eine Schneise der Verwüstung durch Ohio und Michigan. Allein in Flint starben 116 Menschen, 867 wurden verletzt, und die Schadenssumme belief sich auf 19 Millionen Dollar.

73 N6 WORCESTER
TORNADO, 1953
Massachusetts, USA
Allein in Worcester kamen 62 Menschen ums Leben, und 738 wurden verletzt. Es war der schlimmste Tornado, der je einen der Neuengland-Staaten heimsuchte, und er verursachte den größten Schaden, den je ein Tornado in den USA angerichtet hatte – 52 Millionen Dollar.

74 N7 NEWPORT
HURRIKAN CAROL, 1954
Rhode Island, USA
Der Schaden, den Carol in zehn Staaten anrichtete, wurde auf 461 Millionen Dollar geschätzt und brach damit alle früheren Rekorde. Newport war am schwersten betroffen; dort wurden mehr als 200 Häuser zerstört. Insgesamt kamen 61 Menschen ums Leben, weitere 1 000 wurden verletzt.

75 M6 TORONTO
HURRIKAN HAZEL, 1954
Kanada
Der Hurrikan, der sich über dem Atlantik gebildet hatte, zog durch die USA bis nach Kanada; in Toronto starben 56 Menschen. Hazel forderte insgesamt 411 Menschenleben und richtete Sachschäden in Höhe von 1 Milliarde Dollar an.

76 N6 PUTNAM
HURRIKANE CONNIE UND DIANE, 1955
Connecticut, USA
Der kurz auf Connie folgende, wesentlich heftigere Hurrikan Diane zerstörte die Magnesiumfabrik der Stadt. Fässer mit brennendem Magnesium trieben durch die Straßen, explodierten und schleuderten das weiß glühende Metall in die Luft. Sechs Staaten an der Ostküste wurden zum Katastrophengebiet erklärt. Als sich die Hurrikane schließlich aufgelöst hatten, überstieg die Schadenssumme 1,5 Milliarden Dollar, und 310 Menschen waren ums Leben gekommen.

77 L8 CAMERON
HURRIKAN AUDREY, 1957
Louisiana, USA
Hurrikan Audrey zerstörte den Ort und richtete an der ganzen Küste von Louisiana schwere Schäden an. Die große Zahl von 534 Toten ist darauf zurückzuführen, dass viele Menschen die Wettervorhersagen ignoriert hatten, weil Audrey zwei Monate vor Beginn der Hurrikan-Saison kam.

78 N7 ALLENTOWN
STURM (BLIZZARD), 1958
Pennsylvania, USA
Der gesamte Nordosten litt unter dem stärksten Schneefall in der Geschichte der USA. Die Schadenssumme belief sich auf 500 Millionen Dollar, mehr als 500 Menschen kamen ums Leben.

79 F3 ANCHORAGE
ERDBEBEN, 1964
Prince William Sound, Alaska
Das Erdbeben der Stärke 8,6, das heftigste in der Geschichte der USA, forderte 118 Menschenleben und richtete Sachschäden in Höhe von etwa 500 Millionen Dollar an. Die Erschütterungen waren noch in Kalifornien spürbar, wo ein 4 Meter hoher Tsunami über Crescent City hereinbrach und 6 Menschen starben.

80 M7 INDIANAPOLIS
TORNADOS, 1965
Indiana, USA
An einem einzigen Tag rasten 37 Tornados durch den Mittleren Westen. Im Verlauf von neun Stunden starben 271 Menschen, die Schadenssumme wurde auf 300 Millionen Dollar geschätzt.

81 H4 SKEENA MOUNTAINS
LAWINE, 1965
British Columbia, Kanada
Die Leduc Camp Kupfermine wurde unter Tonnen von Schnee begraben, die sich vom Granduc Mountain ins Tal ergossen. 27 der 154 Bergleute kamen ums Leben.

82 L8 GULFPORT
HURRIKAN CAMILLE, 1969
Mississippi, USA
Hurrikan Camille wütete in den Staaten Louisiana und Mississippi. Fast 300 Menschen kamen ums Leben, Tausende wurden obdachlos.

83 I7 LOS ANGELES
ERDRUTSCHE, 1969
Kalifornien, USA
Ein aus Hawaii kommender subtropischer Sturm brachte starken Regen, der neun Tage lang anhielt und Erdrutsche auslöste. Auf den Bergen, die die Stadt umgeben, wurden Hunderte von Häusern zerstört und 95 Menschen kamen ums Leben.

84 K6 RAPID CITY
GEWITTER (ÜBERSCHWEMMUNG), 1972
South Dakota, USA
Durch heftigen Gewitterregen verursachte Überschwemmungen vernichteten 1 200 Häuser. 236 Menschen starben, die Sachschäden wurden auf 100 Millionen Dollar geschätzt und die Region zum Katastrophengebiet erklärt.

85 N7 WILMINGTON
HURRIKAN AGNES, 1972
Delaware, USA
Der Hurrikan fegte durch sieben Staaten. Mehr als 100 Menschen starben, 200 000 wurden obdachlos. Die Schadenssumme belief sich auf über 100 Millionen Dollar.

86 K7 BIG THOMPSON RIVER
Überschwemmung, 1976
Colorado, USA
Siehe Seite 56

87 M7 JOHNSTOWN
ÜBERSCHWEMMUNG, 1977
Pennsylvania, USA
Ungeachtet der weit reichenden Vorsorgemaßnahmen, die nach der schweren Überschwemmung von 1889 getroffen worden waren, brachen mehrere Deiche, und die Stadt wurde überflutet. Das Wasser richtete Schäden in Höhe von rund 200 Millionen Dollar an, 80 Menschen starben.

88 F9 MAUNA LOA
VULKAN, 1984
Hawaii
Beim Ausbruch des größten und aktivsten Vulkans der Erde kamen Lavaströme bis auf 6 km an die Stadt Hilo heran.

89 I6 MOUNT ST. HELENS
VULKAN, 1980
Cascade Mountains, USA
Siehe Seite 18

90 K8 SARAGOSA
TORNADO, 1987
Texas, USA
Der Drei-Trichter-Tornado, der durch die Stadtmitte raste, zerstörte an die 120 Häuser. 31 Menschen starben und 121 weitere wurden verletzt.

91 J6 YELLOWSTONE
BRAND, 1988
Wyoming, USA
Im Rahmen eines Programms zum kontrollierten Niederbrennen war beschlossen worden, die durch Blitzschlag verursachten Brände nicht zu bekämpfen. Aber auf einen trockenen Winter folgte 1988 der trockenste Sommer seit über 50 Jahren, und die Brände gerieten völlig außer Kontrolle. Als der erste Schneefall im September das Feuer endlich löschte, waren über 610 000 Hektar Wald den Flammen zum Opfer gefallen.

92 I7 SAN FRANCISCO
ERDBEBEN, 1989
Kalifornien, USA
Die Gebäudeschäden hielten sich in Grenzen, aber das Beben der Stärke 6,9 ließ die obere Fahrbahn des Freeways auf die untere stürzen. 275 Menschen kamen ums Leben, 3 757 wurden verletzt.

93 N6 MONTREAL
WELTRAUMATTACKE (GEOMAGNETISCHER STURM), 1989
Provinz Quebec, Kanada
Sechs Millionen Menschen saßen neun Stunden lang im Dunkeln, weil heiße, elektrisch geladene Gase von der Sonne die Erde erreichten und das Stromnetz der Stadt lahm legten.

94 F9 KILAUEA
VULKAN, 1991
Hawaii
Lava von einem seit 1983 andauernden Ausbruch ergoss sich über das Küstengebiet im Süden der Insel und begrub 13 km Straße, 181 Häuser und ein Besucherzentrum unter sich.

95 M8 CORAL GABLES
HURRIKAN ANDREW, 1992
Florida, USA
Siehe Seite 64-66

96 N7 NEW YORK CITY
„JAHRHUNDERTSTURM", 1993
New York, USA
Siehe Seite 73

97 L7 ST. LOUIS
ÜBERSCHWEMMUNG, 1993
Missouri, USA
Siehe Seite 90-91

98 I7 NORTHRIDGE
ERDBEBEN, 1994
Los Angeles, Kalifornien, USA
Das Beben der Stärke 6,8 war das erste, das sich direkt unter einer Großstadt ereignete und deshalb das teuerste in der Geschichte der USA. In nur 30 Sekunden wurden neun Hochstraßen und rund 11 000 Gebäude zerstört. Das Erdbeben forderte 60 Menschenleben und bewirkte außerdem, dass sich die Berge der Umgebung um 30 cm hoben.

99 K7 DENVER
STURM (BLIZZARD), 1997
Colorado, USA
Die Stadt wurde zum Katastrophengebiet erklärt, nachdem eine hohe Schneedecke alles zum Stillstand gebracht hatte. Auf dem neuen Flughafen, der so gebaut worden war, dass ihm Blizzards eigentlich nichts anhaben konnten, saßen 2000 Menschen fest.

100 L8 JARRELL
TORNADO, 1997
Texas, USA
Siehe Seite 62

101 N6 MONTREAL
KÄLTEEINBRUCH (EISSTURM), 1998
Kanada
Temperaturen von - 20 °C ließen Bäume zersplittern und Hochspannungsmasten abbrechen. Rund 2 Millionen Menschen waren ohne elektrischen Strom. Der Notstand wurde ausgerufen, und 12 000 Soldaten wurden in die Stadt beordert, um aufzuräumen und die Stromleitungen zu reparieren. 17 Menschen starben, die Schadenssumme wurde auf 1 Milliarde Dollar geschätzt.

102 M8 SANFORD
TORNADOS, 1998
Orlando, Florida, USA
Bei einer Serie von Tornados, die sich auf Florida herabsenkten, kamen 38 Menschen ums Leben, 260 wurden verletzt.

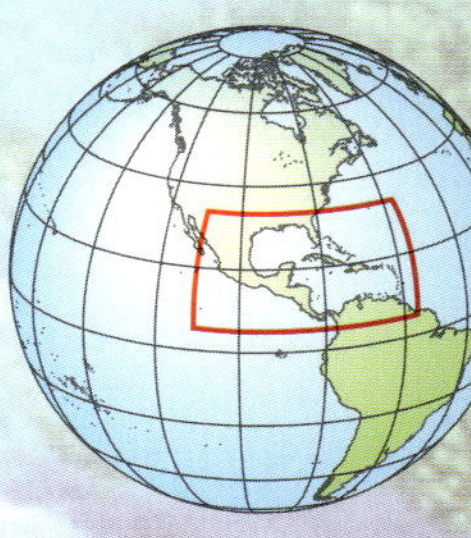

MITTELAMERIKA & KARIBIK

Die Karten zu diesen Erläuterungen finden Sie auf den Seiten 130–131.

1 G5 CHICXULUB
WELTRAUMATTACKE, VOR 65 MILLIONEN JAHREN
Halbinsel Yucatan, Mexiko
Siehe Seite 98

2 D5 POPOCATEPÉTL
VULKAN, 400 V. CHR.
Texcoco-See, Mexiko
Es wird vermutet, dass ein heftiger Ausbruch von Glutlawinen und Lahars begleitet war, die das Land im Umkreis von 70 Kilometern verwüsteten.

3 D5 POPOCATEPÉTL
VULKAN, 822 N. CHR.
Texcoco-See, Mexiko
Ansiedlungen um den See wurden zeitweilig aufgegeben, möglicherweise deshalb, weil Lahars die Siedlungen und das umliegende Ackerland in eine Schlammwüste verwandelt hatten.

4 K4 SAN SALVADOR
KRANKHEIT (EUROPÄISCHE INFEKTIONSKRANKHEITEN), 1492-1513
Bahamas
Der Eingeborenenstamm der Lucaya starb praktisch aus, nachdem Kolumbus gelandet war und Krankheitserreger mitgebracht hatte.

5 D5 TENOCHTITLÁN
KRANKHEIT (POCKEN-EPIDEMIE), 1521
Heute Mexiko Stadt, Mexiko
Siehe Seite 114

6 M6 PONCE
TROPISCHE WIRBELSTÜRME, 1533
Puerto Rico, Antillen
Drei tropische Wirbelstürme trafen die spanische Ansiedlung, zerstörten die Zuckerrohr-Plantagen und töteten 200 afrikanische Sklaven.

7 E5 GOLF VON MEXIKO
TROPISCHER WIRBELSTURM, 1553
Vor Veracruz, Mexiko
Nach dem Sturm trafen nur 2 von 20 spanischen Schiffen in Havanna ein. Ihre Besatzungen wurde von den Eingeborenen getötet.

8 I4 VOR HAVANNA
TROPISCHER WIRBELSTURM, 1591
Floridastraße
Auf dem Weg nach Spanien verlor eine mit Schätzen beladene spanische Flotte 12 Schiffe und 500 Mann Besatzung.

9 G7 LÉON
ERDBEBEN, 1609
Nicaragua
Die alte Hauptstadt Léon wurde von dem Beben zerstört, und viele Menschen kamen ums Leben. Was von der Stadt noch übrig war, wurde beim anschließenden Ausbruch des Vulkans Momotombo unter Lava begraben.

10 L5 VOR HISPANIOLA
TROPISCHER WIRBELSTURM, 1643
Westindische Inseln
Bei dem Hurrikan sank das Flaggschiff der spanischen Silberflotte mit 324 Mann Besatzung.

11 O6 BASSETERRE
TROPISCHER WIRBELSTURM, 1650
St. Christopher-Nevis, Kleine Antillen
Tausende von Menschen kamen ums Leben, als der Sturm Basseterre verwüstete; in den Küstengewässern sanken 28 Schiffe.

12 O6 POINTE À PITRE
TROPISCHER WIRBELSTURM, 1666
Guadeloupe, Kleine Antillen
Der Sturm, der auch auf Martinique und St. Christopher-Nevis wütete, forderte Tausende von Menschenleben, darunter das von 2 000 Matrosen, die mit einer Flotte von 17 Schiffen untergingen.

13 O7 CUL-DE-SAC DU MARIN BAY
TROPISCHER WIRBELSTURM, 1680
Martinique, Kleine Antillen
Tausende von Menschen starben, und in der Bucht sanken 22 Schiffe, als der Sturm über die Insel hinwegfegte.

14 M6 SANTO DOMINGO
TROPISCHER WIRBELSTURM, 1680
Dom. Republik, Große Antillen
Das gesamte Gebiet der heutigen Dominikanischen Republik wurde verwüstet. Tausende von Menschen starben, darunter die gesamten Besatzungen der 25 französischen Schiffe, die im Hafen von Santo Domingo sanken.

15 O6 ST. EUSTATIUS
ERDBEBEN, 1690
Kleine Antillen
Die Gewalt dieses Erdbebens war so groß, dass die Stadt St. Eustatius auseinander gerissen und ins Meer geschleudert wurde. Hunderte von Menschen kamen dabei ums Leben.

16 J6 PORT ROYAL
ERDBEBEN/TSUNAMI 1692
Jamaika, Westindien
Rund 2 000 Menschen starben, als sich in der Erde riesige Spalten auftaten und den größten Teil der Stadt verschluckten, die auf Sand und Kies errichtet worden war. Die restlichen Gebäude wurden von dem durch das Beben ausgelösten Tsunami ins Meer gespült.

17 P7 CARLISLE BAY
TROPISCHER WIRBELSTURM, 1694
Barbados, Kleine Antillen
Der über Barbados hinwegfegende Hurrikan brachte 26 in der Bucht vor Anker liegende Schiffe zum Sinken und tötete 3 000 Menschen.

18 O7 FORT DE FRANCE
TROPISCHER WIRBELSTURM, 1695
Martinique, Kleine Antillen
Die Hauptstadt von Martinique wurde schwer beschädigt, und mehrere Hundert Menschen kamen ums Leben. Vor der Westküste der Insel sanken 12 französische Schiffe, ihre Besatzungen ertranken.

19 I4 HAVANNA
TROPISCHER WIRBELSTURM, 1705
Kuba
Der Sturm verwüstete die Stadt. Hunderte von Menschen kamen ums Leben, darunter die Besatzungen von vier spanischen Kriegsschiffen, die im Hafen von sanken.

20 O7 LA SOUFRIÈRE
VULKAN, 1718
St. Vincent, Kleine Antillen
Der erste schriftlich belegte Ausbruch des Vulkans kostete Hunderte von Menschen das Leben, und die ganze Umgebung lag unter einer dicken Ascheschicht.

21 J6 PORT ROYAL
TROPISCHER WIRBELSTURM, 1722
Jamaika, Große Antillen
Dem Hurrikan, der Port Royal verwüstete, fielen auch 26 Handelsschiffe zum Opfer, die im Hafen vor Anker lagen. Etwa 400 Menschen starben.

22 O7 FORT DE FRANCE
ERDBEBEN, 1767
Martinique, Kleine Antillen
Um sich den Franzosen nicht ergeben zu müssen, hatten die auf der Insel lebenden Kariben 1658 Massenselbstmord begangen. Sie prophezeiten, dass der Mont Pelée sie rächen würde, was er 250 Jahre später tat. In der Zwischenzeit wurde die Insel von mehreren heftigen Erdbeben erschüttert, darunter diesem im Jahre 1767, bei dem Fort de France schwer beschädigt wurde und 16 000 Menschen starben.

23 F7 ANTIGUA GUATEMALA
ERDBEBEN, 1773
Guatemala
Die alte Hauptstadt am Fuße der Vulkane Acatenango, Feugo und Agua wurde nach diesem Erdbeben, das weit reichende Verwüstungen anrichtete, verlegt und in Ciudad de Guatemala umbenannt.

24 P7 BRIDGETOWN
TROPISCHER WIRBELSTURM, 1780
Barbados, Kleine Antillen
Der „Große Hurrikan" zerstörte sämtliche Gebäude auf Barbados und die britische Flotte im nahen Saint Lucia; dann traf er auf Martinique, wo er 20 Orte verwüstete. Bevor er sich schließlich auflöste, richtete er in St. Vincent, St. Eustatius und Puerto Rico weitere Schäden an. Ingesamt kamen rund 20 000 Menschen ums Leben.

25 O7 ROSEAU
TROPISCHER WIRBELSTURM, 1806
Dominica, Leeward Islands
Der Hurrikan, dem mehr als 100 Menschen zum Opfer fielen, ließ den Fluss Roseau über die Ufer treten. Die gleichnamige Stadt wurde unter einer mehrere Meter dicken Schlammschicht begraben.

26 M6 SANTO DOMINGO
KRANKHEIT (GELBFIEBER), 1806
Dom. Republik, Große Antillen
Von den 33 000 französischen Soldaten, die einen Aufstand niederschlagen sollten, starben binnen weniger Monate rund 95 Prozent an Gelbfieber. Das war einer der Gründe dafür, dass Napoleon seine Ambitionen in der Neuen Welt zügelte und die Kolonie Louisiana an die Vereinigten Staaten verkaufte.

27 O7 LA SOUFRIÈRE
VULKAN, 1812
St. Vincent, Kleine Antillen
Eine dichte Rauchwolke verdunkelte drei Tage lang den Himmel über der Insel, und der Boden war mit einer meterhohen Ascheschicht bedeckt. Gewaltige Lavaströme, die sich die Hänge der Berge herabwälzten, vernichteten Dutzende von Dörfern und töteten Tausende von Menschen.

28 N6 CAYEY
SANTA ANA HURRIKAN, 1825
Puerto Rico, Kleine Antillen
Santa Ana, einer der schlimmsten Hurrikane in der Geschichte der Insel, zerstörte 7 000 Häuser. 374 Menschen starben, weitere 1 210 wurden verletzt.

29 P7 BRIDGETOWN
TROPISCHER WIRBELSTURM, 1831
Barbados, Kleine Antillen
Der Hurrikan gehörte zu den heftigsten des 19. Jahrhunderts. Er richtete auf Barbados schwere Schäden an und fegte anschließend über die gesamten Westindischen Inseln und Louisiana. 1 500 Menschen starben, die Schadenssumme wurde auf 7,5 Millionen Dollar geschätzt.

30 M6 SANTO DOMINGO
TROPISCHER WIRBELSTURM, 1834
Dom. Republik, Große Antillen
Der von der Insel Dominica kommende Hurrikan richtete in Santo Domingo schwere Schäden an. Die Wälder und Plantagen an den Ufern des Flusses Ozama wurden überflutet, und Tausende starben.

31 G7 COSEGÜINA
VULKAN, 1835
Nicaragua
Der Gipfel des Berges explodierte, und 300 unterhalb von ihm lebende Menschen fielen herabstürzendem Gestein und heißen Gasen zum Opfer. Der Ausbruch war so laut, dass ihn auch der 1 280 km von ihm entfernte Gouverneur von Belize hörte. Er mobilisierte seine Truppen, weil er glaubte, eine Invasion stünde bevor.

32 N6 ST. THOMAS
TROPISCHER WIRBELSTURM/ERDBEBEN, 1837
Jungferninseln, Kleine Antillen
Das auf den Hurrikan folgende Erdbeben zerstörte das Wenige, was von St. Thomas noch übrig war. Die vor Anker liegenden Schiffe sanken, mindestens 500 Menschen starben, weitere 2 000 wurden verletzt.

33 H8 CARTAGO
ERDBEBEN, 1841
Costa Rica
Etwa 4 000 Menschen starben, und zahlreiche Gebäude einschließlich aller 600 Büros der Stadtverwaltung stürzten ein. Die Nachbeben dauerten fast zwei Jahre an.

34 D3 MATAMOROS
TROPISCHER WIRBELSTURM, 1844
Mexiko
Der Hurrikan wütete in der Region des Rio Grande und forderte 70 Menschenleben. In der Stadt blieben nur die Kirche und zwei weitere Gebäude stehen.

35 E6 OAXACA
ERDBEBEN, 1870
Mexiko
Dieses Erdbeben legte die Hälfte der Stadt in Trümmer und kostete mehr als 100 Menschen das Leben. Im Laufe der folgenden 24 Stunden gab es mehrere Nachbeben.

36 G7 SAN SALVADOR
ERDBEBEN, 1878
El Salvador
Tausende von Menschen fielen diesem Erdbeben zum Opfer, bei dem außer San Salvador auch Guadeloupe, Incuapa und Santiago de Marie schwer beschädigt wurden. In der Umgebung von Incuapa verschwanden viele Dörfer vollständig.

37 O7 LE ROBERT
TROPISCHER WIRBELSTURM, 1881
Martinique, Kleine Antillen
Der Hurrikan wütete nur vier Stunden, aber in dieser Zeit fielen ihm auf Martinique 700 Menschen zum Opfer. Die Sachschäden beliefen sich auf 10 Millionen Dollar.

38 N6 HUMACAO
SAN CIRIACO-HURRIKAN, 1885
Puerto Rico, Große Antillen
Mehr als 3 000 Menschen starben, als der Hurrikan über die Insel Puerto Rico fegte. Er zerstörte die Kaffeeplantagen, und in den Hafen von Humacao brandeten meterhohe Wellen.

39 G7 LÉON
ERDBEBEN, 1885
Nicaragua
Die Stadt, die nach der Katastrophe von 1609 verlegt worden war, wurde von einem neuerlichen Beben getroffen. Es hatte die Stärke 7,5 und forderte viele Menschenleben.

40 F7 GUATEMALA CITY
ERDBEBEN/VULKAN, 1902
Guatemala
Das Erdbeben richtete in der Stadt und 20 weiteren Orten schwere Schäden an. Danach spie der Vulkan Santa Ana Lava über die bereits verwüstete Gegend. Mehr als 12 000 Menschen starben, 80 000 wurden obdachlos.

41 O7 LA SOUFRIÈRE
VULKAN, 1902
St. Vincent, Kleine Antillen
Die eingeborenen Kariben waren von den aus dem Vulkan hervorquellenden Dampf- und Aschewolken so gelähmt, dass sie keinerlei Fluchtversuche unternahmen. Lavaströme schlossen mehrere Dörfer ein, deren Bewohner bei lebendigem Leibe verbrannten. Insgesamt kamen durch den Vulkanausbruch etwa 3 000 Menschen ums Leben.

42 O7 MONT PELÉE
VULKAN, 1902
Martinique, Kleine Antillen
Siehe Seite 22

43 F7 TACANA
VULKAN, 1902
Retalhuleu, Guatemala
Etwa 1 000 Menschen fielen den Lavaströmen und dem Ascheregen zum Opfer. Die Bucht von Champerico war mit schwimmendem Bimsstein verstopft.

44 J6 KINGSTON
ERDBEBEN, 1907
Jamaika, Große Antillen
Ein Elektrizitätswerk wurde zerstört, und in den Straßen hingen Dutzende von Strom führenden Kabeln herab, die Brände auslösten und den flüchtenden Menschen tödliche Schläge versetzten. Mehr als 1 400 Menschen kamen dabei ums Leben.

45 D3 MENDEZ
TROPISCHER WIRBELSTURM, 1909
Mexiko
Der von den Windward Islands heranziehende Hurrikan richtete in Puerto Rico, Haiti und Kuba beträchtliche Schäden an, bevor er den Nordosten von Mexiko erreichte, wo Flüsse über die Ufer traten und 1 500 Menschen starben.

46 J6 BLACK RIVER
TROPISCHER WIRBELSTURM, 1912
Jamaika, Große Antillen
Der Hurrikan trieb meterhohe Wellen über die Insel, zerstörte den Ort Black River und tötete 100 Menschen bevor er sich über dem Osten von Kuba auflöste.

47 G7 BOQUERON
VULKAN, 1917
San Salvador, El Salvador
Die Kuppe des Berges explodierte, und Boqueron wurde mit Asche überschüttet und von glühender Lava eingeschlossen. Eine Flut aus kochend heißem Wasser aus dem Kratersee überschwemmte 15 Orte. 100 000 Menschen wurden obdachlos, 450 starben.

48 I4 HAVANNA
TROPISCHER WIRBELSTURM, 1926
Kuba
Dem über Kuba hinwegrasenden Sturm fielen 650 Menschen zum Opfer, 10 000 verloren ihre Behausungen. In Havanna wurden in einer Stunde 325 Gebäude zerstört.

49 O6 PORT-LOUIS
TROPISCHER WIRBELSTURM, 1928
Guadeloupe, Kleine Antillen
Auf Guadeloupe forderte der Hurrikan mehr als 600 Menschenleben. Danach verwüstete er Puerto Rico, wo weitere 300 Menschen starben.

50 G6 BELIZE
TROPISCHER WIRBELSTURM, 1931
Britisch-Honduras (heute Belize)
Der von Barbados kommende Sturm überquerte das Karibische Meer und traf dann mit solcher Gewalt auf Belize, dass die Stadt binnen zehn Minuten von tobenden Winden verwüstet und von einer riesigen Welle überflutet wurde. Etwa 1 500 Menschen starben.

51 N6 CEIBA
SAN CIPRIAN-HURRIKAN, 1932
Puerto Rico, Große Antillen
Dem Hurrikan fielen auf der Insel 225 Menschen zum Opfer. Weitere 3 000 wurden verletzt und 75 000 Häuser zerstört.

52 J5 SANTA CRUZ DEL SUR
TROPISCHER WIRBELSTURM, 1932
Kuba
Der Ort wurde völlig zerstört, und 2 500 seiner 4 000 Einwohner starben. Die meisten von ihnen ertranken in den Wassermassen, die der Sturm über die Insel peitschte.

53 D4 TAMPICO
TROPISCHER WIRBELSTURM, 1933
Mexiko
Der zweite Hurrikan innerhalb von zehn Tagen richtete schwere Schäden an und löste Überschwemmungen aus. Die genaue Zahl der Todesopfer ist unbekannt, weil Tausende von Menschen auf Arbeitssuche in die Stadt gekommen waren, aber es dürften mehrere Hundert gewesen sein.

54 G7 LEMPA RIVER
TROPISCHER WIRBELSTURM, 1934
El Salvador
Der Hurrikan war von sintflutartigem Regen begleitet, der den Fluss über die Ufer treten ließ. In seiner Mündung sanken zahlreiche Boote, etwa 2 000 Menschen starben.

55 K6 JÉRÉMIE
ÜBERSCHWEMMUNG, 1935
Haiti, Große Antillen
An den Flüssen Roseau, Voldrogue und Anse Grande brachen die Deiche. Weite Gebiete wurden überschwemmt, und ungefähr 2 000 Menschen starben; die meisten von ihnen wurden ins Meer geschwemmt.

56 I4 HAVANNA
TROPISCHER WIRBELSTURM, 1944
Kuba
In Havanna zerstörte der Hurrikan Hunderte von Gebäuden und tötete 300 Menschen. Trotz des Krieges wurden sämtliche Geschäfte in den Einkaufsstraßen der Stadt bereits 12 Stunden nach dem Sturm für Touristen wieder geöffnet.

57 J6 PORT ROYAL
HURRIKAN CHARLIE, 1951
Jamaika, Große Antillen
Der von den Kleinen Antillen kommende Sturm brachte Dutzende von Schiffen im Hafen zum Sinken und verwandelte sämtliche Holzhäuser der Stadt in Splitterhaufen. Ingesamt kamen auf der Insel 154 Menschen ums Leben, 2 000 wurden verletzt und 50 000 obdachlos.

58 C2 PIEDRAS NEGRAS
ÜBERSCHWEMMUNG, 1953
Grenzgebiet Mexiko/Texas, USA
Starker Regen ließ den Pecos und den Devil's River anschwellen, und der Rio Grande trat über die Ufer. 185 Menschen ertranken.

59 D4 TAMPICO
HURRIKAN HILDA, 1955
Mexiko
Der Wasserstand des Rio Panuco war der höchste seit dreißig Jahren. Die Hälfte der Stadt stand unter Wasser, 200 Menschen kamen ums Leben.

60 D4 TAMPICO
HURRIKAN JANET, 1955
Mexiko
Der zweite große Hurrikan innerhalb eines Monats zerstörte alles, was von Tampico noch übrig war. 300 Menschen starben, 60 000 wurden obdachlos.

61 O8 GRENVILLE
TROPISCHER WIRBELSTURM, 1956
Grenada, Kleine Antillen
Der Hurrikan zerstörte mehr als 40 000 Häuser und forderte 230 Menschenleben. Die Kokos- und Muskatnuss-Plantagen der Insel wurden verwüstet.

62 D5 MEXICO CITY
Erdbeben, 1957
Mexiko
Das Erdbeben richtete Schäden in einem Gebiet an, das von Acapulco bis Mexiko Stadt reichte. 70 Menschen kamen ums Leben.

63 E6 MINATITLÁN
ERDRUTSCHE, 1959
Mexiko
Die von starken Regenfällen ausgelösten Erdrutsche verwüsteten Dutzende von Orten an der Pazifikküste und forderten rund 5 000 Menschenleben. In Minatitlán starben 200 Menschen an den Bissen von Skorpionen, Schlangen und Spinnen, die mit dem Schlamm von den Bergen heruntergerutscht waren.

64 N6 SAN JUAN
HURRIKAN DONNA, 1960
Puerto Rico, Große Antillen
Der Hurrikan löste auf der Insel beträchtliche Überschwemmungen aus. Über 100 Menschen starben, 600 wurden verletzt.

65 G6 BELIZE
HURRIKAN HATTIE, 1961
Britisch-Honduras (heute Belize)
In der Stadt wurde fast die Hälfte der Gebäude zerstört und ein weiteres Drittel schwer beschädigt. Etwa 300 Menschen starben, aber ohne das Frühwarnsystem, das nach dem Hurrikan von 1931 eingerichtet worden war, wäre die Zahl der Todesopfer wesentlich höher gewesen.

66 K5 HOLGUIN
HURRIKAN FLORA, 1963
Kuba
Der von Tobago kommende Hurrikan hatte bereits in Haiti beträchtliche Schäden angerichtet, bevor er auf Kuba traf. Dort wurde die Zuckerrohr-Ernte vernichtet, und 1 000 Menschen starben.

67 L5 GONÂIVES
HURRIKAN CLEO, 1964
Haiti, Große Antillen
Vier Tage lang peitschen Winde mit Geschwindigkeiten bis zu 160 km/h Sturmfluten auf, die an die Küsten von Haiti brandeten und mehr als 100 Menschenleben kosteten.

68 L6 JACMEL
HURRIKAN INEZ, 1966
Haiti, Große Antillen
Inez wütete fünf Tage lang in der Karibik. Goudeloupe, die Dominikanische Republik und Kuba hatten unter dem Hurrikan zu leiden, aber am schwersten war Haiti betroffen, wo allein in Jacmel 1 000 Menschen starben. Mindestens 1 100 weitere Tote lagen in einer tiefen Schlucht, die später das „Tal des Todes" genannt wurde.

69 H8 MANAGUA
ERDBEBEN, 1972
Nicaragua
Das schwerste Erdbeben in der Geschichte des Landes kostete 7000 Einwohner von Managua das Leben und machte 200 000 obdachlos.

70 D5 MEXICO CITY
GEWITTER, 1972
Mexiko
Heftiger Gewitterregen ließ den San Buenaventura über die Ufer treten, und die Wassermassen ergossen sich in die Acht-Millionen-Stadt. Stürmische Winde, ein Erdrutsch und Hagelschauer erhöhten die Zahl der Toten auf 37.

71 D5 CIUDAD SERDAN
ERDBEBEN, 1973
Mexiko
Das schwere Beben, das sich im Anschluss an starke Regenfälle und Überschwemmungen ereignete, richtete in zahlreichen Orten in der Sierra Madre schwere Schäden an. Mindestens 700 Menschen starben, Zehntausende verloren ihre Habe.

72 G7 TEGUCIGALPA
HURRIKAN FIFI, 1974
Honduras
Rund 5 000 Menschen starben, als sintflutartiger Regen Schlammströme auslöste. Der Hurrikan richtete in ganz Honduras beträchtliche Schäden an.

73 F7 GUATEMALA CITY
ERDBEBEN, 1976
Guatemala
Bei dem Beben der Stärke 5,7 starben rund 23 000 Menschen, etwa 435 000 wurden obdachlos.

74 O7 ROSEAU
HURRIKAN DAVID, 1979
Dominica, Kleine Antillen
Hurrikan David vernichtete die gesamte Bananen-Ernte der Insel und richtete damit eine ökomomische Katastrophe an. Mehr als 1000 Menschen fielen dem Sturm zum Opfer, 60 000 wurden obdachlos.

75 F6 EL CHICHON
VULKAN, 1982
Pichucalco, Mexiko
Der Ausbruch dieses Vulkans, der nie als eine ernsthafte Bedrohung angesehen worden war, kostete mindestens 3 000 Menschen das Leben.

76 D5 MEXICO CITY
ERDBEBEN, 1985
Mexiko
Siehe Seite 33

77 J6 KINGSTON
HURRIKAN GILBERT, 1988
Jamaika, Große Antillen
Hurrikan Gilbert tobte acht Stunden über der Insel. Dabei wurden zahlreiche Gebäude sowie der Flughafen schwer beschädigt.

78 H8 SAN JOSÉ
ERDBEBEN, 1991
Costa Rica
Das Beben der Stärke 7,5 richtete in San José beträchtliche Schäden an und kostete 80 Menschen das Leben.

79 D6 ACAPULCO
HURRIKAN PAULINE, 1997
Mexiko
Mit Windgeschwindigkeiten bis zu 200 km/h verwüstete der Hurrikan Acapulco. Im Südwesten von Mexiko löste er schwere Überschwemmungen aus. Über 400 Menschen starben; viele von ihnen wurden unter Schlamm und Trümmern begraben.

80 O6 SOUFRIÈRE HILLS
VULKAN, 1997
Montserrat, Kleine Antillen
Bei einer Reihe von Ausbrüchen wurde die Hauptstadt Plymouth eingeschlossen und zwei Drittel der Insel unbewohnbar gemacht. 23 Menschen starben, ungefähr 8 000 waren gezwungen, Montserrat zu verlassen.

SÜDAMERIKA

Die Karte zu diesen Erläuterungen finden Sie auf Seite 132.

1 D3 LIMA
KRANKHEIT, 1526
Peru
Der Inca und seine Nachfolger fielen den Pocken und anderen europäischen Seuchen zum Opfer. Ein Bürgerkrieg brach aus, und als die Spanier eintrafen, konnten sie das Land mühelos erobern.

2 D3 LIMA
ERDBEBEN, 1746
Peru
Die Stadt und das nahe gelegene Callao wurden von dem starken Beben verwüstet. Von 3 000 Häusern blieben nur 21 stehen, und 18 000 Menschen starben.

3 D6 CONCEPÇION
ERDBEBEN/TSUNAMI, 1757
Chile
Das Erdbeben löste einen Tsunami aus, der über die Stadt hereinbrach. 5 000 Menschen starben, weitere 10 000 wurden verletzt.

4 D2 QUITO
ERDBEBEN, 1797
Ecuador
Heftige Erschütterungen veränderten binnen Sekunden die Landschaft von Ecuador. Berge verschoben sich und Flüsse änderten ihren Lauf. Fast alle 40 000 Einwohner von Quito kamen ums Leben.

5 E1 CARACAS
ERDBEBEN, 1812
Venezuela
Bei einem der schwersten Erdbeben, die es in Venezuela je gab, wurden neun Zehntel der Stadt zerstört, und 10 000 Einwohner starben. Die Kaserne verschwand in einer riesigen Erdspalte und riss ein ganzes Regiment Soldaten mit. Hungersnot und Krankheiten erhöhten die Zahl der Toten auf 20 000.

6 D5 VALPARAISO
ERDBEBEN, 1822
Chile
Allein in Valparaiso starben 10 000 Menschen. An der gesamten Westküste, die von dem Erdbeben dauerhaft angehoben wurde, erlitten zahlreiche weitere Städte und Dörfer schwere Schäden.

7 D5 SANTIAGO
ERDBEBEN/TSUNAMI, 1835
Chile
Charles Darwin zufolge, der sich während des Erdbebens in der Stadt aufhielt, zerbrach der Tsunami in „eine entsetzliche Folge von weißen Brechern" von 7 Meter Höhe. Die Katastrophe forderte rund 5 000 Menschenleben.

8 D2 QUITO
ERDBEBEN, 1859
Ecuador
Binnen sechs Minuten waren 5 000 Menschen gestorben und die meisten Häuser und historischen Bauwerke der Stadt, darunter die großartige Kathedrale, eingestürzt.

9 D2 IBARRA
ERDBEBEN, 1868
Ecuador
Die Erschütterungen waren noch in einer Entfernung von 2 250 km spürbar, und 25 000 Menschen kamen ums Leben. Ibarra wurde völlig zerstört und seine Bewohner unter den Trümmern begraben. Das Erdbeben löste Überschwemmungen aus, der Ort Cotocachi verschwand; heute befindet sich an dieser Stelle ein See gleichen Namens.

10 D1 CUCUTA
ERDBEBEN/VULKAN, 1875
Kolumbien
Nachdem das Erdbeben einen nahe gelegenen Vulkan aktiviert hatte, regnete heiße Lava auf die Stadt herab. Ganz Kolumbien wurde von dem 45 Sekunden dauernden Beben erschüttert, und mehr als 16 000 Menschen starben.

11 D6 CONCEPÇION
TSUNAMI, 1877
Chile
Eine 23 Meter hohe Flutwelle brandete an die Küste und verwüstete die Stadt. Tausende von Menschen kamen dabei ums Leben.

12 D2 COTOPAXI
VULKAN, 1877
Ecuador
Über 1 000 Menschen starben, als bei einem Vulkanausbruch die Flanke des Berges weggesprengt wurde und die Dörfer in den Tälern mit Felsbrocken bombardiert und von glühender Lava überrollt wurden.

13 D5 SANTIAGO
ERDBEBEN, 1906
Chile
Bei einem heftigen Beben, das ganz Chile erschütterte, wurde Santiago stark zerstört, und etwa 20 000 Menschen kamen ums Leben. In Valparaiso gab es 1 500 Tote, rund 100 000 Menschen wurden durch das Beben obdachlos.

14 D6 CHILLÁN
ERDBEBEN, 1939
Chile
Dem Beben der Stärke 8,3 fielen binnen drei Minuten 25 000 Einwohner der Stadt zum Opfer. Weitere 50 000 Menschen starben in anderen Orten an der Westküste Chiles.

15 D3 HUARAZ
LAWINE, 1941
Peru
Die an den Ausläufern der Anden liegende Stadt wurde unter Schneemassen begraben. Rund 5 000 Menschen kamen dabei ums Leben.

16 D2 AMBATO
ERDBEBEN, 1949
Ecuador
Beim schwersten Beben in der Geschichte Ecuadors starben rund 6 000 Menschen, und 20 000 wurden verletzt. Auf einem 2 400 km langen Abschnitt der Anden wurden mindestens 53 Ortschaften stark zerstört.

17 G2 BELÉM
KRANKHEIT (OROPOUCHE), 1951
Brasilien
In Belém erkrankten 11 000 Menschen. Die Wissenschaftler fanden heraus, dass das für diese grippeähnliche Epidemie verantwortliche Virus von einem Faultier stammte, das ein Jahr zuvor gestorben war.

18 D6 VALDIVIA
ERDBEBEN/TSUNAMIS, 1960
Chile
Siehe Seite 40

19 D3 HUASCARÁN
ERDRUTSCH/LAWINE, 1962
Peru
Der Gletscher auf dem Gipfel des erloschenen Vulkans Huascarán rutschte ab, und 20 Millionen Tonnen Eis und Gestein donnerten zu Tal. Sechs Dörfer wurden verschüttet, 4 000 Menschen starben.

20 F4 PARANA
DÜRRE/BRAND, 1962
Brasilien
Nach siebenmonatiger Dürre brach ein katastrophaler Brand aus. 250 Menschen starben und 300 000 wurden obdachlos. Fast die gesamte Kaffeeernte Brasiliens fiel den Flammen zum Opfer.

21 G4 RIO DE JANEIRO
ERDRUTSCH, 1966
Brasilien
Die Abholzung der steilen Berghänge führte dazu, dass nach starkem Regen das Erdreich ins Rutschen geriet. Die Slums, die dort entstanden waren, wo früher die Bäume wuchsen, wurden hinweggefegt, und 239 Menschen starben.

22 D3 CHIMBOTE
ERDBEBEN/ERDRUTSCH, 1970
Peru
Siehe Seite 39

23 D3 LIMA
LAWINE, 1971
Peru
In den Anden lösten sich Hunderte von Tonnen Schnee und begruben Lima unter sich. Mehr als 600 Menschen kamen ums Leben.

24 F5 TUBARAO
ÜBERSCHWEMMUNG, 1974
Brasilien
Die Stadt stand unter Wasser, nachdem der Rio Tubarao infolge schwerer Herbstregen über die Ufer getreten war. 200 Menschen starben und rund 100 000 wurden auf höher gelegenes Gelände evakuiert.

25 D1 NEVADO DEL RUIZ
VULKAN, 1985
Armero, Kolumbien
Siehe Seite 20-21

26 D1 MEDELLÍN
ERDRUTSCH, 1987
Kolumbien
Medellin, das in einem steilen Tal zwischen zwei Bergketten liegt, wurde unter Tonnen von Gestein begraben, die 683 Einwohner töteten.

27 F6 BUENOS AIRES
ÜBERSCHWEMMUNG, 1993
Argentinien
In der Provinz Buenos Aires standen fast 4 Millionen Hektar Land unter Wasser, und fast die gesamte Ernte in diesem Gebiet wurde vernichtet.

28 D3 LIMA
KRANKHEIT (CHOLERA), 1995
Peru
Die erste Cholera-Epidemie in Südamerika seit mehr als 100 Jahren kam aus Indonesien, wo die Krankheit 30 Jahre lang gewütet hatte. In Peru erkrankten 170 000 Menschen, 1 200 von ihnen starben.

29 D3 ICA
ÜBERSCHWEMMUNG, 1988
Peru
Mehr als 100 000 Menschen wurden evakuiert, nachdem ein Fluss über die Ufer getreten war und die Stadt überschwemmt hatte. Unerwarteter heftiger El-Niño-Regen löste im ganzen Land Überschwemmungen und Erdrutsche aus, bei denen mindestens 137 Menschen ums Leben kamen. 131 wurden verletzt und 234 000 obdachlos.

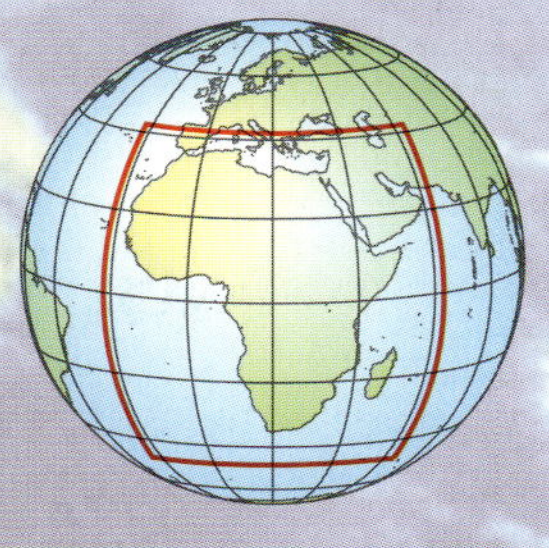

AFRIKA & NAHER OSTEN

Die Karte zu diesen Erläuterungen finden Sie auf Seite 133.

1 I2 KANARISCHE INSELN
ERDRUTSCHE/TSUNAMIS, VOR ETWA 13 000 JAHREN
Atlantischer Ozean, vor der Küste Afrikas
Vulkanausbrüche auf den Kanarischen Inseln lösten gewaltige Erdrutsche und Tsunamis aus, die an die Küsten von Afrika, Amerika und Europa brandeten.

2 M2 ALEXANDRIA
DÜRRE/HUNGERSNOT, 3500 V. CHR.
Ägypten
Der ersten Hungersnot in geschichtlicher Zeit fielen Tausende zum Opfer.

3 O2 URUK (HEUTE RUINENSTÄTTE WARAK)
ÜBERSCHWEMMUNG/TROPISCHER WIRBELSTURM, ETWA 3100 V. CHR.
Mesopotamien (heute Irak)
Die biblische Geschichte der Sintflut beruht möglicherweise auf einer Überflutung der Überschwemmungsebenen von Euphrat und Tigris. Dem Ende des 2. Jahrtausend v. Chr entstandenen Gilgamesch-Epos zufolge war die Flut die Folge eines sechs Tage anhaltenden tropischen Wirbelsturms.

4 M2 KAIRO
DÜRRE/HUNGERSNOT, ETWA 2200 V. CHR.
Ägypten
Das mehrmalige Ausbleiben des Nil-Hochwassers löste eine Hungersnot aus.

5 N2 SODOM UND GOMORRHA
ERDBEBEN/WELTRAUMATTACKE, ETWA 2200 V. CHR.
Totes Meer, Isreal
Bei einem Erdbeben, von dem manche Wissenschaftler glauben, dass es von einem Meteoriten-Schauer ausgelöst wurde, versanken die beiden Städte im Toten Meer.

6 N2 LUXOR
DÜRRE/HUNGERSNOT, ETWA 1300 V. CHR.
Ägypten
Bei der siebenjährigen Hungersnot, von der die Bibel erzählt, sind vermutlich Zehntausende von Menschen gestorben.

7 N2 JERICHO
ERDBEBEN, ETWA 1300 V. CHR.
Israel
Wissenschaftlern zufolge waren es nicht Posaunen, die die Mauern von Jericho einstürzen ließen und es den Israeliten ermöglichten, die Stadt zu erobern, sondern seismische Erschütterungen.

8 M2 ALEXANDRIA
ERDBEBEN, 217 V. CHR.
Ägypten
Das Erdbeben zerstörte mehr als 100 Ortschaften und forderte an die 75 000 Menschenleben.

9 N1 ANTIOCHIA (HEUTE HATAY)
ERDBEBEN, 115 N. CHR.
Syrien (heute Türkei)
Zur Zeit des Erdbebens wimmelte es in Antiochia von Menschen, die gekommen waren, um dem römischen Kaiser Trajan zu huldigen. Tausende von Menschen wurden von den Trümmern einstürzender Häuser erschlagen, aber Trajan konnte entkommen, weil er durch ein Fenster kroch.

10 N1 ALEPPO (HEUTE HALAB)
KRANKHEIT (PEST DES ANTONINUS), 164-180 N. CHR.
Syrien
Aus Syrien zurückkehrende Truppen brachten den Erreger einer Krankheit mit, die 14 Jahre lang im gesamten Römischen Imperium wütete und der vermutlich etwa 7 Millionen Menschen zum Opfer fielen. Nach dem damaligen Kaiser wird die unbekannte Krankheit "Pest des Antoninus" genannt.

11 M2 ALEXANDRIA
ERDBEBEN/TSUNAMI, 365 N. CHR.
Ägypten
Dem Erdbeben, das einen großen Teil von Alexandria zerstörte und mehr als 50 000 Menschen tötete, fiel auch der zu den Sieben Weltwundern der Antike gehörende Leuchtturm zum Opfer. Der von den starken Erschütterungen ausgelöste Tsunami verwüstete die Küste der Insel Kreta.

12 M2 CAIRO
KRANKHEIT (LEPRA), 500 N. CHR.
Ägypten
Die frühesten Beweise für das Auftreten von Lepra in der zivilisierten Welt lieferten 1 500 Jahre alte Skelette von Ägyptern. Um 500 n. Chr. hatte sich die Krankheit vermutlich bereits in Europa und darüber hinaus ausgebreitet.

13 N1 ANTIOCHIA (HEUTE HATAY)
ERDBEBEN, 526 N. CHR.
Syrien (heute Türkei)
Dem Erdbeben fielen fast sämtliche Gebäude der Stadt und etwa 250 000 Menschen zum Opfer.

14 L4 LAKE CHAD
KRANKHEIT (POCKEN), ETWA 800 N. CHR.
Afrika
In den Gebieten südlich der Sahara gab es um diese Zeit mehrere kurze Pocken-Epidemien. Die Krankheit, an der ein Großteil der Bewohner dieser Region litt, befiel Menschen aller Altersgruppen und forderte unzählige Todesopfer.

15 P1 DAMGHAN
ERDBEBEN, 856 N. CHR.
Persien (heute Iran)
Die Stadt, die am Fuße des Elbursgebirges liegt, wurde durch das Erdbeben zerstört. 200 000 Einwohner kamen ums Leben.

16 O1 ARDABIL
ERDBEBEN, 893 N. CHR.
Persien (heute Iran)
Der ans Kaspische Meer angrenzende Nordwesten des Iran wurde von schweren Erschütterungen verwüstet, die etwa 150 000 Menschen den Tod brachten.

17 O1 TABRIZ
ERDBEBEN, 1040
Persien (heute Iran)
Die Stadt wurde in Trümmer gelegt, und 50 000 Menschen kamen ums Leben.

18 M2 KAIRO
DÜRRE/HUNGERSNOT, 1064-1072
Ägypten
Etwa 4 000 Menschen verhungerten, und viele wurden zu Kannibalen, weil die Überschwemmungen des Nils ausblieben und die Ernten verdorrten.

19 N1 ALEPPO (HEUTE HALAB)
ERDBEBEN, 1138
Syrien
Bei dem Erdbeben wurde ein großer Teil von Aleppo zerstört, und etwa 230 000 Menschen kamen ums Leben.

20 M2 KAIRO
DÜRRE/HUNGERSNOT, 1199-1202
Ägypten
Das mehrmalige Ausbleiben des Nil-Hochwassers machte die Ernten zunichte und löste mit 100 000 Toten die größte uns bekannte Hungerkatastrophe in Ägypten aus.

21 N2 AKKO
ERDBEBEN, 1202
Israel/Libanon
Fast im ganzen östlichen Mittelmeerraum spürbare Erschütterungen richteten in den Städten Akko und Tyros schwere Schäden an und kosteten mehr als 100 000 Menschen das Leben.

22 O1 TABRIZ
Erdbeben, 1727
Tabriz wurde von einem starken Beben verwüstet, und in der Stadt und ihrer Umgebung starben 77 000 Menschen.

23 N5 SANSIBAR
TROPISCHER WIRBELSTURM, 1872
Heute zu Tansania gehörende Insel
Rund 150 im Hafen liegende Schiffe sanken, und mindestens 200 Bewohner der Insel kamen ums Leben. Eine Gruppe von Europäern, die auf der Suche nach dem britischen Naturforscher Dr. David Livingstone war, kam mit knapper Not davon.

24 P2 FARAHZAD
GEWITTER, 1954
Iran
Sintflutartiger Regen löste eine Flutwelle aus, die durch eine steile Schlucht raste und eine Moschee mit 5 000 Gläubigen hinwegriss.

25 L5 LEOPOLDVILLE (HEUTE KINSHASA)
KRANKHEIT (AIDS), 1959
Belgisch-Kongo (heute DRK)
Siehe Seite 120

26 J2 AGADIR
ERDBEBEN/TSUNAMI, 1960
Marokko
Das Erdbeben, das nur die Stärke 5,7 hatte, zerstörte drei Viertel der Stadt. Insgesamt starben ungefähr 12 000 Menschen; viele von ihnen ertranken in den Fluten des von dem Beben ausgelösten Tsunamis.

27 O1 DAN-ISFAHAN
ERDBEBEN, 1962
Nordwest-Iran
Das Beben dauerte nur eine Minute, zog aber ein Gebiet von 33 000 km² in Mitleidenschaft. 31 Dörfer wurden zerstört, 10 000 Menschen kamen ums Leben, darunter ein Viertel der Einwohner von Dan-Isfahan.

28 N5 NAIROBI
SCHÄDLINGSBEFALL (HEUSCHRECKEN), 1962
Kenia
Nach einer Periode feuchtheißen Wetters zogen riesige Heuschrecken-Schwärme vom Sudan im Osten bis nach Kap Vert im Westen durch Afrika und vernichteten die dringend benötigten Feldfrüchte.

29 L4 BIAFRA
DÜRRE/HUNGERSNOT, 1967-1970
Heute Teil von Nigeria
Die von einer Dürre ausgelöste und durch den Krieg mit Nigeria noch verschlimmerte Hungersnot zog 8 Millionen Menschen in Mitleidenschaft und kostete Biafra die Unabhängigkeit.

30 P2 BIRJAND
ERDBEBEN, 1968
Nordost-Iran
Das Beben der Stärke 7,0 richtete in der Provinz Chorasan im Nordosten des Iran schwere Schäden an. Fast 12 000 Menschen kamen ums Leben.

31 K3 GAO, MALI
DÜRRE/HUNGERSNOT, 1969-1974
Sahelzone, Afrika
Eine anhaltende Dürre und ständig schlechter werdende politische Verhältnisse kosteten mehr als eine Million Menschen das Leben. Sie verhungerten oder starben an Krankheiten wie Tuberkulose und Typhus.

32 L1 TUNIS
GEWITTER, 1969
Tunesien
Starker Regen, der 38 Tage lang anhielt, setzte 80 Prozent des Landes unter Wasser. In der Nähe von Kairuan kamen die Fundamente einer römischen Villa zum Vorschein, ein wertvoller archäologischer Fund.

33 O2 QIR VALLEY
ERDBEBEN, 1972
Iran
Das Beben richtete in 58 Orten schwere Schäden an und kostete mehr als 5 000 Menschen das Leben.

34 M4 NZARA
KRANKHEIT (EBOLA), 1976
Süd-Sudan
Eine Fieber-Epidemie breitete sich bis zum Fluss Ebola in Zaire (heute DRK) aus. Das Ebola-Virus, wie es nach seiner Entdeckung genannt wurde, löst starke innere Blutungen aus. Von 318 Erkrankten starben 280.

35 N2 ASWAN
KRANKHEIT (RIFTTAL-FIEBER), 1977
Ägypten
Nach dem Bau des Assuan-Staudamms erkrankten Tausende von Menschen an Rifttal-Fieber, hervorgerufen von einem Virus, das von der Aedes-Mücke übertragen wird, die in dem ruhigen Wasser des Stausees eine ideale Brutstätte fand. Hunderte der Erkrankten starben.

36 M5 NYIRAGONGO (HEUTE DRK)
VULKAN, 1977
Goma, Zaire (heute DRK)
Lava wälzte sich mit einer Geschwindigkeit von bis zu 60 km/h zu Tal und kam bis auf 600 Meter an den Flughafen von Goma heran. Rund 70 Menschen starben.

37 P1 DEYHUK
ERDBEBEN, 1978
Nordost-Iran
Dem Beben der Stärke 7,7 fielen in der Provinz Chorasan 25 000 Menschen zum Opfer.

38 O6 ANTANANARIVO
KRANKHEIT (MALARIA), 80ER JAHRE
Madagaskar
Eine Malaria-Epidemie in einem bis dahin verschont gebliebenen Gebiet ließ 100 000 Menschen erkranken, von denen 20 000 starben.

39 M8 LAINGSBURG
GEWITTER, 1981
Südafrika
Rund 150 Menschen kamen ums Leben, als Regenwasser durch das Bett eines ausgetrockneten Flusses strömte. Eine gewaltige Wasserwand riss einen großen Teil von Laingsburg mit, das am Ufer des Flusses erbaut worden war.

40 O3 SANA
ERDBEBEN, 1982
Jemen
Bei diesem Erdbeben wurden rund 300 Dörfer zerstört. Etwa 2 800 Menschen starben, 1500 wurden verletzt und 700 000 obdachlos.

41 N4 MEK'ELE
DÜRRE/HUNGERSNOT, 1984-1985
Äthiopien
Siehe Seite 82-83

42 L4 NIOS-SEE
VULKAN, 1986
Kamerun
Große Mengen Kohlendioxid brodelten an die Oberfläche des Kratersees. 1 700 Menschen und die meisten Tiere der Region erstickten, als das Wasser an den Flanken des Vulkans herunterfloss.

43 N3 KHARTUM
ÜBERSCHWEMMUNG, 1988
Sudan
Nach starkem Regen trat der Nil bei Khartum über die Ufer. Tausende von Menschen ertranken, und mehr als eine Million wurde obdachlos.

44 L4 N'DJAMENA
KRANKHEIT (MENINGITIS), 1988
Tschad
Trotz einer groß angelegten Impfkampagne wurden im Tschad 4 500 Meningitis-Fälle registriert, aber die wahre Zahl der Erkrankten dürfte wesentlich höher gewesen sein.

45 O1 RASCHT
ERDBEBEN/ERDRUTSCHE, 1990
Nord-Iran
Das bisher schlimmste Erdbeben im Iran traf das Gebiet im Umkreis des Kaspischen Meers. 4 000 Menschen starben, 60 000 wurden verletzt und rund 400 000 obdachlos. Viele Straßen waren durch Erdrutsche blockiert.

46 M7 BULAWAYO
DÜRRE, 1992
Simbabwe
Die mit ENSO in Zusammenhang stehende Dürre löste nach einem Jahr, in dem die Ernte verregnet war, im ganzen Süden Afrikas Nahrungsmangel aus. Rund 30 Millionen Menschen waren betroffen.

47 J3 KAÉDI
SCHÄDLINGSBEFALL (HEUSCHRECKEN), 1997
Mauretanien
Schwärme von Wüstenheuschrecken richteten schwere Schäden an, obwohl man versucht hatte, sie in ihrem Brutgebiet in der Sahelzone zurückzuhalten.

48 N5 KISMAYU
ÜBERSCHWEMMUNG, 1997
Somalia
Mehr als 1 700 Menschen starben, Rinderherden ertranken und die Ernte wurde vernichtet, als die Flüsse Webbe Shibeli und Juba nach starken Regenfällen über die Ufer traten und zahlreiche Ortschaften überschwemmten.

49 P1 QAYEN
ERDBEBEN/ERDRUTSCHE, 1997
Nord-Iran
Dem Beben der Stärke 7,1 und den dadurch ausgelösten Erdrutschen fielen mindestens 1 500 Menschen zum Opfer. 4 460 wurden verletzt, 60 000 obdachlos.

50 N3 TÄSÄNNEI
ÜBERSCHWEMMUNG, 1997
Eritrea
Starke Regenfälle führten dazu, dass der Blaue Nil und der Atbara anschwollen und Acker- und Weideland im Sudan und in Äthiopien überschwemmten. Mehr als 80 Menschen starben, 3 000 weitere wurden obdachlos, und 6 000 Rinder ertranken.

51 N5 NAIROBI
ÜBERSCHWEMMUNG, 1988
Kenia
Durch starke Niederschläge ausgelöste Überschwemmungen forderten Hunderte von Todesopfern und führten zu einem Ausbruch des Rifttal-Fiebers in Kenia. Die Wassermassen ließen außerdem mehrere Brücken einstürzen und unterspülten die Fernstraße, die Uganda und Ruanda mit der Küste verbindet.

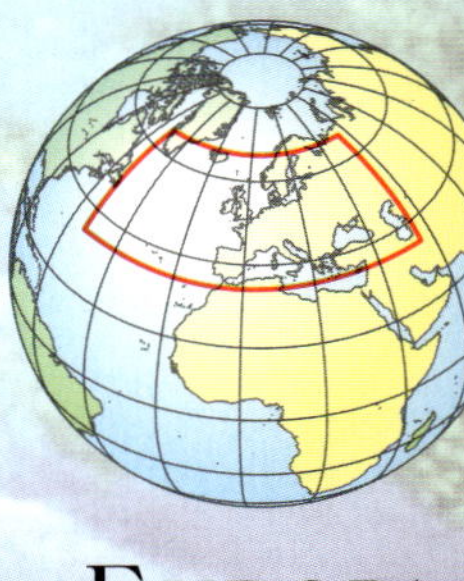

EUROPA

Die Karte zu diesen Erläuterungen finden Sie auf den Seiten 134–135.

1 L8 BOSPORUS
ÜBERSCHWEMMUNG, ETWA 7000 V. CHR.
Istanbul, Türkei
Tauwetter am Ende der letzten Eiszeit ließ den Meeresspiegel um 120 m ansteigen, wodurch ein dünner Landstreifen am Bosporus verschwand. Salzwasser aus dem Mittelmeer überflutete ein riesiges Gebiet und einen Süßwassersee. So entstand das heutige Schwarze Meer.

2 L8 TROY, HELLESPONT
BRAND, ETWA 2200 V. CHR.
(Heute Dardanellen), Türkei
Archäologische Funde deuten darauf hin, dass die Stadt und ihre sämtlichen Einwohner einem Brand zum Opfer fielen, möglicherweise von demselben Meteoriten-Schauer ausgelöst, der auch Sodom und Gomorrha vernichtete.

3 L9 THIRA (HEUTE SANTORIN)
VULKAN, 1500 V. CHR.
Griechenland
Eine heftige Eruption auf der Insel löste Tsunamis aus, die, wie einige Wissenschaftler glauben, über Kreta hereinbrachen und zum Niedergang der minoischen Kultur beitrugen. Die Katastrophe wurde mit der Atlantis-Sage in Zusammenhang gebracht, aber neuere Untersuchungen widersprechen dieser Theorie.

4 J9 ÄTNA
VULKAN, 1226 V. CHR.
Sizilien
Der erste uns bekannte Ausbruch des größten europäischen Vulkans.

5 K9 SPARTA UND LAKONIEN
ERDBEBEN, 464 V. CHR.
Griechenland
Ein ungewöhnlich heftiges Erdbeben erschütterte ganz Griechenland; am schwersten waren Lakonien und seine Hauptstadt Sparta betroffen. Mehr als 20 000 Menschen kamen ums Leben.

6 K9 ATHEN
KRANKHEIT („PEST DES THUKYDIDES"), 430 V. CHR.
Griechenland
Während einer Belagerung der Stadt durch die Spartaner brach eine Seuche (möglicherweise Masern oder Pocken) aus, an der rund ein Drittel der 200 000 Einwohner starb. Mit dem Tod des Staatsmanns Perikles, der 329 der Seuche erlag, endete die Blütezeit Athens.

7 K9 BURA
ERDBEBEN, 373 V. CHR.
Griechenland
Nach dem Erdbeben lag Bura, zuvor eine Stadt auf dem festen Land, auf dem Grund des Golfs von Korinth. Tausende von Menschen starben.

8 L9 RHODOS
ERDBEBEN, 224 V. CHR.
Insel Rhodos, Griechenland
Bei diesem Erdbeben ist vermutlich der Koloss von Rhodos, eines der Sieben Weltwunder der Antike, ins Meer gestürzt.

9 I7 COL DE LA TRAVERSETTE
LAWINEN, 218 V. CHR.
Italienische Alpen
Auf seinem Zug über die Alpen löste das Heer Hannibals eine Reihe von gewaltigen Lawinen aus. 18 000 Männer, 2 000 Pferde und mehrere Elefanten wurden unter den Schneemassen begraben.

10 J8 ROM
KRANKHEIT (MALARIA), 79 N. CHR.
Italien
Die Malaria breitete sich im Römischen Reich rasch von Afrika bis nach England aus. Die Mücken wurden in den Pontinischen Sümpfen südöstlich von Rom heimisch, in deren Umgebung die Malaria jahrhundertlang grassierte.

11 J8 VESUV
VULKAN, 79 N. CHR.
Italien
Siehe Seite 26-27

12 J8 ROM
KRANKHEIT (SEUCHE), 251-266 N. CHR.
Italien
Auf dem Höhepunkt sollen der Seuche (möglicherweise Masern oder Pocken) allein in Rom täglich 5 000 Menschen zum Opfer gefallen sein.

13 M9 KOURION
ERDBEBEN, 365 N. CHR.
Zypern
Die Stadt wurde aufgegeben, nachdem fast sämtliche Einwohner einem Erdbeben und einem Tsunami zum Opfer gefallen waren, der im ganzen östlichen Mittelmeerraum schwere Schäden anrichtete.

14 L8 KONSTANTINOPEL
KRANKHEIT („PEST DES JUSTINIAN"), 542 N. CHR.
(heute Istanbul), Türkei
In Konstantinopel brach eine Seuche aus, der täglich an die 10 000 Menschen zum Opfer gefallen sein sollen. Von dort aus breitete sich die Krankheit über ganz Europa aus und machte die Pläne von Kaiser Justinian, das Weströmische Reich wieder auferstehen zu lassen, zunichte. Zeitgenössische Berichte lassen vermuten, dass dies der erste Ausbruch der Beulenpest in Europa war.

15 G6 SALISBURY
WELTRAUMATTACKE, 550 N. CHR.
Wiltshire, Südengland
Gewaltige Brände, die möglicherweise von den Trümmern eines über Südengland explodierten Kometen ausgelöst wurden, verwüsteten ein großes Gebiet und lösten eine Hungersnot aus, die die Menschen zur massenhaften Emigration nach Frankreich zwang.

16 K9 KORINTH
ERDBEBEN, 856 N. CHR.
Griechenland
Das Erdbeben legte Korinth in Trümmer und tötete an die 45 000 Menschen.

17 G5 DURHAM
DÜRRE, 1069
England
Drei Jahre nach der Eroberung Englands durch die Normannen vernichtete eine Dürre die Ernte. Rund 50 000 Menschen starben, und weitere Tausende verkauften sich in die Leibeigenschaft, um überleben zu können.

18 H6 LONDON
TORNADO, 1091
England
Mehr als 600 Häuser wurden zerstört, und in der Kirche St. Mary le Bow kamen zwei Menschen ums Leben.

19 H5 BOSTON
ÜBERSCHWEMMUNG (NORDSEE), 1099
England
Der Sturmflut, die das „The Wash" genannte Gebiet in Ostengland unter Wasser setzte, fielen Tausende von Menschen zum Opfer.

20 J9 ÄTNA
VULKAN/ERDBEBEN, 1169
Sizilien
Auf die Eruption folgte ein heftiges Erdbeben. Rund 15 000 Menschen starben, darunter Hunderte, die in der Kathedrale von Catania an einem Gottesdienst teilnahmen.

21 J8 VESUV
VULKAN, 1198
Italien
Bei diesem Ausbruch wurde die Solfatara (Schwefelgrube) von Pozzuoli aktiviert.

22 I4 JÜTLAND
ÜBERSCHWEMMUNG (NORDSEE), 1219
Dänemark
Tausende von Menschen kamen bei der Sturmflut ums Leben, die über die tief liegende Halbinsel Jütland hereinbrach.

23 M9 SILIFKE (HEUTE MERSIN)
ERDBEBEN, 1268
Kleinasien (heute Türkei)
Die antike Provinz Kilikien (heute Anatolien) wurde verwüstet und rund 60 000 Menschen starben.

24 H5 DUNWICH
ÜBERSCHWEMMUNG (NORDSEE), 1287
East Anglia, England
Eine Sturmflut setzte fast ganz East Anglia unter Wasser und kostete rund 500 Menschen das Leben.

25 G5 BELFAST
KÄLTEEINBRUCH, 1315-1317
Irland
Extrem kalte Winter vernichteten die Ernten. In Irland und anderen Teilen Europas brach eine Hungersnot aus, der Tausende zum Opfer fielen.

26 M7 KAFA (HEUTE FEODOSSIJA)
KRANKHEIT („SCHWARZER TOD"), 1346-1352
Krim
Siehe Seite 112

27 H6 CHARTRES
STURM (HAGEL), 1359
Frankreich
Bei diesem Unwetter wurde das Heer des englischen Königs Eduard III. mit riesigen Hagelkörnern bombardiert, die 1 000 Soldaten und 6 000 Pferde erschlugen.

28 E2 ÖRÄFAJÖKULL
VULKAN, 1362
Island
Der Vulkan brach mit solcher Heftigkeit aus, dass der Gletscher auf seinem Gipfel schmolz. Die dadurch freigesetzten Wassermassen töteten 200 Menschen und zahlreiche Viehherden, und an die 40 Bauernhöfe wurden weggeschwemmt.

29 I5 SCHLESWIG
ÜBERSCHWEMMUNG (NORDSEE), 1362
Deutschland
Rund 30 000 Menschen fielen der Sturmflut zum Opfer, die über die Marschenzone hereinbrach.

30 H5 DORT
ÜBERSCHWEMMUNG (NORDSEE), 1421
Niederlande
Trotz ihres ausgedehnten Deichsystems wurden die Niederlande von einer der verheerendsten Sturmfluten heimgesucht. Von den 72 Dörfern, die überflutet worden waren, kamen 20 nie wieder zum Vorschein. Mehr als 100 000 Menschen ertranken.

31 H5 ROTTERDAM
KÄLTEEINBRUCH („KLEINE EISZEIT"), 1431
Niederlande
Die bitterkalten Winter verwandelten die Kanäle der Stadt in Straßen aus Eis und ließen alle Flüsse in Deutschland zufrieren. In ganz Mitteleuropa fiel die Obst- und Getreideernte aus; es kam zu einer Hungersnot.

32 J8 NEAPEL
ERDBEBEN, 1456
Italien
Das Erdbeben legte Neapel in Trümmer und kostete mehr als 35 000 Menschen das Leben.

33 G9 GRANADA
KRANKHEIT (TYPHUS), 1489
Spanien
Von den 20 000 Soldaten, die die im Besitz der Mauren befindliche Stadt belagerten, starben 17 000 an Typhus.

34 J8 NEAPEL
KRANKHEIT (SYPHILIS), 1495
Italien
Die Stadt wurde von König Karl VIII. von Frankreich und einem Söldnerheer belagert, das sich nach ihrem Fall wüsten Ausschweifungen hingab. Bei der Rückkehr in ihre Heimatländer verbreiteten die Soldaten und ihr Tross die Syphilis über ganz Europa. Es wird vermutet, dass einige der Soldaten zur Besatzung der Schiffe des Kolumbus gehörten und die Krankheit aus der Neuen Welt einschleppten.

35 H6 LONDON
KRANKHEIT (PEST), 1499
England
König Heinrich VII. und sein Hof flüchteten vor der Krankheit nach Calais. Etwa 30 000 Menschen fielen der Epidemie zum Opfer.

36 F8 LISSABON
ERDBEBEN, 1531
Portugal
30 000 Menschen starben, rund 1 500 Häuser stürzten ein.

37 I6 METZ
KRANKHEIT (TYPHUS), 1552
Deutschland (heute Frankreich)
Der Typhus-Epidemie fielen mehr als 30 000 Menschen zum Opfer, darunter das halbe Heer von Kaiser Karl V.

38 O4 NISCHNI-NOWGOROD (HEUTE GORKI)
KÄLTEEINBRUCH/HUNGERSNOT, 1557
Wolgaregion, Russland
Tausende von Menschen erlagen einer Hungersnot, die durch Regen und bittere Kälte noch verschlimmert wurde.

39 H5 LEIDEN
GEWITTER, 1574
Niederlande
Während der Belagerung Leidens durch die Spanier brachen infolge heftigen Regens die Deiche, und rund 20 000 Spanier ertranken in den Wassermassen.

40 G3 VOR FAIR ISLE
STURM, 1588
Shetlandinseln, Schottland
Nach dem misslungenen Versuch einer Invasions Englands scheiterten zahlreiche Schiffe der Spanischen Armada in einem Orkan. Die meisten davon sanken in der Nähe der Shetlandinseln, und zwischen 4 000 und 10 000 Mann Besatzung ertranken.

41 G5 GLOUCESTER
ÜBERSCHWEMMUNG, 1606
Tal des Severn, England
Bei einer der schwersten Flutkatastrophen in England wurde die Stadt überschwemmt, und vermutlich mehr als 2 000 Menschen ertranken, nachdem der Severn in seinem Ästuar über die Ufer getreten war.

42 I7 CHIAVENNA
ERDRUTSCH, 1618
Italien
Von den die Stadt umgebenden Bergen lösten sich gewaltige Gesteinsmassen und begruben mehrere Ortschaften in der Nähe von Chiavenna unter sich. In Plurs überlebte keiner der 1 500 Einwohner. Insgesamt wurden 2 427 Menschen verschüttet; drei konnten sich freigraben.

43 J8 VESUV
VULKAN, 1631
Italien
Der Ausbruch brachte Lahars und Lavaströme mit sich, die viele Dörfer zerstörten und 18 000 Menschen töteten.

44 I5 CUXHAVEN
ÜBERSCHWEMMUNG, 1634
Deutschland
Bei einer schweren Sturmflut ertranken über 6 000 Menschen, und etwa 1 000 Häuser wurden zerstört.

45 G6 WIDECOMBE-IN-THE-MOOR
TORNADO, 1638
England
Der von Kugelblitzen begleitete Tornado löste eine Explosion aus, bei der die Kirche zerstört wurde und 50 darin versammelte Gläubige, fast die gesamte Einwohnerschaft des Dorfes, ums Leben kamen.

46 J8 ROM
KRANKHEIT (PEST/HUNGERSNOT), 1656
Italien
Auf eine Pest-Epidemie, der 400 000 Menschen zum Opfer fielen, folgte eine Hungersnot. Die Seuche war auf Truppentransportern von Sardinien nach Neapel eingeschleppt worden und hatte sich dann weiter ausgebreitet.

47 H5 LONDON
KRANKHEIT (PEST), 1664-1666
England
Rund 100 000 Menschen starben, bis die Seuche, den Historikern zufolge, durch den „Großen Brand" von 1666, der einen großen Teil von London verwüstete, zum Stillstand gebracht wurde.

48 P8 SCHEMACHA
ERDBEBEN, 1667
Kaukasien (heute Aserbaidschan)
Die Stadt, die am Fuße des Kaukasus liegt, wurde von einem heftigen Beben erschüttert. Etwa 80 000 Einwohner starben.

49 J9 ÄTNA
VULKAN/ERDBEBEN, 1669
Sizilien
Ein Erdbeben, das die ganze Insel erschütterte, löste einen Ausbruch des Ätna aus. Lavaströme erreichten Catania, und etwa 20 000 Menschen starben.

50 J9 CATANIA
ERDBEBEN, 1693
Sizilien
Das Beben richtete in Catania und vielen anderen Orten schwere Schäden an und kostete schätzungsweise 60 000 Menschen das Leben.

51 F5 ATHLONE
GEWITTER (BLITZSCHLAG), 1697
Irland
Ein Blitz schlug in Athlone Castle ein. 260 Fässer Schießpulver explodierten, und sowohl die Burg als auch die Stadt wurden zerstört.

52 G6 PLYMOUTH
„GROSSER STURM", 1703
England
Die englische Flotte erlitt schwere Verluste. Etwa 300 in den Häfen vor Anker liegende Schiffe gingen mit 30 000 Mann Besatzung unter.

53 H5 DEN HAAG
ÜBERSCHWEMMUNG, 1717
Niederlande
Die Sturmflut, eine der schwersten der Geschichte, richtete an der gesamten Nordseeküste große Schäden an. Rund 11 000 Menschen ertranken, 2 000 von ihnen in den Niederlanden.

54 I7 LEUKERBAD
LAWINE, 1718
Schweiz
Eine gewaltige Lawine ging auf Leukerbad nieder und verschüttete 50 Menschen.

55 J9 ÄTNA
VULKAN/ERDBEBEN, 1755
Sizilien
Dem Ausbruch ging ein heftiges Erdbeben voraus, das sogar in der 8 000 km entfernten portugiesischen Hauptstadt Lissabon Schäden anrichtete.

56 F8 LISSABON
ERDBEBEN/TSUNAMI, 1755
Portugal
Siehe Seite 45

57 J8 KALABRIEN
ERDBEBEN, 1783
Italien
Im Verlauf von zwei Monaten erschütterten fünf Erdbeben die Westküste von Süditalien. 181 Orte wurden zerstört und 30 000 Menschen kamen durch die Beben ums Leben.

58 E2 LAKGIGAR
VULKAN, 1783
Island
Sechs Monate lang entströmten der 25 km langen Vulkanspalte gewaltige Mengen von Lava und dichten, giftigen Gasen. Die Lava bedeckte schließlich eine Fläche von 50 000 Hektar, und das dichte Gas hinderte die Fischerboote am Auslaufen. Die Folge war eine Hungersnot, der etwa 10 000 Menschen zum Opfer fielen.

59 J8 KALABRIEN
ERDBEBEN, 1797
Italien
Das Erdbeben verwüstete zahlreiche Ortschaften. Rund 50 000 Bewohner Kalabriens kamen dabei ums Leben.

60 G5 MANCHESTER
KRANKHEIT (TUBERKULOSE), 1800
England
Auf dem Höhepunkt dieser Tuberkulose-Epidemie starben etwa 20 Prozent der Einwohner von Manchester.

61 I7 GOLDAU
ERDRUTSCH, 1806
Schweiz
Ein Teil des Rossbergs brach ab, und die Gesteinsbrocken rasten mit einer derartigen Geschwindigkeit ins Tal, dass Reibungsbrände ausbrachen. Vier Orte wurden verschüttet und 800 Menschen starben.

62 F5 CORK
SCHÄDLINGSBEFALL, 1817
Irland
In ganz Irland fiel in diesem Jahr die Kartoffelernte aus. Der dadurch ausgelösten Hungersnot fielen fast 70 000 Menschen zum Opfer.

63 M3 ST. PETERSBURG
ÜBERSCHWEMMUNG, 1824
Russland
Beim schlimmsten Hochwasser der Newa, von dem wir wissen, wurde neben der Stadt St. Petersburg auch das nahe gelegene Kronstadt überflutet, wo ein großes Schiff auf dem Marktplatz landete. Rund 10 000 Menschen kamen durch die Überschwemmung ums Leben.

64 L2 IISALMI
KÄLTEEINBRUCH („KLEINE EISZEIT"), 1835-1850
Finnland
Das letzte Vordringen eines Gletschers kostete 137 000 Menschen das Leben.

65 F5 GALWAY
SCHÄDLINGSBEFALL/HUNGERSNOT, 1845-1848
Irland
Siehe Seite 109

66 H6 LONDON
KRANKHEIT (CHOLERA), 1853-1863
England
Der dritten Cholera-Pandemie des 19. Jahrhunderts fielen Tausende von Menschen zum Opfer. Allein im Londoner Stadtteil Soho gab es 700 Tote innerhalb von zwei Wochen.

67 M7 VOR BALAKLAWA
STURM, 1854
Schwarzes Meer
Das Dampfschiff Prince ging vor der Küste der Krim mit 143 Mann an Bord unter.

68 L9 RHODOS
GEWITTER (BLITZSCHLAG), 1856
Insel Rhodos, Griechenland
Ein Blitz schlug in die Kirche des Hl. Johannes ein und brachte eine große Menge von unter der Kirche gelagertem Schießpulver zur Explosion. 400 Menschen starben.

69 J8 KALABRIEN
ERDBEBEN, 1857
Italien
Allein in Kalabrien starben 10 000 Menschen. In der Erde taten sich riesige Spalten auf, die viele Dörfer und ihre Bewohner verschluckten.

70 G6 VOR BREST
STURM, 1870
Frankreich
Der Passagierdampfer Gorgone verschwand auf der Fahrt nach Cherbourg mit 122 Menschen an Bord.

71 G4 BRÜCKE ÜBER DEN TAY
STURM, 1879
Schottland
Augenzeugenberichten zufolge peitschte der Sturm eine Wasserhose auf, die die gerade fertig gestellte Eisenbahnbrücke über den Tay zum Einsturz brachte. Ein Zug stürzte mit 75 Menschen in den Fluss, von denen keiner die Katastrophe überlebte.

72 I7 ELM
ERDRUTSCH, 1881
Schweiz
Rund 150 Menschen starben, als das Dorf Elm und fast das gesamte Tal unter Gesteinsmassen begraben wurden.

73 L9 CHIOS
ERDBEBEN, 1881
Türkei (heute Griechenland)
Ein Viertel der 80 000 Bewohner der Insel wurde verletzt und 7 000 starben. Das Erdbeben legte 44 Ortschaften in Trümmer.

74 M9 ANATOLIEN
ERDBEBEN, 1883
Kleinasien (heute Türkei)
Bei einem nur wenige Sekunden dauernden Beben starben 100 Menschen und 20 000 wurden obdachlos.

75 G9 MALAGA
ERDBEBEN, 1884
Andalusien, Spanien
Bei dem Erdbeben, das sich am 25. Dezember ereignete, starben 745 Menschen, 1 253 wurden verletzt.

76 G9 GRANADA
ERDBEBEN, 1885
Spanien
Das Erdbeben richtete in Granada, Alhama und Periana schwere Schäden an und kostete 1 000 Menschen das Leben.

77 G6 VOR LAND'S END
STURM, 1885
Cornwall, England
Das englische Dampfschiff London ging in einem Orkan 320 km von der Küste Cornwalls entfernt mit 220 Mann Besatzung unter.

78 I7 LE FAYET/ST. GERVAIS
ERDRUTSCH, 1892
Frankreich
Die beiden Kurorte am Fuße des Montblanc wurden schwer beschädigt, als ein Teil des Gletschers Tête Rousse abbrach und tosend zu Tal raste. Rund 140 Menschen kamen ums Leben.

79 F8 PENICHE
STURM, 1892
Portugal
Auf der Fahrt nach Indien ging das britische Dampfschiff Roumania mit 113 Mann Besatzung vor der Küste Portugals unter.

80 J8 KALABRIEN
ERDBEBEN, 1905
Italien
Fünf Tage lang anhaltende Erschütterungen kosteten 5 000 Menschen das Leben. Allein in dem völlig zerstörten Dorf Martirano starben 2 000 Bewohner. Die Beben waren auch in Neapel und Florenz zu spüren.

81 J9 MESSINA
ERDBEBEN/TSUNAMI, 1908
Sizilien
Ein Erdbeben und ein Tsunami richteten in Messina und den umliegenden Ortschaften schwere Schäden an. Rund 160 000 Menschen starben, darunter 80 000 der 147 000 Einwohner von Messina.

82 J8 AVEZZANO
ERDBEBEN, 1915
Italien
Das Beben der Stärke 7,5 verwüstete die Stadt und kostete rund 30 000 Menschen das Leben.

83 J7 MARMOLADA
LAWINE, 1916
Tiroler Alpen, Italien
Der auf die Stadt niedergehenden Lawine fielen 253 österreichische Soldaten in ihrer Unterkunft zum Opfer.

84 H6 FLANDERN
KRANKHEIT (SPANISCHE GRIPPE), 1918-1919
Frankreich/Belgien
Siehe Seite 118

85 O4 NISCHNI-NOWGOROD (HEUTE GORKI)
DÜRRE, 1921-1922
Wolgaregion, Russland
Die anhaltende Dürre löste eine große Hungersnot aus. Mehr als 20 Millionen Menschen waren betroffen, von denen mehrere Millionen starben.

86 K7 SARAJEVO
ERDRUTSCH, 1926
Bosnien
In den Außenbezirken der Stadt wurde ein Zug mit 117 Menschen an Bord unter herabstürzenden Erdmassen begraben.

87 J9 ÄTNA
VULKAN, 1928
Sizilien
Bei dem Ausbruch wurde die Eisenbahnstrecke zwischen Messina und Catania ebenso zerstört wie die Orte Mascati und Nunziata. Es gab zahlreiche Tote.

88 M8 NORD-ANATOLIEN
ERDBEBEN/ERDRUTSCHE, 1929
Türkei
Das Erdbeben und die dadurch ausgelösten Erdrutsche richteten schwere Schäden an und kosteten etwa 1 000 Menschen das Leben.

89 M6 KIEW
DÜRRE/HUNGERSNOT, 1932-1933
Russland (heute Ukraine)
Stalins brutale Umstellung der Wirtschaft kostete in Verbindung mit Dürre und Hungersnot in der Wolgaregion und der Ukraine rund 5 Millionen Bauern das Leben. Die sowjetische Führung leugnete die Hungersnot und lehnte ausländische Hilfe ab.

90 N8 ERZINCAN
ERDBEBEN, 1939
Türkei
Zehntausende von Häusern wurden zerstört, 50 000 Menschen starben.

91 L7 BUKAREST
ERDBEBEN, 1940
Rumänien
Die Stadt wurde schwer beschädigt, und etwa 1 000 Menschen kamen dabei ums Leben.

92 J8 VESUV
VULKAN, 1944
Italien
Der Ausbruch erzwang einen Waffenstillstand zwischen den in dieser Region gegeneinander kämpfenden deutschen und alliierten Truppen. Weniger als 100 Menschen kamen ums Leben.

93 D2 HEKLA
VULKAN, 1947
Island
Der Ausbruch schleuderte eine gewaltige Rauch- und Dampfsäule 30 000 Meter hoch in die Luft.

94 H6 LONDON
STURM (SMOG), 1952
England
Mehrere Wochen lang lag dichter Smog über der Stadt. Tausende von Menschen starben.

95 H6 OUDE-TONGE
Sturm (Nordsee), 1953
Seeland, Niederlande
Siehe Seite 92

96 I7 DALAAS-TAL
LAWINE, 1954
Vorarlberg, Österreich
Drei Tage lang gingen Lawinen ab und verschütteten Ortschaften in Österreich, Deutschland, Italien und der Schweiz. 411 Menschen kamen dadurch ums Leben.

97 H6 PARIS
STURM (ORKAN/BLIZZARD), 1956
Frankreich
Fast 1 000 Menschen fielen dem eisigen Unwetter zum Opfer, das über fast ganz Europa tobte.

98 I7 MAILAND
GEWITTER (BLITZSCHLAG), 1959
Italien
Ein Passagierflugzeug wurde von einem Blitz getroffen und explodierte mit 68 Menschen an Bord.

99 H8 BARCELONA
GEWITTER (ÜBERSCHWEMMUNG), 1962
Spanien
Bei einer der schlimmsten Überschwemmungen in der Geschichte Spaniens wurde

Barcelona überflutet. 445 Menschen starben, rund 10 000 wurden obdachlos.

100 I5 HAMBURG
ÜBERSCHWEMMUNG (DEICHBRUCH), 1962
Deutschland
Von einem Sturm in die Elbe gedrücktes Wasser ließ mehrere Deiche brechen. 281 Menschen ertranken, rund 500 000 wurden obdachlos.

101 J7 BELLUNO
ERDRUTSCH, 1963
Italien
Starke Regenfälle setzten das Tal der Piave unter Wasser und lösten einen Erdrutsch aus, bei dem 2 000 Menschen starben.

102 J7 LONGARONE
ERDRUTSCH, 1963
Italien
Vom Berg Toc stürzten Massen von Gestein in den Vaiont-Stausee. Eine riesige Welle schwappte über den gerade fertig gestellten Damm, zerstörte den Ort und tötete 1 190 Menschen.

103 K8 SKOPJE
ERDBEBEN, 1963
Jugoslawien (heute Mazedonien)
Das Beben richtete in der Stadt schwere Schäden an. Mehr als 15 000 Häuser wurden zerstört, wodurch drei Viertel der Einwohner obdachlos wurden. Mindestens 1 000 Menschen kamen dabei ums Leben, weitere 3 700 wurden verletzt.

104 L9 ÄGÄISCHES MEER
STURM, 1966
Zwischen Piräus und Kreta
Das griechische Fährschiff Heraklion sank in einem Sturm mit 230 Menschen an Bord.

105 I7 FLORENZ
ÜBERSCHWEMMUNG, 1966
Italien
Die Stadt wurde überflutet, und 113 Menschen starben. Auch Rom, Venedig und Neapel hatten unter Hochwasser zu leiden. Viele einzigartige Kunstwerke wurden vernichtet.

106 D2 SURTSEY
VULKAN, 1967
Island
Die Insel Surtsey entstand aus Lava, die aus einer Spalte auf dem Grund des Nordatlantiks emporquoll.

107 G4 GLASGOW
STURM („JAHRHUNDERTSTURM"), 1968
Schottland
Winde mit Geschwindigkeiten von bis zu 215 km/h beschädigten in Glasgow 70 000 Wohngebäude und töteten 20 Menschen. Über ganz Europa, von England bis zum Iran, fegten Schneestürme hinweg, und sogar in der Wüste Negev in Israel fiel Schnee.

108 D2 HEIMAEY
VULKAN, 1973
Island
Siehe Seite 17

109 G6 DER KANAL
STURM, 1974
Zwischen England und Frankreich
In einem Orkan sanken mehrere Schiffe, und 35 Menschen kamen dabei ums Leben.

110 J8 ALTAVILLA IRPINIA
ERDBEBEN, 1980
Italien
Das Beben in der Gebirgsregion östlich von Neapel kostete 3 114 Menschen das Leben.

111 I7 CÔTE D'AZUR
BRAND, 1985
Südfrankreich
Siehe Seite 87

112 H6 SEVENOAKS STURM
(„GROSSER STURM"), 1987
Kent, England
Der Orkan richtete in Südengland und in Frankreich schwere Schäden an. Hunderte von Bäumen wurden entwurzelt und Landschaften im Südosten von England völlig verändert. 19 Menschen kamen durch den „Großen Sturm" ums Leben.

113 O8 SPITAK
ERDBEBEN, 1988
Armenien
Siehe Seite 34

114 I7 MONTBLANC
LAWINE/ERDBEBEN, 1991
Alpen, Frankreich
Eine von einem Erdbeben ausgelöste Lawine kostete in den französischen Alpen 9 Menschen das Leben.

115 N8 ERZINCAN
ERDBEBEN, 1992
Türkei
Auf das Beben der Stärke 6,7 folgten mehrere starke Nachbeben. Rund 500 Menschen kamen ums Leben, weitere 2 200 wurden verletzt.

116 H7 VAISON-LA-ROMAINE
GEWITTER, 1992
Frankreich
Sintflutartiger Gewitterregen ließ den Fluss Ouvèze so stark anschwellen, dass sich eine 15 Meter hohe Flutwelle über die Stadt ergoss, die 38 Menschen mit sich riss.

117 L6 GÖMEC
LAWINEN, 1992
Osttürkei
Siehe Seite 95

118 E2 VATNAJÖKULL
VULKAN, 1996
Island
Aus einer Spalte unter dem Vulkan Vatnajökull quoll Lava heraus, die die oberen Schichten des Gletschers zum Schmelzen brachte. Die Folge war die schwerste Überschwemmung seit etwa 60 Jahren. Menschen kamen nicht ums Leben, aber Straßen, Pipelines und Stromleitungen wurden schwer beschädigt.

119 J8 ASSISI
ERDBEBEN, 1997
Umbrien, Italien
Das Erdbeben brachte Teile der bekannten Doppelkirche zum Einsturz. Dabei starben 11 Menschen, und einige der berühmtesten Fresken der Welt wurden schwer beschädigt. Durch das Erdbeben wurden in Umbrien Tausende von Menschen obdachlos.

120 G9 BADAJOS
ÜBERSCHWEMMUNG, 1997
Estremadura, Spanien
Plötzlich einsetzender starker Regen und stürmische Winde ließen den Fluss Guadiana über die Ufer treten. Die Stadt wurde überschwemmt, mindestens 31 Menschen ertranken.

121 K6 KRAKAU
ÜBERSCHWEMMUNG, 1997
Die Oder und mehrere andere Flüsse traten über die Ufer. Vier Länder waren von der Überschwemmung betroffen, bei der eine Fläche von 5 180 km^2 unter Wasser stand. In Polen kamen rund 60 Menschen ums Leben und weitere 40 in Tschechien.

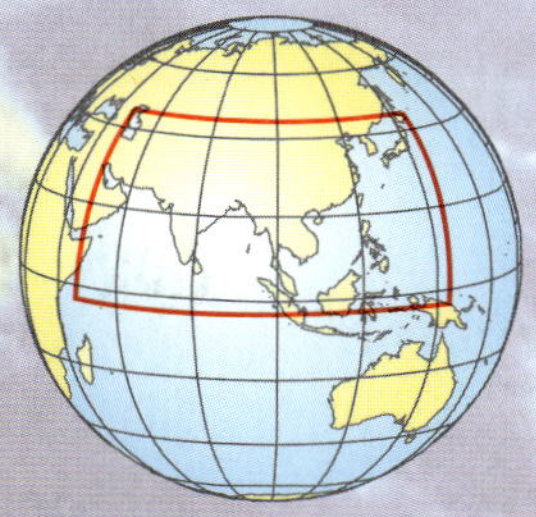

SÜDASIEN

Die Karte zu diesen Erläuterungen finden Sie auf den Seiten 136–137.

1 D4 DEKHAN-TRAPP
VULKAN (LAVAUSBRUCH), VOR 65 MILLIONEN JAHREN
Jodhpur, Indien
Siehe Seite 98-99

2 H8 TOBA
VULKAN, ETWA 70 000 V. CHR.
Sumatra, Indonesien
Es entstand eine riesige Caldera, und Millionen von Tonnen Asche lagerten sich in einem Umkreis von mehr als 2 000 km auf dem Grund des Indischen Ozeans ab.

3 K2 GAOTSCHENG
ÜBERSCHWEMMUNG (HWANGHO), ETWA 2200 V. CHR.
Provinz Henan, China
China litt ständig unter Überschwemmungen. Der erste Mensch, der etwas gegen sie unternahm, war Ta Yü, der zum Begründer der Hsia-Dynastie wurde.

4 C4 HYDERABAD
ÜBERSCHWEMMUNG, ETWA 2200 V. CHR.
Indus-Tal, Indien
Es gibt Vermutungen, dass die große Überschwemmung, die sich um diese Zeit ereignete, von einem Meteoritenschauer ausgelöst wurde.

5 K5 KANTON
KRANKHEIT (PEST), 610 N. CHR.
China
Von der Seuche, die im Verlauf von 200 Jahren immer wieder ausbrach, war vor allem der Süden Chinas betroffen. Die Zahl der Toten ist nicht bekannt.

6 K2 TAIYÜAM
ERDBEBEN, 1038
Provinz Schansi, China
Das Erdbeben erschütterte die gesamte Provinz. Taiyün wurde schwer beschädigt, etwa 23 000 Menschen kamen ums Leben.

7 K2 CHIHLI
ERDBEBEN, 1290
China
Der Ort wurde vollständig zerstört, rund 100 000 Menschen starben.

8 K1 PEKING
ÜBERSCHWEMMUNG/HUNGERSNOT, 1332-1333
China
Bei der Überschwemmung und der anschließenden Hungersnot kamen 6 Millionen Menschen ums Leben. Die dadurch bewirkten Umwälzungen könnten zur Ausbreitung der Pest beigetragen haben.

9 K2 TAIYÜAM
ERDBEBEN, 1556
Provinz Schansi, China
Das verheerendste Erdbeben, von dem wir wissen, richtete auch in den Provinzen Schensi und Honan schwere Schäden an und kostete rund 830 000 Menschen das Leben.

10 L6 TAAL
VULKAN, 1591
Luzon, Philippinen
Der Taal, der bereits mehrere Jahrhunderte lang relativ aktiv gewesen war, brach zum ersten Mal heftig aus. Aus dem Gipfel und den Flanken des Vulkans quollen giftige Gase, an denen Tausende erstickten.

11 M6 MAYON
VULKAN, 1616
Luzon, Philippinen
Beim ersten bekannten Ausbruch des Mayon wurden Dutzende von Ortschaften mit riesigen Gesteinsbrocken bombardiert und von Lavaströmen überflutet. Tausende von Menschen starben.

12 D5 SURAT
DÜRRE/HUNGERSNOT, 1669-1670
Indien
Der erste großen Hungersnot in Indien fielen schätzungsweise drei Millionen Menschen zum Opfer.

13 G5 HUGLI-MÜNDUNG
TROPISCHER WIRBELSTURM, 1737
Golf von Bengalen, Indien
Der Zyklon trieb eine 12 Meter hohe Flutwelle in den Fluss. Rund 20 000 Boote sanken, und in den küstennahen Ortschaften kamen 300 000 Menschen ums Leben.

14 L6 TAAL
Vulkan, 1754
Luzon, Philippinen
Vier Dörfer wurden zerstört und Hunderte von Menschen kamen ums Leben, als der Taal ausbrach und sieben Monate lang Feuer, Felsbrocken und Bimsstein auf die Umgebung herabregnen ließ.

15 M6 MAYON
VULKAN, 1766
Luzon, Philippinen
Riesige Mengen Lava und Wasser flossen den Berg herab und bildeten Ströme, die alles zerstörten, was in ihrer Bahn lag. Hunderte von Menschen ertranken oder wurden unter Lava begraben.

16 E4 DELHI
DÜRRE/HUNGERSNOT, 1769-1770
Hindustan, Indien
Während der 18 Monate anhaltenden Dürre verhungerten rund drei Millionen Menschen, etwa ein Drittel der Bewohner der damaligen Provinz Hindustan.

17 F6 CORINGA
TROPISCHER WIRBELSTURM, 1789
Andhra Pradesh, Indien
Der Zyklon forderte mehr als 20 000 Menschenleben. Er peitschte drei riesige Flutwellen auf, die die Stadt zerstörten und die Mündung des Flusses Godavari mit Schlamm verstopften.

18 D5 BOMBAY
DÜRRE/„SCHÄDEL"-HUNGERSNOT, 1790-1791
Indien
Tausende von Menschen starben bei der durch das Ausbleiben von Regen ausgelösten „Poji Bara" oder „Schädel"-Hungersnot, so genannt, weil viele der Hungernden zu Kannibalen wurden.

19 M6 MAYON
VULKAN, 1814
Luzon, Philippinen
Der Mayon brach mit ungeheurer Gewalt aus und spie Felsbrocken, Asche und Feuer. Vier Ortschaften wurden unter einer 9 Meter dicken Schicht Gesteinstrümmer begraben, 2 200 Menschen starben.

20 G5 KALKUTTA
KRANKHEIT (CHOLERA), 1817
Indien
Der ersten Cholera-Pandemie fielen in Kalkutta unter anderem 5 000 britische Soldaten zum Opfer, bevor sie sich in Asien, dem Nahen Osten und Afrika ausbreitete. Die Seuche grassierte sechs Jahre, erlosch aber, bevor sie Europa erreicht hatte.

21 G5 KALKUTTA
KRANKHEIT (CHOLERA), 1826-1838
Indien
Siehe Seite 117

22 E6 GUNTUR
DÜRRE/HUNGERSNOT, 1833
Indien
Missernten infolge ausgebliebenen Regens kosteten mindestens 20 000 Menschen das Leben.

23 K5 HAFEN VON HONGKONG
TROPISCHER WIRBELSTURM, 1841
Hongkong, Südchinesisches Meer
Im Hafen liegende Schiffe der britischen Marine kamen ohne größere Beschädigungen davon, aber sämtliche Dschunken und Sampans sanken im Verlauf des vierstündigen Sturms, und Tausende der auf dem Wasser lebenden und arbeitenden Menschen ertranken.

24 L3 SCHANGHAI
ÜBERSCHWEMMUNG, 1851-1866
China
In einem Zeitraum von 15 Jahren ertranken in der „Reisschüssel", dem Dreieck zwischen dem Hwangho und dem Jangtsekiang, 40 bis 50 Millionen Menschen, weil diese und zahlreiche andere Flüsse immer wieder über die Ufer traten und Hunderte von Ortschaften unter Wasser setzten.

25 L6 MANILA
ERDBEBEN, 1863
Philippinen
Die Stadt wurde von zwei Erschütterungen schwer beschädigt. Die mit Tabak gefüllten Lagerhäuser stürzten ein, und der Tabakhandel kam zum Erliegen. Ungefähr 1 000 Menschen starben.

26 G5 KALKUTTA
TROPISCHER WIRBELSTURM, 1864
Indien
Eine 13 Meter hohe Flutwelle brach über die Stadt herein. Mehr als 50 000 Menschen starben, an die 200 Schiffe sanken.

27 E5 RAIPUR
DÜRRE/HUNGERSNOT, 1866
Indien
Eine Dürre löste in Bengalen, Orissa und Bihar eine Hungersnot aus. Mehr als 1,5 Millionen Menschen starben an Hunger oder Krankheiten.

28 E5 BHOPAL
DÜRRE/HUNGERSNOT, 1868
Indien
In Zentral- und Nordwestindien fielen Tausende von Menschen einer durch mehrere Missernten ausgelösten Hungersnot zum Opfer.

29 G5 BARISAL
TROPISCHER WIRBELSTURM, 1876
Indien (heute Bangladesch)
Vom Sturm aufgepeitschte Wassermassen in Verbindung mit einer sehr hohen Flut brachen über Barisal und sämtliche Inseln im Mündungsgebiet des Flusses Meghna herein. Binnen weniger Minuten ertranken mindestens 100 000 Menschen.

30 E7 MADRAS
DÜRRE/HUNGERSNOT/KRANKHEIT, 1876-1877
Indien
In der längsten Hungersnot, von der wir wissen, starben drei Millionen Menschen an Unterernährung und weitere drei Millionen an der in ihrem Gefolge ausgebrochenen Cholera-Epidemie. Insgesamt waren 36 Millionen Menschen von der Katastrophe betroffen.

31 M1 TSCHANGTSCHUN
DÜRRE/HUNGERSNOT, 1877-1878
Mandschurei, China
Drei praktisch niederschlagslose Jahre führten im Norden und in der Mitte Chinas zu einer katastrophalen Hungersnot, der schätzungsweise 1,3 Millionen Menschen zum Opfer fielen. In der Provinz Kwangtung dagegen regnete es so heftig, dass die Ernte durch Überschwemmungen vernichtet wurde.

32 E2 KASCHMIR
ERDBEBEN, 1885
Indien
Bei Dutzenden von Erdbeben, die Kaschmir über einen Monat lang erschütterten, wurden zahlreiche Städte und Dörfer schwer beschädigt, und mehr als 3 000 Menschen kamen ums Leben.

33 K3 KAIFENG
ÜBERSCHWEMMUNG, 1887
Provinz Honan, China
Die Stadt und Hunderte von weiteren Ortschaften lagen unter einer dicken Schlickschicht, nachdem der Hwangho über die Ufer getreten war und ein Gebiet von 78 000 km^2 unter Wasser gesetzt hatte. 1,5 Millionen Menschen kamen ums Leben.

34 E4 MORADABAD
GEWITTER (HAGEL), 1888
Indien
Hagelkörner, die so groß waren wie Apfelsinen, zertrümmerten Fenster und Dächer, und 230 Landarbeiter wurden auf den Feldern erschlagen.

35 M6 MAYON
VULKAN, 1897
Luzon, Philippinen
Bei dem Ausbruch, der vier Tage anhielt und damit der längste in der Geschichte des Vulkans war, regneten glutheiße Steinbrocken und Asche auf die Stadt Tobaco herab und brachten 400 Menschen den Tod.

36 D3 LAHORE
DÜRRE/HUNGERSNOT, 1898
Pandschab, Indien
Rund eine Million Menschen fiel im Pandschab sowie im Süden und Westen Indiens der durch eine Dürre ausgelösten Hungersnot zum Opfer. Insgesamt waren rund 36 Millionen Menschen von der Katastrophe betroffen.

37 D5 BOMBAY
KRANKHEIT (PEST), 1904-1908
Indien
In Bombay, Bengalen und den nordwestlichen Provinzen starben täglich rund 1 800 Menschen an der Pest, in ganz Indien waren mehr als drei Millionen Menschen betroffen.

38 E3 KANGRA
ERDBEBEN, 1905
Indien
Das Beben der Stärke 8,7 verwüstete Kangra und kostete 19 000 Menschen das Leben.

39 D3 LAHORE
ERDBEBEN, 1905
Indien
Eine ganze Reihe von Beben erschütterte mehrere Städte. Hunderte von Menschen starben, und viele historische Gebäude wurden schwer beschädigt. In Lahore stürzte ein Teil der Großen Moschee ein.

40 L5 KAGI (HEUTE CHIAI)
ERDBEBEN, 1906
Formosa, Japan (heute Taiwan)
Bei dem heftigen Beben wurde die Stadt schwer beschädigt und rund 5 000 Häuser wurden zerstört. Mehr als 100 Menschen starben, mindestens 2 000 wurden verletzt.

41 K5 KAULUN
TROPISCHER WIRBELSTURM/STURMFLUT, 1906
Hongkong, Südchinesisches Meer
Einer riesigen Sturmflut, die über die ganze Kronkolonie hereinbrach, fielen Dutzende von Gebäuden und mindestens 10 000 Menschen zum Opfer. Die meisten von ihnen ertranken.

42 L3 SCHANGHAI
ÜBERSCHWEMMUNG, 1911
China
Der Jangtsekiang trat über die Ufer, überflutete Schanghai und richtete in vier Provinzen schwere Schäden an. Von den mehr als zwei Millionen Menschen, die von der Katastrophe betroffen waren, ertranken 10 000 sofort, weitere 10 000 Menschen starben im Laufe der folgenden Wochen an Unterernährung.

43 L6 TAAL
VULKAN, 1911
Luzon, Philippinen
Bei dem Ausbruch spie der Taal glühend heißen Dampf und Schlamm aus, der 13 Dörfer unter sich begrub. Ein Wirbelwind aus Asche und Schwefeldioxid fegte über die Insel. Die meisten der 1 335 Opfer erstickten.

44 L5 TAITO (HEUTE TAITUNG)
TROPISCHER WIRBELSTURM, 1912
Formosa (heute Taiwan)
Bei dem schweren Taifun starben 107 Menschen, 293 wurden verletzt. Winde mit Geschwindigkeiten von bis zu 300 km/h rissen mindestens 200 000 Häuser nieder.

45 M6 MAYON
VULKAN, 1914
Luzon, Philippinen
Bei dem Vulkanausbruch wurde das Dorf Cagsauga zerstört. Hunderte von Menschen starben.

46 I2 SINING
ERDBEBEN, 1920
Provinz Tsinghai, China
Das Beben der Stärke 8,6 richtete in der ganzen Provinz schwere Schäden an und kostete mehr als 180 000 Menschen das Leben.

47 I4 KUNMING
ERDBEBEN, 1925
Provinz Yünnan, China
Das Erdbeben war in der ganzen Provinz spürbar. Die Stadt Kunming wurde fast vollständig zerstört, mehr als 6 000 Menschen kamen ums Leben.

48 H2 PROVINZ TSINGHAI
ERDBEBEN, 1927
China
Dem weithin spürbaren Beben der Stärke 8,3 fielen rund 200 000 der am Fuße des Nanschan-Gebirges lebenden Menschen zum Opfer.

49 L3 NANKING
ÜBERSCHWEMMUNG/FLUTWELLEN, 1931
Provinz Kiangsu, China
Starker, lange anhaltender Monsunregen löste im Becken des Jangtsekiang eine Überschwemmung aus. Sechs riesige Wellen rasten flussabwärts; die Deiche brachen, und eine Fläche von 90 000 km^2 wurde überflutet. Mehr als 40 Millionen Menschen waren von der Katastrophe betroffen, mehrere Millionen von ihnen kamen ums Leben.

50 I2 LANTSCHOU
ERDBEBEN, 1932
Provinz Kansu, China
Das Erdbeben richtete in der gesamten Provinz Kansu schwere Schäden an und kostete etwa 70 000 Menschen das Leben.

51 K2 TIENTSIN
ÜBERSCHWEMMUNG, 1933
China
Der Hwangho trat über die Ufer. Mehr als drei Millionen Menschen und rund 3 000 Ortschaften waren von der Überschwemmung betroffen. Dabei kamen etwa 18 000 Menschen ums Leben.

52 F4 BIRATNAGAR
ERDBEBEN, 1934
Nepal
Von dem Beben der Stärke 8,4 war das ganze Land betroffen. Der Himalaja wurde erschüttert, und etwa 10 700 Menschen starben.

53 K5 KANTON
ERDRUTSCHE, 1934
Provinz Kwantung, China
Im Laufe von zwei Tagen verwüstete eine Reihe von Erdrutschen die gesamte Provinz. Mehr als 500 Menschen kamen ums Leben.

54 C3 QUETTA
ERDBEBEN, 1935
Pakistan
Dem Beben der Stärke 7,5 fielen die Stadt Quetta und 60 000 Menschen zum Opfer.

55 K2 TSINAN
ÜBERSCHWEMMUNG/HUNGERSNOT, 1939
China
Als der Hwangho über die Ufer trat, wurde die Getreide- und Reisernte vernichtet. Binnen drei Monaten waren 20 000 Menschen verhungert, rund 25 Millionen hatten ihre gesamte Habe verloren.

56 G5 DIAMOND HARBOUR
TROPISCHER WIRBELSTURM, 1942
Bengalen, Indien (heute Bangladesch)
Winde mit Geschwindigkeiten von bis zu 225 km/h verwüsteten Küstendörfer und töteten mehr als 40 000 Menschen.

57 L6 SÜDCHINESISCHES MEER
TROPISCHER WIRBELSTURM, 1944
Vor Luzon, Philippinen
Bei dem Taifun, der zwei Tage wütete, sanken die amerikanischen Zerstörer Hull, Spence und Monahan mit insgesamt 800 Menschen an Bord. Die See war dermaßen aufgepeitscht, dass viele, die aus den sinkenden Schiffen entkommen waren, ertranken, weil ihnen das Wasser die Schwimmwesten vom Leibe riss.

58 H4 DIBRUGARH
ERDRUTSCH, 1949
Nord-Assam, Indien
Mehrere Orte wurden verschüttet, etwa 500 Menschen kamen ums Leben.

59 M2 SEOUL
KRANKHEIT (HANTAVIRUS), 1950ER JAHRE
Südkorea
Während des Koreakrieges fielen Hunderte von Soldaten einem Virus zum Opfer, das von Mäusen übertragen wurde. Heute erkranken jährlich rund 200 000 Menschen an Hantaviren, mindestens 20 000 von ihnen sterben.

60 H4 ASSAM
ERDBEBEN/ERDRUTSCHE, 1950
Indien
Das Erdbeben erschütterte den Himalaja und löste Erdrutsche aus. Der Fluss Subabsiri wurde aufgestaut, und der Brahmaputra-Damm brach. Die freigesetzten Wassermassen richteten erhebliche Sachschäden an und kosteten rund 1 500 Menschen das Leben.

61 L5 HIBOK-HIBOK
VULKAN, 1951
Insel Camiguin, Philippinen
Das Erdbeben erschütterte die kleine Insel vor der Küste von Luzon. Drei Dörfer mussten evakuiert werden, 84 Menschen starben.

62 J6 HUE
TROPISCHER WIRBELSTURM, 1953
Vietnam
In Zentral-Vietnam kamen rund 1 300 Menschen ums Leben, die einstige Hauptstadt von Annam trug schwere Schäden davon. Die Reisernte wurde vernichtet,

und Tausende von Strohhütten verschwanden spurlos, wodurch 100 000 Menschen obdachlos wurden.

63 K3 WUHAN
ÜBERSCHWEMMUNG, 1954
Provinz Hupeh, China
Lange anhaltender starker Monsunregen ließ den Jangtsekiang und andere Flüsse über die Ufer treten und verwandelte das Becken des Jangtsekiang in ein riesiges Meer. Das Wasser stand 1,5 Meter höher als 1931. Allen Deichbaumaßnahmen zum Trotz kamen 40 000 Menschen ums Leben.

64 G4 SHIGATSE
ÜBERSCHWEMMUNG, 1954
Tibet (heute Teil von China)
Das Wasser des stark angeschwollenen Tsangpo brachte den See Takri Tsoma zum Überlaufen. Die Wassermassen ergossen sich in die Stadt Shigatse, wo 750 Menschen starben. Die meisten von ihnen waren buddhistische Mönche, die sich im Palast des Westlichen Paradieses aufhielten.

65 F5 CUTTACK
ÜBERSCHWEMMUNG (MONSUN), 1955
Provinz Orissa, Indien
Heftiger Monsunregen führte zu Überschwemmungen, bei denen 10 000 Dörfer unter Wasser standen und 1 700 Menschen ertranken.

66 L3 HANGTSCHOU
TAIFUN WANDA, 1956
China
Der Sturm verwüstete die Provinzen Tscheking, Anhwei und Kiangsu. Er vernichtete die Reis- und Baumwollernte und zerstörte 38 000 Häuser. Fast 2 000 Menschen kamen ums Leben.

67 C4 KARATSCHI
KRANKHEIT (CHOLERA/POCKEN), 1958
Pakistan
Die Cholera-Epidemie dauerte sieben Monate; 16 000 Menschen starben.

68 L6 MANILA
TAIFUN LUCILLE, 1960
Philippinen
Lucille verwüstete die ganze Insel, und Manila wurde überflutet. Etwa 100 Menschen kamen ums Leben; viele von ihnen hatten nur Stunden zuvor einen von einem Erdbeben in Chile ausgelösten Tsunami überlebt.

69 G5 CHITTAGONG
TROPISCHER WIRBELSTURM, 1963
Ostpakistan (heute Bangladesch)
Gewaltige Wellen fegten Millionen von Lehmhäusern am Golf von Bengalen hinweg. 22 000 Menschen starben, und vier Kreuzfahrtschiffe wurden 1 km weit landeinwärts geschwemmt.

70 C4 HYDERABAD
GEWITTER (ÜBERSCHWEMMUNG), 1964
Westpakistan
Das Gewitter zog bis an den Rand der Wüste Thar über das ganze Land hinweg und löste Überschwemmungen aus. Hunderte von Menschen starben, weil die Fluten ihre Häuser wegrissen.

71 L6 MANILA
TAIFUN WINNIE, 1964
Philippinen
Winnie richtete auf den gesamten Philippinen, vor allem auf Luzon, schwere Schäden an. 48 Menschen starben, rund 300 000 wurden obdachlos.

72 G5 CHITTAGONG
TROPISCHER WIRBELSTURM, 1965
Ostpakistan (heute Bangladesch)
Gewaltige Wellen rasten auf einer Breite von 200 km über das Ganges-Delta hinweg. Dacca wurde überschwemmt, 2 000 Menschen kamen ums Leben.

73 L6 TAAL
VULKAN, 1965
Luzon, Philippinen
Wasser aus dem Kratersee des Taal sickerte in das darunter liegende Magma ein und verwandelte sich in Dampf. Der Druck stieg an, und der Vulkan explodierte. Stunden zuvor waren Experten zu dem Schluss gelangt, eine Evakuierung wäre nicht erforderlich; 200 Menschen kamen ums Leben.

74 D5 GUJARAT
ÜBERSCHWEMMUNG, 1968
Indien
Starker Regen ließ den Fluss Tapti über die Ufer treten. Das Wasser richtete erhebliche Schäden an, und rund 1 000 Menschen ertranken.

75 L7 ROXAS
TROPISCHE WIRBELSTÜRME, 1970
Panay, Philippinen
Zwei Taifune im Abstand von nur zehn Tagen richteten auf den gesamten Philippinen schwere Schäden an. Sie zerstörten rund 90 000 Häuser und kosteten ungefähr 1 500 Menschen das Leben.

76 G5 SANDWIP ISLAND
TROPISCHER WIRBELSTURM, 1970
Ostpakistan (heute Bangladesch)
Etwa eine halbe Million Menschen fiel einer 15 Meter hohen Welle zum Opfer, die über die Küste und die Inseln im Ganges-Delta hinwegfegte. Im Verlauf der nächsten Wochen starben weitere Tausende an Krankheiten.

77 I5 TUNGCHWAN
ERDBEBEN, 1970
Provinz Yünnan, China
Der Beben der Stärke 7,5 richtete in der gesamten Provinz schwere Schäden an. 10 000 Menschen kamen ums Leben.

78 K5 HONGKONG
TAIFUN ROSE, 1971
Südchinesisches Meer
Im Hafen sanken Dutzende von Booten, darunter eine Fähre mit 80 Menschen an Bord. Weitere 12 fielen Erdrutschen zum Opfer, die die an Land brandenden Wellen ausgelöst hatten.

79 D3 DERA GHAZI KHAN
ÜBERSCHWEMMUNG, 1972
Pandschab, Pakistan
Der Indus überschwemmte die ganze Region. 3 000 Dörfer wurden fortgespült, und etwa 3 000 Menschen ertranken.

80 K5 HONGKONG
ERDRUTSCH, 1972
Südchinesisches Meer
Am dritten Tag eines heftigen Regensturms gingen zwei Erdrutsche auf dicht besiedelte Gebiete nieder. Dem einen fielen zahlreiche Hütten in einer Behelfssiedlung zum Opfer. Der andere brachte ein zwölfstöckiges Mietshaus zum Einsturz, wobei 67 Menschen ums Leben kamen.

81 G5 MYMENSINGH
TORNADOS, 1972
Bangladesch
Über ein Gebiet von rund 2 000 km^2 hinwegrasende Tornados töteten 200 Menschen und machten 25 000 obdachlos.

82 E5 NAGPUR
DÜRRE, 1972
Indien
Fast einen Monat lang waren 50 Millionen Menschen in 14 Bundesstaaten Temperaturen von über 40 °C ausgesetzt. Da kein Regen fiel, verdorrte die Ernte und 800 Menschen verhungerten.

83 M2 SEOUL
ÜBERSCHWEMMUNG, 1972
Südkorea
Sintflutartiger Regen führte zu ausgedehnten Überschwemmungen. 450 Menschen kamen ums Leben, 100 000 wurden obdachlos. Für 175 der Todesopfer waren Erdrutsche in Seoul verantwortlich.

84 D3 SRINAGAR
ERDBEBEN, 1974
Provinz Kaschmir, Indien
Das Erdbeben richtete in ganz Kaschmir schwere Schäden an und kostete mehr als 5 000 Menschen das Leben.

85 L7 ALICIA
TSUNAMI, 1976
Mindanao, Philippinen
Die von einem Beben in der Celebessee ausgelöste Flutwelle traf auf den Südosten der Philippinen, wo sie Alicia verwüstete und rund 8 000 Menschen den Tod brachte.

86 L2 TANGSCHAN
ERDBEBEN, 1976
China
Siehe Seite 42–43

87 I6 BANGKOK
KRANKHEIT (TUBERKULOSE), 1985
Thailand
Unter Menschen, die nicht ganz gesund sind oder unter ärmlichen Verhältnissen leben, ist die Tuberkulose wieder aufgeflackert. Sie breitet sich – zusammen mit dem AIDS-Virus HIV – über ganz Asien aus, wo sie die Ausmaße einer Epidemie erreicht hat und immer mehr Menschen erkranken. Weltweit sind etwa 1,7 Milliarden Menschen von der Krankheit betroffen.

88 G5 DACCA
ÜBERSCHWEMMUNG (MONSUN), 1988
Bangladesch
Der bisher heftigste Monsunregen setzte zwei Drittel des Landes unter Wasser. Rund 2 000 Menschen ertranken, 160 000 erkrankten, und rund 38 Millionen verloren durch die Überschwemmung ihre gesamte Habe.

89 G4 DHANKUTA
ERDBEBEN, 1988
Nepal
Im Grenzgebiet zwischen Nepal und Indien starben rund 1 000 Menschen, weitere 6 500 wurden verletzt. Im Osten von Nepal stürzten etwa 65 000 Häuser ein.

90 L6 CABANATUAN
ERDBEBEN, 1990
Luzon, Philippinen
Das Beben der Stärke 7,7 verwüstete die Stadt und kostete 1 653 Menschen das Leben.

91 C3 KABUL
ERDBEBEN, 1991
Hindukusch, Afghanistan
Das Erdbeben, das noch in Delhi zu spüren war, richtete beträchtliche Schäden an. Rund 300 Menschen starben.

92 L6 PINATUBO
VULKAN, 1991
Philippinen
Siehe Seite 28–31

93 G5 SANDWIP ISLAND
TROPISCHER WIRBELSTURM, 1991
Bangladesch
Siehe Seite 71

94 E4 UTTAR PRADESH
ERDBEBEN, 1991
Indien
Dem Beben der Stärke 6,1 fielen in Uttar Pradesh rund 1 000 Menschen zum Opfer.

95 L3 WUHSI
ÜBERSCHWEMMUNG, 1991
China
Siehe Seite 88

96 E6 OSMANABAD
ERDBEBEN, 1993
Indien
Bei dem Erdbeben kamen 9 748 Menschen ums Leben, die Zahl der Verletzten lag bei 30 000.

97 F4 TERAI-TIEFLAND, KATMANDU
ÜBERSCHWEMMUNG, 1993
Nepal
Die stärksten Niederschläge in der Geschichte Nepals ließen den Bagmati über die Ufer treten. Die meisten Dörfer an seinem Ostufer standen unter Wasser, und 687 Menschen ertranken in den Fluten.

98 G5 TANGAIL
TORNADO, 1996
Dacca, Bangladesch
Der Tornado mit Windgeschwindigkeiten von bis zu 200 km/h kostete mehr als 500 Menschen das Leben. Mindestens 50 000 wurden verletzt und 10 000 Häuser zerstört.

99 G5 COX'S BAZAR
TROPISCHER WIRBELSTURM, 1997
Bangladesch
Der Zyklon beschädigte Tausende von Häusern, kostete aber nur 67 Menschen das Leben, weil mehr als eine halbe Million rechtzeitig evakuiert und Hunderte von Schutzbauten errichtet worden waren. Hinzu kam ein ungewöhnlich niedriges Gezeiten-Hochwasser.

100 J7 HO CHI MINH-STADT
TAIFUN LINDA, 1997
Südvietnam
Linda, einer der schlimmsten Taifune, die Südostasien bisher heimsuchten, verwüstete zahlreiche Küstendörfer und vernichtete die Ernte. Rund 150 000 Menschen wurden durch den Taifun obdachlos. 265 Menschen kamen ums Leben. 235 von ihnen waren Fischer, die mit ihren Booten untergingen.

101 K5 HONGKONG
KRANKHEIT („HÜHNERGRIPPE"), 1997
Südchinesisches Meer
Es wird vermutet, dass die Grippe-Epidemie, an der mehrere Menschen starben, von Hühnern ausging, die vom chinesischen Festland eingeführt worden waren. Um eine Ausbreitung des Virus zu verhindern, wurden sämtliche Hühner in Hongkong getötet.

102 G5 MIDNAPUR
ÜBERSCHWEMMUNG, 1997
Westbengalen, Indien
Anhaltender Monsunregen setzte die gesamte Region unter Wasser. Dadurch stürzten 16 000 Häuser ein, und etwa 100 000 Menschen wurden durch die Überschwemmung obdachlos. Das Trinkwasser war verseucht und die Ernte wurde vernichtet.

103 D2 ROSTAGH
ERDBEBEN, 1998
Afghanistan
Die Stadt und mehrere umliegende Dörfer wurden von einem Beben der Stärke 6,1 schwer beschädigt, dessen Epizentrum in einer abgelegenen Region im Norden lag, wo Berge zusammenstürzten und ein riesiger Krater entstand. Mehr als 4 000 Menschen kamen ums Leben, 15 000 wurden obdachlos und waren der Winterkälte schutzlos ausgeliefert.

104 K1 CHANGPEH
ERDBEBEN, 1998
China
Das Beben der Stärke 6,2 verwüstete zahlreiche Dörfer im Yan-Gebirge. Mindestens 50 Menschen starben, Zehntausende wurden mitten im Winter obdachlos.

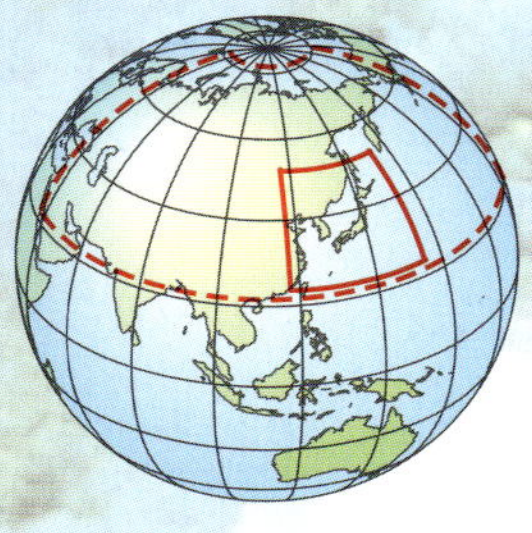

NORDASIEN & JAPAN

Die Karte zu diesen Erläuterungen finden Sie auf Seite 138.

1 INSET TURA
VULKAN, VOR 250 MILLIONEN JAHREN
Mittelsibirisches Bergland, Russland
Siehe Seite 101

2 INSET POPIGAI
WELTRAUMATTACKE, VOR 39 MILLIONEN JAHREN
Sibirien, Russland
Beim Einschlag eines Meteoriten entstand ein 100 km breiter Krater, und auf ein riesiges Gebiet regneten kosmische Trümmer herab. Das geschah gegen Ende des Eozäns, und man vermutet, dass das Ereignis für das Aussterben einiger Arten von Riesenvögeln und Säugetieren verantwortlich ist.

3 INSET NOR-JAKUTIEN
KÄLTEEINBRUCH (VERGLETSCHERUNG), 10 000 V. CHR.
Sibirien
Das größte Geheimnis, das das Ende der letzten Eiszeit umgibt, ist die Frage, weshalb in Sibrien so viele Kältesteppen-Mammute erfroren. Eine Theorie besagt, dass infolge einer weltweiten Verlagerung der Erdkruste Russland näher an den Nordpol heran und Amerika südwärts geschoben wurde. Einer anderen Theorie zufolge hatte die Erdachse ihren Neigungswinkel geändert, wodurch sich der Nordpol zu seiner heutigen Position verlagerte.

4 F6 KAMAKURA
ERDBEBEN, 1293
Hondo, Japan
Bei dem starken Beben, das die gesamte Insel erschütterte, wurde Kamakura zerstört. 30 000 Menschen kamen ums Leben.

5 E6 KII-HALBINSEL
TSUNAMI, 1498
Hondo, Japan
1 000 Menschen fielen einem Tsunami zum Opfer, der von einem Erdbeben an der Küste der Kii-Halbinsel ausgelöst worden war.

6 C7 ISUMI
ERDBEBEN, 1596
Kiuschu, Japan
Das Erdbeben richtete in Isumi schwere Schäden an und zerstörte die Burg in Fuschimi. Rund 2 000 Menschen starben.

7 D7 URIAJIMA
TSUNAMI, 1596
Japan
Eine 15 m hohe Flutwelle brach über die winzige Insel herein, und 700 ihrer 5 000 Bewohner ertranken. Die Insel versank 55 Meter tief im Meer und ist nie wieder aufgetaucht. Die Überlebenden erreichten das Festland in Fischerbooten.

8 F5 INAWASCHIRO
ERDBEBEN/TSUNAMI, 1611
Hondo, Japan
Dem Erdbeben fielen die Stadt und 3 700 Menschen zum Opfer. Der durch das Beben ausgelöste Tsunami überflutete die gesamte Region und verwandelte sie auf Dauer in einen großen See.

9 F6 EDO (HEUTE TOKIO)
ERDBEBEN, 1703
Hondo, Japan
Das Erdbeben und der von ihm ausgelöste Tsunami zerstörten die alte Hauptstadt und kosteten rund 20 000 Menschen das Leben.

10 C8 OKINAWA
TSUNAMI, 1703
Japan
Mehr als 100 000 Menschen fielen einem Tsunami zum Opfer, der unter denen, die uns bekannt sind, möglicherweise der zerstörerischste war.

11 F3 KAMIKAWA
ERDBEBEN, 1730
Hokkaido, Japan
Auf Hokkaido wurden zahlreiche Städte und Dörfer schwer beschädigt, und 137 000 Menschen kamen ums Leben.

12 F5 KAMAISCHI
NORDOST-HONDO, JAPAN
Tausende von Menschen und die Stadt Kamaischi fielen dem Erdbeben und dem durch sie ausgelösten Tsunami zum Opfer.

13 F4 HIROSAKI
ERDBEBEN/TSUNAMIS, 1766
Nord-Hondo, Japan
Das Erdbeben löste eine Reihe von Tsunamis aus, die rund 7 500 Gebäude zerstörten und über 1 000 Menschen das Leben kosteten.

14 C7 ONTAKE
VULKAN, 1779-1780
Sakurajima, vor Kiuschu, Japan
Der Tag wurde zur Nacht, als der Vulkan Sakurajima ausbrach und Kiuschu unter Auswurfsmaterial begrub. Dabei wurden mindestens 20 Dörfer verschüttet und 300 Menschen kamen ums Leben.

15 E6 ASAMAJAMA
VULKAN, 1783
Hondo, Japan
Beim Ausbruch von einem der aktivsten Vulkane Japans regneten Lavabomben wie Meteoriten auf 48 Dörfer herab, zerschmetterten sie und töteten 5 000 Einwohner. Ein riesiger Felsbrocken landete in einem Fluss und bildete dort eine neue Insel.

16 C7 OMUTA
TSUNAMI, 1792
Kiuschu, Japan
Die aus der Arjakebucht heranbrandende 9 Meter hohe Flutwelle brach über die Stadt herein und kostete fast 10 000 Menschen das Leben.

17 C7 UNZEN
VULKAN, 1792
Kiuschu, Japan
Bei diesem Ausbruch, einem der heftigsten in der Geschichte Japans, wurden die Städte Higo und Schimabara völlig zerstört. 15 000 Einwohner kamen ums Leben.

18 F6 TOKIO
ERDBEBEN, 1857
Hondo, Japan
Starke Erschütterungen richteten in Tokio und seiner Umgebung schwere Schäden an. Zahlreiche Brände brachen aus, die sich, von Winden angefacht, rasch über die ganze Stadt ausbreiteten und denen die meisten der 107 000 Toten zum Opfer fielen.

19 E6 MINO
ERDBEBEN, 1891
Hondo, Japan
Das gewaltige Beben erschütterte drei Fünftel von Japan. Obwohl es nur sechs Sekunden dauerte, legte es 20 000 Gebäude in Trümmer. 6 000 Menschen starben sofort, weitere 1 000 erlagen im Laufe der folgenden Wochen ihren Verletzungen.

20 F5 KAMAISCHI
TSUNAMIS, 1896
Nordost-Hondo, Japan
Eine Reihe von Tsunamis brandete gegen die Sanriku-Küste von Hondo. Die erste Flutwelle drang ins Landesinnere vor, überschwemmte Kamaischi und tötete 4 700 seiner 6 557 Einwohner. Auch zahlreiche andere Städte und Dörfer wurden überflutet; insgesamt kamen rund 28 000 Menschen ums Leben.

21 INSET NAMANGAN
ERDBEBEN, 1902
Ost-Usbekistan
Das Beben der Stärke 6,4 richtete in der gesamten Region schwere Schäden an und kostete 4 500 Menschen das Leben.

22 INSET TUNGUSKA
WELTRAUMATTACKE, 1908
Sibirien
Über einer dünn besiedelten Region explodierte ein Bruchstück von einem Kometen in der Luft. Dabei entstand ein Feuerball, der 2 000 km^2 Wald in Brand setzte. Die seismischen Wellen waren noch in 4 000 km Entfernung spürbar, und in Europa und Nordamerika war der Nachthimmel so hell, dass man ohne künstliches Licht lesen konnte.

23 C7 KAGOSCHIMA
TSUNAMI, 1914
Kiuschu, Japan
Dutzende von Bewohnern der Stadt, die vor einem Erdbeben flüchteten, wurden in Hafennähe von einem 5 Meter hohen Tsunami überrascht. 35 Menschen ertranken, weitere 21 wurden vermisst.

24 F6 TOKIO
ERDBEBEN/BRÄNDE, 1923
Hondo, Japan
Das Beben der Stärke 8,3 richtete auf der gesamten Östlichen Ebene schwere Schäden an; rund 600 000 Häuser stürzten ein. Die meisten der 143 000 Toten fielen den Bränden zum Opfer, die in mehreren Städten wüteten.

25 F5 KAMAISCHI
TSUNAMI, 1933
Nordost-Hondo, Japan
Nach einem heftigen Seebeben brandete eine riesige Flutwelle gegen die Sanriku-Küste. Sie schwemmte Tausende von winzigen, phosphoreszierenden Meereslebewesen an die Oberfläche, sodass sie zu glühen schien. Der örtlichen Legende zufolge war ein riesiger, glühender Seedrache für die 3 000 Toten und die Zerstörung von rund 10 000 Behausungen verantwortlich.

26 E6 OSAKA
TROPISCHER WIRBELSTURM, 1934
Hondo, Japan
Die meisten Gebäude Osakas waren aus Holz erbaut, und 86 Schulen konnten den Winden mit Geschwindigkeiten von 125 km/h nicht standhalten; 420 Schüler kamen ums Leben. Auch die Textilindustrie fiel dem Taifun zum Opfer – 3 082 Fabriken wurden zerstört, 4 000 Arbeiter starben.

27 E6 KII-HALBINSEL
TSUNAMI, 1944
Hondo, Japan
Eine 8 m hohe Flutwelle brandete über die Halbinsel hinweg, richtete gewaltige Schäden an und kostete fast 1 000 Menschen das Leben.

28 D6 HIROSCHIMA
ERDBEBEN/TSUNAMIS, 1946
Hondo, Japan
Ein Seebeben brachte 25 neue Gebäude in Hiroschima zum Einsturz. Die von ihm ausgelösten Tsunamis brachen über 50 Ortschaften herein. Mehr als 40 000 Häuser wurden zerstört, 2 000 Menschen kamen ums Leben.

29 INSET KAMTSCHATKA
TSUNAMI, 1952
UdSSR (heute Russland)
Von einem Seebeben vor der Halbinsel Kamtschatka ausgelöste Tsunamis verwüsteten nicht nur die Küste Russlands, sondern richteten auch auf der 3 000 km weiter südlich liegenden Insel Midway und auf Hawaii schwere Schäden an.

30 F4 HAKODATE
TAIFUN MARIE, 1954
Hokkaido, Japan
Marie verwüstete die gesamte Insel, beschädigte Straßen- und Eisenbahnverbindungen und kostete Hunderte von Menschen das Leben. Weitere 1 000 starben, als die Toya Maru vor dem Hafen von Hakodate sank.

31 F6 TOKIO
TAIFUN IDA, 1958
Hondo, Japan
Sintflutartiger Regen und stürmische Winde verwüsteten die Isuhalbinsel und lösten Überschwemmungen und zahlreiche Erdrutsche aus. Mehr als 100 Häuser in Dutzenden von Dörfern wurden hinweggeschwemmt, wobei etwa 600 Menschen ums Leben kamen. Die gesamte Reisernte der Region ging verloren, weil sich fast 50 000 Hektar Reisfelder in eine Seenlandschaft verwandelt hatten.

32 E6 NAGOJA
TAIFUN VERA, 1959
Hondo, Japan
Der schlimmste Taifun in der Geschichte Japans richtete in mehreren Provinzen schwere Schäden an. Mehr als 5 000 Menschen starben, die meisten davon in Nagoja, weil 5 Meter hohe Wellen über die Stadt hereinbrachen und binnen weniger Minuten 6 000 Häuser zerstörten.

33 E6 ISCHIKAWA
ÜBERSCHWEMMUNG, 1964
Hondo, Japan
Sintflutartige Regenfälle setzten weite Teile der Insel unter Wasser. An mehr als 200 Stellen brachen an den angeschwollenen Flüssen die Deiche, und 150 Brücken stürzten ein. Viele Dörfer fielen Erdrutschen zum Opfer. Insgesamt starben 108 Menschen, 44 000 wurden obdachlos.

34 F5 OGAHALBINSEL
TSUNAMI, 1983
Hondo, Japan
Die von einem Erdbeben ausgelöste Flutwelle erhob sich 15 Meter hoch aus dem Japanischen Meer, brach über die Halbinsel herein und tötete 107 Menschen.

35 C7 UNZEN
VULKAN, 1991
Kiuschu, Japan
Glutlawinen, die sich an den Flanken des Berges herabwälzten, töteten ein Team von Wissenschaftlern und Journalisten, die den Ausbruch beobachten wollten.

36 E4 OKUSCHIRI
TSUNAMI, 1993
Insel Okuschiri, Japan
Die auf einer Landzunge der Insel liegende Stadt wurde von der 11 m hohen Flutwelle von beiden Seiten getroffen und fast vollständig zerstört. 240 Menschen kamen ums Leben.

37 D6 KOBE
ERDBEBEN, 1995
Hondo, Japan
Siehe Seite 46-49

38 INSET PAROMAI
ERDBEBEN, 1995
Insel Sachalin, Russland
Das Beben der Stärke 7,5 richtete auf der gesamten Insel schwere Schäden an und kostete 2 000 Menschen das Leben.

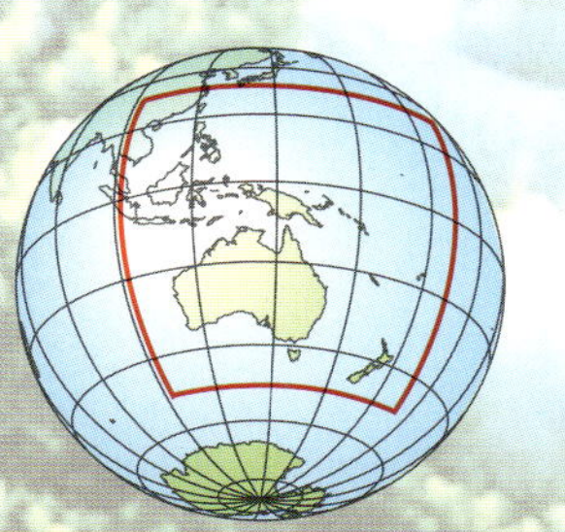

SÜDPAZIFIK

Die Karte zu diesen Erläuterungen finden Sie auf Seite 139.

1 P8 TAUPO
VULKAN, 150 N. CHR.
Nordinsel, Neuseeland
Dieser Ausbruch, möglicherweise der heftigste der letzten 2 000 Jahre einschließlich dem des Krakatau, hat die Nordinsel vermutlich in eine graue Wüste verwandelt. Alles, was von dem Vulkan übrig geblieben ist, ist seine Caldera, der Lake Taupo.

2 O9 TAPANUI
WELTRAUMATTACKE, 1200
Südinsel, Neuseeland
Die Mythen und Legenden der Maori berichten, dass der Himmel einstürzte, die Erde bebte und ein seltsames, zerstörerisches Feuer vom Himmel fiel. Es gibt Anzeichen dafür, dass der Einschlag eines Meteoriten den riesigen „Landslip Crater" entstehen ließ und dass um diese Zeit ausgedehnte Brände wüteten.

3 I4 PAPANDAJAN
VULKAN, 1772
Java
Der vorher 2 652 Meter hohe Berg versank wie ein Stein in einem Meer aus brodelnder Lava; danach war er nur noch 1 212 Meter hoch. Mit ihm versanken 40 Dörfer und 3 000 Menschen.

4 J4 MIJIJAMA
VULKAN, 1793
Kiousiou, Java
Der Vulkan explodierte, und Tonnen von Schlamm und Wasser ergossen sich über die umliegenden Ebenen. Rund 53 000 Menschen kamen ums Leben.

5 K5 MAUMÈRE
TSUNAMI, 1800
Insel Flores, Indonesien
Die gewaltige Flutwelle brach über die Insel herein, zerstörte die Stadt und tötete rund 500 Inselbewohner.

6 J5 TAMBORA
VULKAN, 1815
Sumbawa, Indonesien
Bis auf 25 kamen alle 12 000 Bewohner der Insel ums Leben; die meisten wurden Opfer von brodelnden Gas- und Aschewolken. Sir Thomas Raffles, ein britischer Kolonialbeamter, beschrieb den Vulkan als „eine Masse aus flüssigem Feuer, (das wütete), bis die ... von herabregnendem Material bewirkte Finsternis es verdunkelte." Der in die Atmosphäre hinaufgeschleuderte Staub wirkte sich auf das Klima auf der ganzen Welt aus, und ungeheure Mengen Asche fielen auf Ackerland und Fischfanggebiete, was eine Hungersnot auslöste, die die Zahl der Toten auf 90 000 steigen ließ.

7 J4 GELUNGGUNG
VULKAN, 1822
Java
Bei dem Ausbruch gingen Schlamm, Asche und Gesteinsbrocken in einem Umkreis von 65 km nieder. Ströme aus brennendem Schlamm ergossen sich über Dutzende von Dörfern und töteten 1 000 Menschen. Einem zweiten Ausbruch vier Tage später fielen weitere 4 000 zum Opfer.

8 P8 AUCKLAND
KRANKHEIT, 1840-1860
Nordinsel, Neuseeland
In den 20 Jahren nach der Ankunft der Europäer auf der Insel wüteten Keuchhusten, Pocken, Masern und Grippe unter den eingeborenen Maori. Von ursprünglich 100 000 blieben nur 40 000 übrig.

9 L7 ADELAIDE
SCHÄDLINGSBEFALL (KANINCHEN), 1859
Südaustralien
Die 1859 von Siedlern eingeführten Kaninchen vermehrten sich rapide, weil sie in Australien keine natürlichen Feinde hatten. Sie breiteten sich über den gesamten Kontinent aus und fraßen den Schafen das Gras weg. Kaninchen blieben eine gewaltige Plage, bis um 1950 die Menschen eingriffen und sie dem Myxomatose-Virus aussetzten, das mit dem Pocken-Virus verwandt ist. Damit ist es bis heute gelungen, ihre Zahl auf dem ganzen Kontinent in erträglichen Grenzen zu halten.

10 P5 FIDSCHI
KRANKHEIT (MASERN), 1874
Polynesien
Der von den Europäern in Polynesien eingeschleppten Krankheit fielen auf Fidschi 20 Prozent der eingeborenen Bevölkerung zum Opfer.

11 I4 KRAKATAU
VULKAN, 1883
Sundastraße, Indonesien
Siehe Seite 25

12 P8 TARAWERA
VULKAN, 1886
Nordinsel, Neuseeland
Bei der Eruption wurde eine riesige Aschewolke 10 km hoch emporgeschleudert, die sich auf das Wetter der halben Welt auswirkte. Asche und Gestein regneten auf drei Dörfer im Norden der Insel herab und töteten 150 Menschen. Außerdem begruben sie die prächtigen Sinterterrassen.

13 J4 KELUD
VULKAN, 1919
Java
Noch dem Ausbruch des Kelud ergoss sich das Wasser des Kratersees über die Flanken des Berges und bildete Lahars, die rund 65 000 Menschen in den umliegenden Tälern das Leben kosteten.

14 J5 MERAPI
VULKAN, 1931
Java
Nach dem Ausbruch wälzte sich drei Wochen lang ein 24 Meter hoher und 182 Meter breiter Lavastrom vom Berg ins Tal, der mehr als 1 300 Menschen den Tod brachte.

15 P8 NAPIER
ERDBEBEN, 1931
Nordinsel, Neuseeland
Beim bisher heftigsten Erdbeben in Neuseeland kamen 256 Menschen ums Leben. Der größte Teil der Stadt wurde zerstört, und es brachen Brände aus, die das Geschäftsviertel in Schutt und Asche legten. Das umgebende Land hob sich um 2 Meter, und der Fluss änderte seinen Lauf.

16 M8 MELBOURNE
BRAND, 1937
Victoria, Australien
Der gesamte Staat Victoria wurde von Buschbränden verheert. 71 Menschen kamen ums Leben.

17 M4 RABAUL
VULKAN, 1937
Papua-Neuguinea
Eine heftige Dampfexplosion, herausgeschleudertes Gestein und eine Glutlawine kosteten mindestens 441 Menschen das Leben.

18 M5 LAMINGTON
VULKAN, 1951
Papua-Neuguinea
Eine Folge des Ausbruchs waren Ascheströme, denen 6 000 Menschen und damit sämtliche Bewohner der Nordküste der Insel zum Opfer fielen.

19 P8 RAUPEHU
VULKAN, 1953
Nordinsel, Neuseeland
Ein von dem Ausbruch ausgelöster Lahar ergoss sich in den Fluss Tongariro und riss die Eisenbahnbrücke mit. Der Zug von Wellington nach Auckland stürzte in den Fluss, 175 Menschen starben.

20 M7 MAITLAND
ÜBERSCHWEMMUNG, 1955
Neusüdwales, Australien
Ein Sturm mit gewaltigen Regenmengen ließ sieben Flüsse über die Ufer treten. 20 Ortschaften wurden überflutet und rund 20 000 Häuser schwer beschädigt. 22 Menschen kamen ums Leben.

21 J5 AGUNG
VULKAN, 1963
Bali, Indonesien
Aus dem Agung quoll eine giftige schwarze Wolke, die Hunderte von Menschen tötete, die am Besakih-Tempel beteten, der errichtet worden war, um böse Geister fern zu halten. Fünf Tage lang ergoss sich glutheiße Lava über drei Dörfer und erhöhte die Zahl der Todesopfer auf 1 200.

22 P8 HAMILTON
BRAND, 1967
Tasmanien, Australien
Ungewöhnlich hohe Temperaturen, geringe Luftfeuchtigkeit und starker Nordwestwind verwandelten einen kleinen Brand in ein tosendes Inferno, das sich über den ganzen Süden von Tasmanien ausbreitete und bis in die nördlichen und westlichen Vororte von Hobart vordrang. Noch nie zuvor hatte es in Australien an einem Tag so große Schäden und so viele Tote gegeben. Mehr als 1 300 Häuser in 14 Ortschaften brannten nieder, 62 Menschen kamen ums Leben.

23 M6 TOWNSVILLE
TAIFUN ALTHEA, 1971
Queensland, Australien
Der Taifun fegte mit Windgeschwindigkeiten von bis zu 200 km/h durch Townsville, wo er schwere Schäden anrichtete und mehrere Menschen starben. Nach diesem Sturm wurde ein Taifun-Warnsystem eingerichtet.

24 K5 DARWIN
TAIFUN TRACY, 1974
Nordterritorium, Australien
Siehe Seite 68

25 M7 MACEDON
BRAND („ASCHERMITTWOCHS-BRÄNDE"), 1983
Victoria, Australien
Siehe Seite 84

26 P8 RUAPEHU
VULKAN, 1986
Nordinsel, Neuseeland
Der Ausbruch war von einer heftigen Dampfexplosion begleitet. Heißes, extrem saures Wasser aus dem Kratersee des Vulkans brachte das Eis und den Schnee an den Hängen des Berges zum Schmelzen. Es bildete sich ein gewaltiger Lahar, vor dem sich die Skiläufer an den nahe gelegenen Hängen in Sicherheit bringen mussten.

27 M7 NEWCASTLE
ERDBEBEN, 1989
Neusüdwales, Australien
Das Beben der Stärke 5,6 richtete in Newcastle, der sechstgrößten Stadt Australiens, schwere Schäden an und kostete 13 Menschen das Leben. Es war das erste Erdbeben in Australien, bei dem eine größere Stadt betroffen war.

28 M6 QUEENSLAND
ÜBERSCHWEMMUNG, 1990
Queensland, Australien
Auf eine Dürreperiode folgender sintflutartiger Regen setzte ein Drittel des Staates unter Wasser. Bei der schlimmsten Überschwemmung seit einem Jahrhundert wurden viele Orte im Outback überflutet.

29 M4 MARKHAM-TAL
ERDBEBEN, 1993
Papua-Neuguinea
Von dem Erdbeben ausgelöste Erdrutsche stauten den Fluss Ume auf. 60 Menschen starben, viele von ihnen in den später freigesetzten Wassermassen, einige weitere wurden verletzt.

30 M7 GRAFTON
DÜRRE, 1994
Neusüdwales, Australien
Der Beginn des El-Niño-Wettersystems im Pazifik bescherte dem Osten Australiens eine Dürre, unter der sowohl Neusüdwales als auch Queensland zu leiden hatten. Als diese Dürreperiode sechs Monate später endete, waren 93 Prozent von Neusüdwales schwer betroffen und 90 Prozent der Weizenernte dieses Staates verdorrt.

31 M7 SYDNEY
BRAND, 1994
Neusüdwales, Australien
Einer Reihe von Buschbränden fielen mehr als 100 Häuser und vier Menschen zum Opfer. Auf den Stränden der Stadt lag eine dicke Schicht Asche.

32 M7 LITHGOW
BRAND, 1997
Neusüdwales, Australien
Bei dem schlimmsten Buschbrand, der je in Neusüdwales gewütet hatte, kamen zwei Feuerwehrleute ums Leben. Der Brand bedrohte Vororte von Sidney und zwang Hunderte von Menschen, das Gefahrengebiet zu verlassen.

33 M5 PORT MORESBY
DÜRRE/KÄLTEEINBRUCH, 1997
Papua-Neuguinea
Rund 60 Menschen starben, als mehrfache Kälteeinbrüche in höheren Lagen die Süßkartoffel-Ernte vernichteten und der Fly River austrocknete, wodurch der Hauptnachschubweg für Nahrungsmittel und Brennmaterial unterbrochen war. Ingesamt waren rund 700 000 Menschen betroffen.

34 M8 THREDBO
ERDRUTSCH/LAWINE, 1997
Neusüdwales, Australien
Der an steilen Hängen erbaute beliebteste Wintersportort des Landes wurde von einem Erdrutsch betroffen, dem 20 Menschen in zwei Skihütten zum Opfer fielen. Der einzige Überlebende wurde nach 65 Stunden ausgegraben.

35 M6 TOWNSVILLE
ÜBERSCHWEMMUNG, 1998
Queensland, Australien
Die Stadt wurde überflutet und Autos und die Trümmer von Häusern wurden ins Meer geschwemmt. Eine Person wurde von einer Brücke geschleudert und ertrank, eine weitere verschwand im tosenden, schlammigen Wasser eines nahen Flusses.

GLOSSAR

Amplitude
Maßeinheit für die Schwingungsweite von Wellen, die zur Ermittlung der Stärke eines Erdbebens benutzt werden kann.

Antibiotika
Antibiotika (wörtlich übersetzt „Lebenszerstörer“) sind chemische Verbindungen, die auf Bakterien stark toxisch wirken, für tierische Organismen aber relativ harmlos sind und zur Bekämpfung von bakteriellen Infektionen eingesetzt werden.

Antibiotika-Resistenz
Die Fähigkeit eines Mikroorganismus, der Wirkung von Antibiotika zu widerstehen.

Antikörper
Eiweißmoleküle, die als Reaktion auf ein Antigen vom Körper gebildet und im Blut gespeichert werden. Indem sie sich an die Antigene von pathogenen Mikroorganismen anlagern, können die Antikörper die Krankheitserreger neutralisieren oder ihre Vernichtung in Gang setzen.

Ära
Auch Zeitalter genannt. Die vier großen Epochen der Erdgeschichte – Präkambrium (Kryptozoikum), Paläozoikum, Mesozoikum und Känozoikum (Neozonikum).

Asteroid
Ein steiniger oder metallischer Himmelskörper, der wie die Planeten auf einer elliptischen Bahn um die Sonne kreist und deshalb auch Planetoid genannt wird. Die meisten Asteroiden finden sich zwischen den Bahnen von Mars und Jupiter, und man nimmt an, dass es sich bei ihnen um Bruchstücke von Planeten handelt, die in der Frühzeit der Geschichte des Sonnensystems explodiert sind, oder um Materie, die nicht zu einem Planeten kondensiert ist. Aber auch zwischen der Erde und dem Mars kreisen an die 100 000 Asteroiden, und einige von ihnen sind der Erde so nahe, dass sie in den Bereich ihrer Anziehungskraft gelangen können.

Atmosphäre
Die zum größten Teil aus Sauerstoff und Stickstoff bestehende Gashülle, die die Erde umgibt. Sie hat mehrere Schichten, deren Dichte mit zunehmender Höhe immer geringer wird.

Bakterien
Eine große und vielfältige Gruppe von einzelligen Mikroorganismen, die sich in der Regel durch Teilung vermehren und vermutlich die frühesten Lebensformen auf der Erde waren. Es gibt Bakterien, die auf oder im menschlichen Körper, vorwiegend im Verdauungstrakt, leben, ohne irgendwelche Schäden anzurichten. Andere Typen stellen als Erreger von Infektionskrankheiten eine Gefahr dar, zumal etliche von ihnen gegen alle bisher entwickelten Antibiotika resistent geworden sind.

Barometer
Ein Gerät zum Messen des Luftdrucks. Am exaktesten sind Quecksilber-Barometer, bei denen sich der Druck daran ablesen lässt, wie weit das Quecksilber in einem Glasröhrchen nach oben gedrückt wurde.

Bimsstein
Ein Gestein von geringer Dichte, das sich bildet, wenn in erstarrender Lava eine große Menge vulkanischer Gase enthalten ist. Die Dichte ist so gering, dass das Gestein auf Wasser schwimmt.

Coriolis-Kraft
Die Wirkung, die die Rotation der Erde auf die Bewegungen von Luft und Wasser hat. Auf der Nordhalbkugel werden Winde und Meeresströmungen, die sich auf den Äquator zubewegen, nach rechts abgelenkt, auf der Südhalbkugel nach links. Die Coriolis-Kraft kann auch bewirken, dass aufsteigende und sinkende Luft ins Wirbeln gerät.

Devon
Die vierte Formation des Paläozoikums (von vor 408 bis vor 312 Millionen Jahren). Während des gesamten Devons herrschte ein warmes Klima, und weite Teile der Landoberfläche bestanden aus seichten Sümpfen. Es entwickelten sich neue Arten von Fischen, darunter die Quastenflosser, aus denen die ersten Wirbeltiere hervorgingen, die den Schritt aufs Land taten. Im Devon gab es aber auch Perioden des Artensterbens; den verheerendsten fielen bis zu 70 Prozent der damals lebenden Arten zum Opfer.

Doppler-Radar
Ein funktechnisches Gerät zur Feststellung von Luftbewegungen. Doppler-Radar wird unter anderem zur Untersuchung von Gewitterwolken eingesetzt, aus denen Tornados hervorbrechen könnten, damit sie erkannt werden, bevor sie sich auf die Erde herabsenken.

Eiskappe
Eine dicke Schicht Gletschereis, die eine große Fläche Land oder gefrorenes Wasser bedeckt. Bei der gegenwärtigen Position der Kontinente konnten sich sowohl am Nordpol als auch am Südpol Eiskappen bilden.

Eiszeit
Eine Periode innerhalb eines Eiszeitalters, in der die globalen Temperaturen so niedrig sind, dass das Eis von den Polen aus vordringen kann. Auf dem Höhepunkt der letzten Eiszeit vor rund 18 000 Jahren lagen fast die Hälfte Nordamerikas und weite Teile Eurasiens und Südamerikas unter einer dicken Eisdecke.

Eiszeitalter
Ein Zeitraum in der Erdgeschichte, in dem Kaltzeiten (Glaziale) und Warmzeiten (Interglaziale) abwechseln.

El Niño
Eine allgemein gebräuchliche Bezeichnung für eine Veränderung der Meeresströmungen im Pazifik, die sich auf die Wetterschemata rund um den Globus auswirkt. El Niño ist das spanische Wort für „Kind“ oder „Christkind“. So nennen die peruanischen Fischer eine warme Meeresströmung, die um die Weihnachtszeit ein paar Wochen an der Küste von Peru entlangfließt. In El-Niño-Jahren bleiben diese Gewässer mehrere Monate lang warm, und in Ländern im Osten des Pazifischen Raums fällt ungewöhnlich viel Regen, im Westen dagegen weniger als normalerweise.

ENSO
Das Akronym für die unter dem Begriff El Niño zusammengefassten Veränderungen der Wetterschemata im Pazifischen Raum sowie einer Veränderung des Luftdrucks über dem Pazifik, die als Südliche Oszillation bezeichnet wird. Die Wissenschaftler kombinierten die beiden Bezeichnungen, nachdem sie festgestellt hatten, dass die Wetterumschwünge, die im Südpazifik beobachtet worden waren, mit El Niño zusammenhängen.

Epizentrum
Der Punkt auf der Erdoberfläche, der direkt über dem Herd oder Hypozentrum eines Erdbebens liegt. Im Epizentrum haben die seismischen Wellen die größte Amplitude und richten die schwersten Schäden an.

Erde
Die Erde ist, von der Sonne aus gesehen, der dritte Planet im Sonnensystem. Sie umkreist die Sonne auf einer im Mittel 150 Millionen Kilometer von ihr entfernten Bahn. Entstanden ist sie vermutlich vor rund 4,6 Milliarden Jahren.

Feuerschneise
Offenes Gelände, in dem es nur wenig oder gar keine Vegetation und auch kein sonstiges brennbares Material gibt und das dazu dient, einem Brand Einhalt zu gebieten. Wenn das Feuer von starken Winden angefacht wird, müssen Feuerschneisen sehr breit sein, damit die Flammen sie nicht überspringen können.

Formation
Auch Periode oder System genannt. Eine von bestimmten Gegebenheiten geprägte Epoche der Erdgeschichte.

Galaxis
Eine riesige Ansammlung von Sternen, die von der Schwerkraft zusammengehalten werden. Unsere Galaxis, das Milchstraßensystem, hat die Form einer Spirale und besteht aus etwa 500 Milliarden Sternen.

Gletscher
Eine Eismasse, die infolge der Schwerkraft in ständigem Fluss begriffen ist. Gletscher bestehen aus verdichtetem Schnee und bilden sich dort, wo die Schneemenge, die liegen bleibt, größer ist als die, die abtaut, was auf hohen Bergen und in der Nähe der Pole der Fall ist.

Glutstrom, Glutwolke
Eine glühende Masse aus heißen, toxischen Gasen und Tröpfchen von geschmolzenem Gestein. Diese aus einem Subduktionsvulkan herausgeschleuderte Mischung ist schwerer als Luft und bahnt sich deshalb wie ein Fluss ihren Weg ins Tal. Ein Glutstrom mit einem hohen Anteil an Gasen wird als Glutwolke bezeichnet.

Grabenzone
Der Grenzbereich zwischen zwei tektonischen Platten, die allmählich auseinander getrieben werden, weil sich dort eine neue Kruste bildet. Heißes Gestein aus dem Mantel durchbricht das feste Gestein der Kruste und gelangt so an die Oberfläche. Die meisten Grabenzonen liegen auf dem Meeresboden; die größte Ausnahme ist das Ostafrikanische Grabensystem.

Hantaviren
Eine Gruppe von Viren, die Epidemien von hämorrhagischem Fieber oder Lungenentzündung auslösen können. Man vermutet, dass sie durch den Kontakt mit dem Kot infizierter Ratten auf den Menschen übertragen werden.

Herd
Der Ort im Erdinnern, an dem Gestein bricht und von dem während eines Erdbebens seismische Wellen ausgehen.

Hot-Spot-Vulkan
Ein Vulkan, der nicht am Rande einer tektonisches Platte liegt, sondern mitten in ihr. Hot-Spot-Vulkane bilden sich dort, wo extrem heißes Gestein aus dem Erdmantel hervorquillt und sich seinen Weg durch die Kruste hindurch bahnt. Das geschieht zumeist auf dem Meeresboden, von dem Inseln emporwachsen können. Die Hawaii-Inseln und die Kanarischen Inseln sind aus solchen Vulkanen entstanden.

Hurrikan
Die Bezeichnung für tropische Wirbelstürme in der Karibik und an der Küste von Nordamerika. Das Wort ist vom spanischen „urican“ abgeleitet, das „starker Wind“ bedeutet.

Kambrium
Die erste Formation des Paläozoikums (von vor 570 bis vor 510 Millionen Jahren). In dieser Epoche bildeten sich zahlreiche komplexe Lebensformen heraus, darunter viele Arten von Armfüßern, Gliederfüßern und Weichtieren.

Kern
Das Erdinnere besteht aus dichten Metallen, überwiegend Eisen. Im inneren Kern, der ungefähr so groß ist wie der Mond, ist der Druck so stark, dass das Metall trotz der ungeheuren Hitze fest bleibt, während der äußere Kern aus geschmolzenem Eisen besteht.

Komet
Kometen sind Himmelskörper, die aus Eis, gefrorenen Gasen und Staub bestehen und auf einer elliptischen Bahn um die Sonne kreisen. Wenn sie sich der Sonne nähern, werden sie aufgeheizt, und die Gase verdunsten und bilden eine langen, hellen Schweif.

Kreide
Die letzte Formation des Mesozoikums (von vor 145 bis vor 65 Millionen Jahren) und zugleich die letzte, in der die Dinosaurier die Erde beherrschten. In der Kreide lösten sich Nord- und Südamerika von Europa und Afrika, wodurch die Temperaturen sanken. Gegen Ende der Kreide starben rund 75 Prozent aller damals lebenden Arten aus, darunter auch die Dinosaurier.

Lahar
Das javanische Wort für Schlammrutsch. Lahars treten häufig nach dem Ausbruch eines Subduktionsvulkans auf, wenn sich Vulkanasche mit Wasser zu einem zähen Brei verbindet, der an den Flanken des Vulkans herabfließt.

Lava
Geschmolzenes Gestein, das beim Ausbruch eines Vulkans aus ihm herausfließt.

Luftdruck
Der Druck, den die Luft auf eine Fläche ausübt. Der Luftdruck, auch atmosphärischer Druck genannt, hängt weitgehend vom Gewicht der über einer Fläche liegenden Luftsäule ab und schwankt deshalb je nach Höhenlage. Auch Luftbewegungen beeinflussen den Druck. Aufsteigende Luft lässt ihn fallen; wenn die Luft absinkt, steigt er.

Magma
Geschmolzenes Gestein und vulkanische Gase in einer Kammer unterhalb der Erdkruste. Die chemische Zusammensetzung des Magmas entscheidet über die Gewalt eines Vulkanausbruchs. Je mehr gelöstes Gas das Magma enthält, desto explosiver ist in der Regel der Ausbruch.

Mantel
Eine 2 900 km dicke Schicht aus heißem Gestein zwischen dem metallischen Erdkern und der dünnen Gesteinskruste an der Oberfläche der Erde. Obwohl das Gestein des Mantels so heiß ist, das es geschmolzen ist, bewirkt der enorme Druck des auf ihm lastenden Krustengesteins, dass es zähflüssig bleibt und deshalb extrem langsam zirkuliert.

Meteor
Eine Lichtspur, die am Himmel zu sehen ist, wenn ein Gesteins- oder Metallbrocken aus dem Weltraum von der Schwerkraft der Erde angezogen wurde und in ihre Atmosphäre eindringt. Die beim Durchqueren der Atmosphäre entstehende Reibungshitze bringt den Brocken zum Glühen, und seine äußeren Schichten verdampfen. Alle bis auf die größten dieser Objekte lösen sich auf, bevor sie die Erde erreichen.

Meteorit
Ein Objekt aus dem Weltraum, gewöhnlich ein Teil eines Asteroiden oder eines Kometen, das die Atmosphäre durchdrungen hat und auf der Erdoberfläche einschlägt.

Mistral
Ein kalter, trockener Wind aus nördlichen Richtungen im Süden Frankreichs. Am stärksten ist er an der Küste, wo er Geschwindigkeiten bis zu 135 km/h erreicht, und am häufigsten im Winter und im Frühjahr.

Modifizierte Mercalli-Skala
Eine zwölfstufige Skala, bei der die Auswirkungen eines Erdbebens mit römischen Zahlen beurteilt werden. Wenn in einer Region sämtliche Gebäude zerstört wurden, liegt Stufe XII vor. Stufe VI gilt, wenn nur geringe Schäden angerichtet wurden, das Beben aber deutlich zu spüren war, und Stufe I bezeichnet Beben, die so schwach sind, dass sie nur von seismischen Instrumenten registriert werden können.

Monsun
Durch einen halbjährlichen Richtungswechsel der Luftströmungen in den Tropen ausgelöste Regenzeit. Vom Monsun betroffen sind Südostasien, der Norden von Australien, Afrika und Mittelamerika.

Nachbeben
Seismische Erschütterungen, die noch Tage oder Wochen nach einem Erdbeben auftreten können.

Pandemie
Die rasche Ausbreitung einer Krankheit über ein großes Gebiet, in der Regel die ganze Welt.

Perm
Die letzte Formation des Paläozoikums (von vor 285 bis vor 225 Millionen Jahren). In diesem Abschnitt der Erdgeschichte drifteten Landmassen in Richtung Äquator und vereinigten sich zu dem Superkontinent Pangaea. Das hatte zur Folge, dass die meisten der seichten Meere verschwanden und die Temperaturen beträchtlich stiegen. Gegen Ende des Perms haben möglicherweise heftige Vulkanausbrüche einen Klimaumschwung bewirkt, der das größte Artensterben in der Geschichte der Erde auslöste, dem mehr als 90 Prozent der damals lebenden Arten zum Opfer fielen.

Pilze
Eine vielfältige Gruppe von Organismen, von denen sich die meisten von sich zersetzendem organischem Material ernähren. Zu ihnen gehören Einzeller wie die Hefepilze ebenso wie die vielzelligen Pilze, die man im Wald finden kann. Viele Pilze sind eine enge Gemeinschaft mit einer Pflanzenart eingegangen, die für beide Partner von Vorteil sein kann. Es gibt aber auch Fälle, in denen das Vorhandensein eines Pilzes die Pflanze schädigt oder abtötet. Für die meisten Pflanzenkrankheiten sind Pilze verantwortlich, aber es gibt nur relativ wenige Pilze, die bei Menschen und Tieren Krankheiten auslösen.

Prion
Abkürzung für „proteinaceous infectious particle“ (eigentlich Proin). Prionen wurden erstmals im Gehirn von Schafen gefunden, die mit der Traberkrankheit infiziert waren, später auch in den Gehirnen von Rindern mit BSE und bei Menschen mit der Creutzfeld-Jakob-Krankheit.

Resonanz
Ein Mitschwingen, das eintritt, wenn die Frequenz einer Schwingung der Eigenfrequenz der Materie, die die Schwingung durchläuft, gleich oder ihr sehr ähnlich ist. Bestimmte natürliche Gegebenheiten oder Gebäude schwingen im Rhythmus von seismischen Wellen mit und verstärken ihre Auswirkungen.

Richterskala
Eine Skala zur Beurteilung der Stärke eines Erdbebens, die 1935 von dem amerikanischen Seismologen Charles Richter entwickelt wurde. Sie beruht auf der Messung der Gesamtenergie, die bei einem Erdbeben freigesetzt wird, und zwar anhand der Amplitude der von Seismographen registrierten seismischen Wellen. Die Skala, die von 1 bis 10 reicht, ist logarithmisch aufgebaut, das heißt, jeder Anstieg um einen Punkt entspricht der 32-fachen Zunahme der von dem Erdbeben freigesetzten Energie.

Schwefeldioxid
Ein Gas, das häufig beim Ausbruch eines Vulkans freigesetzt wird und für eine weltweite Abkühlung verantwortlich ist. Es wird in die Atmosphäre emporgeschleudert, in der es monatelang bleiben kann und wie ein Schirm wirkt, der einen Teil der Sonneneinstrahlung in den Weltraum zurück reflektiert.

Seismische Wellen
Wellen, die vom Herd eines Erdbebens in alle Richtungen verlaufen. Primär- oder P-Wellen bewegen sich wie Schallwellen fort und erzeugen eine Art Sturmgeräusch, das oft vor dem Einsetzen eines Bebens zu hören ist. Die größten Schäden richten die Sekundär- oder S-Wellen an, die sich langsamer fortbewegen und die Erschütterungen verursachen.

Sonne
Ein 30 000 Lichtjahre vom Zentrum der Galaxis entfernter Stern, der mehr als 99,9 Prozent der Masse des Sonnensystems ausmacht und dessen Schwerkraft alle Planeten und anderen Himmelskörper in einer Umlaufbahn hält. Die Sonne ist außerdem die Energiequelle des Sonnensystems. Die Temperaturen in ihrem Kern betragen 15 Millionen °C, die an der Oberfläche 5 500 °C.

Sonnensystem
Das Sonnensystem besteht aus der Sonne, neun Planeten, mehr als 60 Monden und unzähligen Asteroiden und Kometen. Der Raum, den das Sonnensystem im Weltall einnimmt, hat einen Durchmesser von mehr als 12 000 Millionen km.

Stärke (Erdbeben)
Die Stärke eines Erdbebens hängt von der Energie ab, die von brechendem Gestein freigesetzt wird. Sie lässt sich mit verschiedenen Methoden messen und wird anhand von Skalen bewertet, von denen die Richterskala die älteste und bekannteste ist.

Stratosphäre
Die oberste Schicht der Atmosphäre, in der die Luft sehr dünn ist und in der es praktisch keinerlei Wetteraktivitäten gibt.

Sturmflut
Ein durch tiefen Luftdruck und stürmische Winde bewirktes Ansteigen des Meeresspiegels. Sturmfluten richten oft erhebliche Schäden an, vor allem, wenn sie während des Gezeiten-Hochwassers auftreten.

Subduktionsvulkan
Der explosivste und zerstörerischste Vulkantyp. Für die Entstehung von Subduktionsvulkanen ist das Abtauchen von Erdkruste in den Erdmantel verantwortlich. Gestein, Sedimente und Wasser verwandeln sich unter Einwirkung von Hitze und Druck in Magma, eine Mischung aus geschmolzenem Gestein und Gasen, die allmählich aufsteigt und sich unter der Kruste ansammelt, bis der Druck zu groß geworden ist und das Magma die Kruste durchbricht.

Subduktionszone
Subduktionszonen befinden sich dort, wo zwei tektonische Platten aneinander stoßen, deren Randgesteine eine unterschiedliche Dichte haben. Wo das der Fall ist, wird die schwerere Platte unter die leichtere gedrückt; sie schmilzt und wird zu einem Teil des Mantelgesteins. Da das Gestein auf dem Meeresboden dichter ist als das der Landmassen, findet Subduktion am häufigsten an der Grenze zwischen einer kontinentalen und einer ozeanischen Platte statt.

Superzelle
Eine Gewitterwolke, die so groß ist, dass sie Tornados hervorbringen kann. In einer normalen Gewitterwolke sind die Säulen aus aufsteigender und absinkender Luft nicht breit genug, um von der Coriolis-Kraft beeinflusst zu werden, aber in Superzellen werden die Auf- und Abwinde von ihr in spiralförmige Drehung versetzt.

Taifun
Die Bezeichnung für einen tropischen Wirbelsturm im asiatischen und südostasiatischen Raum, abgeleitet von den chinesischen Worten „tai“ (groß) und „feng“ (Wind).

Tektonische Platte
Die aus festem Gestein bestehende Erdkruste setzt sich aus sieben großen und mindestens acht kleineren Platten zusammen, die als tektonische Platten bezeichnet werden. Die Zirkulation des geschmolzenen Gesteins im Mantel bewirkt, dass sich diese Platten mit einer Geschwindigkeit von einigen Zentimetern pro Jahr bewegen. Die meisten Vulkane liegen in der Nähe von Plattenrändern, und dort treten auch die meisten Erdbeben auf.

Tornado
Eine trichterförmige Säule aus rapide herumwirbelnder Luft, die sich aus einer besonders großen Gewitterwolke auf die Erde herabsenkt. Hier bildet sie einen Strudel, der einen Durchmesser von 800 m haben kann und in dem Winde mit Geschwindigkeiten bis zu 800 km/h einwärts und aufwärts rotieren.

Treibhauseffekt
Der durch die Zunahme von Gasen wie Methan und Kohlendioxid bewirkte Wärmestau in den unteren Schichten der Atmosphäre. Von der Erdoberfläche ausgestrahlte Wärmeenergie wird von diesen Gasen auf die Erde zurückgeworfen. Je höher die Konzentration dieser Gase in der Atmosphäre ist, desto geringer ist die Menge von Wärmeenergie, die in den Weltraum entweichen kann.

Tropischer Wirbelsturm
Ein Sturm, bei dem Winde mit Geschwindigkeiten von 120 km/h und mehr um ein Auge rotieren und der, je nachdem, wo er auftritt, Hurrikan, Zyklon oder Taifun genannt wird. Er kann einen Durchmesser von mehreren hundert Kilometern und eine Höhe von Tausenden von Metern haben. Solche Stürme bilden sich nur über Meeren in der Nähe des Äquators, wenn die Wassertemperatur mehr als 24 °C beträgt und Windstille herrscht. Tropische Wirbelstürme bewegen sich mit Geschwindigkeiten zwischen 10 und 100 km/h vom Äquator fort. Wenn sie sich nördlich des Äquators gebildet haben, rotieren sie entgegen dem Uhrzeigersinn, auf der Südhalbkugel dagegen im Uhrzeigersinn.

Tsunami
Eine hohe Welle, die sich bildet, wenn der Meeresboden von einem Erdbeben, einem Erdrutsch oder einem Vulkanausbruch erschüttert wurde. Tsunamis werden auch als Flutwellen oder, wenn sie von einem Erdbeben ausgelöst wurden, als „seismische Meereswellen“ bezeichnet. Das Wort kommt aus dem Japanischen; es ist aus „tsu“ (Hafen) und „nami“ (Welle) zusammengesetzt.

Überschwemmung
Land kann sowohl von Meer- als auch von Süßwasser überschwemmt werden. Ursachen von Überschwemmungen mit Süßwasser können sintflutartige Regenfälle während eines Gewitters ebenso sein wie ungewöhnlich starke und lange anhaltende Niederschläge. Meerwasser bricht über das Land herein, wenn ein Sturm in Verbindung mit einem hohen Gezeiten-Hochwasser eine Sturmflut auslöst. Ein durch tektonische Ereignisse oder das Schmelzen von Eiskappen bewirktes Ansteigen des Meeresspiegels kann Land auf Dauer unter Wasser verschwinden lassen.

Verflüssigung
Zur Umwandlung von festem Erdreich und anderen Sedimenten in einen weichen Brei kommt es, wenn bei einem Erdbeben Wasser emporsteigt. Die Verflüssigung vergrößert die von dem Beben angerichteten Schäden, weil der Boden dem Gewicht der Fundamente der Häuser nicht mehr standhält.

Verwerfung
Ein durch eine Verschiebung der tektonischen Platten der Erdkruste bewirkter Bruch in einer Gesteinsformation.

Virus
Ein krankheitserregender Mikroorganismus, der aus einer kleinen, von einer schützenden Hülle umgebenen Anzahl von Genen besteht. Ein Virus ist keine Zelle, aber ein Zellenparasit. Viren können weder wachsen noch sich eigenständig vermehren. Sie dringen in eine Zelle ein und benutzen die biochemischen Vorgänge in ihr, um ihre Gene mit denen der Wirtszelle zu verschmelzen oder sie zu kopieren.

Vulkanasche
Zu winzigen Gesteinspartikeln verfestigte Lavatröpfchen, die bei einem Vulkanausbruch bis hoch in die Atmosphäre emporgeschleudert werden, wo sie den Himmel verdunkeln, bis sie wieder auf die Erde herabfallen.

REGISTER

F

G

H

I

J

K

L

T

U

V

W

Y

Z

Dank

Für ihre Hilfe und ihren Rat danke ich David Booth, Paul Henni und Roger Musson, British Geological Service; dem International Tsunami Information Center, NOAA; Dr. R. Scott Steedman, Director of Engineering, GIBB Ltd, Reading; dem Institute of Hydrology; dem Fire Service College; dem Meteorological Office; Dr. Bill McGuire, Center for Volcanic Research and UCL; Simon Day; Juan Carracedo; Colin Tudge; Dr. B. P. Wignall, Universität Leeds und EQE International. Außerdem danke ich meiner Agentin Lavinia Trevor und den Lektoren und Herstellern von Dorling Kindersley, vor allem Peter Adams, Teresa Pritlove und Philip Ormerod.

Dorling Kindersley dankt:
Professor Michael Benton, Universität Bristol; Peter Burkitt, Plymouth Marine Laboratory; Paul Henni, Professor Antony Hallam, Universität Birmingham; Dr. Benny Peiser, John Moores Universität Liverpool; und Dr. Michael Blackford, International Tsunami Information Center.

Kartengestaltung
Sallie Alane Reason

Computer-Illustrationen
Jason Little; Philip Ormerod

Redaktionsassistenz
Vicky Wilks; Heather Jones

Designassistenz
Jo Earl; Peter Byrne

Register
Hilary Bird

Übersetzungen aus dem Französischen
Jonathan Hurrell

Kartographische Recherche
David Perry

Dorling Kindersley dankt außerdem folgenden Personen und Institutionen für die Erlaubnis zum Abdruck der Fotos:

o=oben, m=mitte, u=unten, l=links, r=rechts,

AKG: 96 ul;
Arquivo Nacional de Fotografia/Instituto Portugues de Museus: 45 ml; Tony Arruza, 45 ml;
Associated Press Service, 41, 62 mu;
Associated Press: Topham Picture Service: 62 ul, 71 l & r, 74 ul;
Australian Picture Library: 53 ur;
Australian Picture Library: Evan Collis, 84 u;
Benelux Press: 92 mlu & ul;
Bishop Museum: 40 ur;
Bonnier-Alba: Lennart Nilsson, 115;
Bridgeman Art Library: 26 ml, Giraudon 45 ul;
Camera Press: mlo, Hoflinger 61;
J. Allan Cash: 92 mu, 97, 98 ol;
China Features: 88 mr, Di Yun 77 or, 88 mr;
Bruce Coleman: 44 u, 108 mo, Alain Compost 13 mu, Christopher Fredriksson 80 ml;
Colorific!: 38, Alon Reininger 35 ul, 38, 121 ur, Rick Rickman 50 or, Michael Yamashita 49 m;
Colorific!/Black Star: Cindy Karp 33 ml, Boccon Gibod 83 ur, Herman Kokojan 7 & 33 ur, Malcolm Linton 104 ul & 116, Marshall Lockman 32 u;
Corbis: 36 ml, 36 mlu, 36-37 u, 40 ul;
Corbis/Bettman/UPI: 40 l, 44 ml, 59 r, 76 or, 81 ur;
Keith Cox, Department of Earth Sciences, Oxford: 100 ol;
Culver Pictures Inc.: 118 m, 105 ol;
Dallas Morning News: David Leeson 89 om;
Environmental Images: 9 mr, John Arnould 97 or, Jimmy Holmes 48 ol, Doug Perrine 52 mr;
E. T. Archive: 14 ul, 96 mr, 112 ul, 114 ul;
Mary Evans Picture Library: 24 or, 25 u, 23 ur, 104 mo, 114 ol, 117 mu & u;
Xue Fengchun: The Tangshan City Reborn: 42 ul, 43 or, m & mu;
Werner Forman: 105 ml, Musée Royal de l'Afrique Centrale Tervuren 52 mlu;
Getty Images: 59 l, 76 ul, 81 ul, 118 o & r, 92 ul, 109 mu, Paul Chesley 16 om, Mike Vines 99 u, Ted Wood 85;
Robert Harding Picture Library: 16 mo, Robert Francis 18 um;
Michael Holford: 12 ml;
Mats Wibe Lund/Icelandic Photo & Press Service: 6 u, 16 ol, 17 ur, Kristinn Ben 17 ul, 50 or, Kristjon Haralds 12 ur;
Illustrated London News Picture Library: 109 ur;
Image Bank: Eric Meold 60-61, A. T. Willett 54 om, 74 o;
Images: 18 mlu;
Images of Africa: Friedrich von Horsten 80 u;
Imperial War Museum: 95 om;
International Stock Photo: Bill Stanton 73 um, Warren Faidley 6 mlu, 64 mr, 64 ml;
JMA: 63 ml & m, mlu;
Frank Lane Picture Agency: Australien Information Service 58 o;
Lunar & Planetary Institute: V. L. Sharpton 98 or;
Magnum: P. Jones Griffiths 90, 91 or, Steve McCurry 89 u, F. Scianna 82 ml, 83 om;
Tim Marshall: 59 o;
Alan Moller: 58
Montreal Gazette: 72 u;
Names Project Foundation: Paul Margolies 121 ml;
NASA: Jet Propulsion Library 78 m;
NASA: 4-5, 54 m, 63 u, 103 ur;
National Geographic: 120, Chris Johns 102-103 u, O. L. Mazzatenta 26 ul;
National Medical Slide Bank: 107 or;
National Meteorological Library: JMA 63 mlo & mo;
Natural History Museum: 98 ul;
Natural History Photographic Agency: 107, 109 o;
Network: Barry Lewis 27 or;
Peter Newark's Western Americana: 114 um;
Lennart Nilsson: 115
Novosti: 35 ur;
Orion Press: Nishiinoue 10-11;
Oxford Scientific Films: Mike Hill 69 u;
Palm Beach Post: Jeff Gere 93, Loren Hosack 65 u, David Lane 75 or, John L. Lopinot 65 o, J. C. Walker 65 m;
Panos Pictures: J. Hartley 80 or;
Pictor International: 24 u, 79, 119 or;
Planet Earth: 25 ml, 108 u, P. Bourseiller 15, 27 ur, 30-31, 31 ul, Krafft 19 or;
Rex Features: 8 om, 20 um, 20 or, 47, 77 ol & ur, 84 ml, 86 u, 86-87, 87 um (Einschub), 87 mru (Einschub), 95 ul, 102 mo, Carlos/Angel 20 ml, Nina Bermann 73 ur, Laurent Chamussy 53 mr, Dearrmas 103, Richard Jones 123 u, Akihiro Nishiaura 48, Nunez 67 ul;
Rosenberg Library, Galveston: 70 ml & u;
Saba: Alberto Garcia 28-29 u, 29 ur, 50 mlu, Shawn Henry 13 ur, 28 ml, Tom Wagner 49 or;
Science Photo Library: 12 or, 24 mr, 52-53, 57 om, CVL/Eurolios 123 mr, Gregory Dimijian 16 u, Barry Dowsett 111 ur, Earth Satellite Corporation 91 mru, Eye of Science 106 mo, Keith Kent 57 om, Krafft/Explorer 100, Dr. Karl Louriatmaa 123 ol, Professor Stewart Lowther 18-19, Peter Menzel 12 ul, 32 om, 56 ul, 70 mr, 119 u, NIBSC 114 ur, NOAA 64 u, NOAASS 124-125 & 140-153, David Parker 15 or & 43 or, Roger Ressmeyer/Corbis 50 ml, David Scharf 112 mr, Fred K. Smith 55, Sinclair Stammers 115 or, Soames Summerhays 2, US Geological Survey 16 ml, Tom van Sant/ Geosphere Project, Santa Monica 12-13;
Asahi Shimbun Photo Service: 22;
Frank Spooner: 5 ol, 31 or, 32 mro, 44 u, 73 ol, 76 mr, 79 or, 82-83, 102 ul, 105 ul, Gamma 12 mru, 20 ml, 34 ul, Giboux/Liaison 44 or, Lysaght 51;
State Journal Register: 52 ul, 62 um;
Stockmarket: 66 u & mlo, W. Bacon 32 or, A. & J. Verkair 4 mr;
Sygma: 3 m, 5 u, 29 ol, 34 ur, 54-55 u, 57 u, 62 mr, 67 or, 69 mr, Michael Owen Baker 8 u, Balder 122 ul, Alan & Sandy Carey 85 or, Friday 46 o, Julien Frydman 21 mr, L. Gilbert 110-111, Jon Jones 84 om, B. Kraft 9 om, 91 ul, V. Miladinovic 86 or, P. P. Pulin 72 mr, J. Reed 62 mr, P. Robert 46 ul & um, 122 m, A. Tannenbaum 21 l, Randy Taylor 21 ur, Lannis Waters/Palm Beach Post 74-75 u, Haruyoshi Yamaguchi 13 or;
Topham Picture Source: 62 ul, 72;
US Geological Survey: 39 r, 52 or, 56 mlo & ur;
C. J. N. Wilson: 24 um;
Woodfin Camp & Associates Inc.; 29 ol, 35 ur, 77 ul, Alexandra Avakian 13 ml, Jonathan Blair 99 mr, David Burnett 77 ul, Chuck Nacke 35 ur, 91 ml;
Woodfall Wild Images: Tom Murphy 94.